SOPHIE BONNET

Provenzalische Täuschung

Sophie Bonnet

Provenzalische Täuschung

Ein Fall für Pierre Durand

blanvalet

Penguin Random House Verlagsgruppe FSC® N001967

1. Auflage
Copyright dieser Ausgabe © 2024 by Blanvalet
in der Penguin Random House Verlagsgruppe GmbH,
Neumarkter Straße 28, 81673 München
Copyright Originalausgabe © 2023 by Blanvalet
in der Penguin Random House Verlagsgruppe GmbH,
Neumarkter Straße 28, 81673 München
Redaktion: Angela Troni
Umschlaggestaltung und -motiv: www.buerosued.de
DK · Herstellung: DiMo
Satz, Druck und Bindung: GGP Media GmbH, Pößneck
Printed in Germany
ISBN 978-3-7341-1330-7

www.blanvalet.de

Prolog

Der Regen prasselte auf das Wagendach, als er den braunen Peugeot 208 vom Anwohnerparkplatz an der *Rue de la Citadelle* in Richtung des alten Stadttores lenkte. Die Straßen von Sainte-Valérie waren menschenleer. Wer konnte, der blieb zu Hause und sah den Kräften der Natur von einem beheizten Platz durch die Fensterscheibe zu.

Nur eine kleine Frau mit schmalen Schultern trippelte vor ihm über das Pflaster. Schwenkte den Schirm bei jedem Schritt hin und her, sodass der Wagen nicht passieren konnte.

»So ein verfluchter Mist«, flüsterte er und verzog den Mund.

Diese nervtötende Alte hatte ihm gerade noch gefehlt. Sie tauchte immer dann auf, wenn man sie am wenigsten brauchen konnte. Selbst draußen im Wald war sie ihm in die Arme gelaufen, vergangene Woche, als er gerade das Geld abholen wollte. Sie hatte vorgegeben, Pilze zu sammeln, aber womöglich war sie ihm gefolgt, weil sie wissen wollte, was er den lieben langen Tag so machte. Ihr war alles zuzutrauen. Neugierig, wie sie war. Und er fragte sich, ob es wirklich Zufall war, dass sie hier auftauchte, ausgerechnet jetzt.

Kurz überlegte er, den Wagen wieder auf dem Parkplatz abzustellen und sein Vorhaben zu vertagen, dann aber besann er sich. Die Regengüsse sollten sich laut Wettervorhersage bis zum Nachmittag zu wahren Fluten steigern. Wenn er jetzt nicht hinfuhr, dann würde das Geld womöglich aus dem Versteck gespült, und das Risiko wollte er nicht eingehen.

Ergeben folgte er der Frau im Schneckentempo, den Blick auf das rostrot gefärbte Haar geheftet, das sich vom trüben Wintergrau abhob wie ein Leuchtturmsignal im Meeresnebel. Schritt um Schritt setzte sie auf das Pflaster. Jetzt blieb sie sogar stehen, mitten auf der Gasse, und sah in den tiefschwarzen Himmel.

»Herrgott noch mal!«

Mit einem beherzten Tritt auf das Gaspedal ließ er den Motor aufjaulen. Öffnete, als auch das nicht half, das Wagenfenster und streckte den Kopf hinaus.

»Madame?«, rief er. »Madame Duprais, könnten Sie mich bitte vorbeilassen? Ich habe es eilig.«

Sie drehte sich um, tat überrascht, als habe sie ihn überhaupt nicht bemerkt. Ihre Knopfaugen blitzten auf.

»Ah, Sie sind es, Monsieur. Wo wollen Sie denn hin bei diesem ungemütlichen Wetter?«

»Das wollte ich Sie auch gerade fragen.«

Er setzte ein freundliches Gesicht auf, obwohl die Ungeduld in seinem Inneren tobte. Aber er durfte es sich mit der Alten nicht verscherzen. Wenn er erst einmal den angestrebten Posten innehatte, könnte sie ihm vielleicht sogar nützlich sein.

Madame Duprais klappte den sperrigen Regenschirm ein wenig zusammen, ohne einen Schritt zur Seite zu treten. Über ihr Gesicht rannen Tropfen, die sie mit dem freien Ärmel abwischte.

»Ich war im Frisiersalon. Gefällt Ihnen der Schnitt?«

Er nickte, mühsam beherrscht. Madame Duprais ging, das hatte er in den wenigen Monaten in Sainte-Valérie längst mitbekommen, alle drei bis vier Wochen in den Salon von Madame Farigoule, die sich mit den unterschiedlichsten Frisuren und Farbtönen an ihrer Kundin austobte, während sie den neuesten Dorfklatsch austauschten. Dieses Mal hatte sie der Alten rostrote Krisellöckchen verpasst, die ihren Kopf umgaben wie eine dieser Badehauben aus den Siebzigern.

Allerdings trug sie, wie er wusste, die Frisur schon seit einigen Tagen.

»Er steht Ihnen hervorragend.«

»Nicht wahr?« Madame Duprais strahlte. »Ich kann Ihnen gar nicht sagen, wie sehr ich das Plaudern mit Madame Farigoule genossen habe. Einem fällt ja geradezu die Decke auf den Kopf in dieser Jahreszeit. Es ist absolut nichts los im Ort. Und im Fernsehen kommt auch immer nur dasselbe.« Sie machte ein paar Schritte bis an das Seitenfenster und beugte sich vor. »Nun?« Der Geruch von Pfefferminzpastillen drang ins Wageninnere. »Wohin des Weges?«

Sie hatte es mit einem lauernden Unterton gesagt, der nichts Gutes verhieß. Er kannte Madame Duprais inzwischen lange genug, um zu wissen, dass sie nicht lockerließ, bevor er eine Antwort gab. Die Zeit rann dahin, und der Regen wurde immer stärker. Hastig suchte er nach einer Ausrede.

»Ich besuche einen Freund in Mazan«, sagte er schließlich. »Ich habe ihn lange nicht gesehen.«

Die Antwort schien sie zufriedenzustellen, denn sie zog den Kopf zurück und zwinkerte ihm zu. »Wie schön. Richten Sie ihm unbekannterweise meine allerbesten Grüße aus.«

»Das werde ich tun, Madame Duprais, *au revoir.*«

Endlich war der Weg frei. Er fuhr wieder an und lenkte den Wagen an der Alten vorbei. Freundlich winkend, als wäre sie eine Freundin. Verzog erst den Mund, als er in die Straße einbog, die durch das mittelalterliche Stadttor aus Sainte-Valérie hinausführte. Bei den Pollern hielt er den Transponder an den Kontakt und wartete, bis sie im Boden versanken. Wischte

7

währenddessen mit einem Lappen über die beschlagene Windschutzscheibe und atmete tief durch, als sich das Glas sofort wieder trübte.

Er ärgerte sich über seine Ausrede. Hätte er nicht einfach sagen können, er fahre zum Einkaufen? Stattdessen Mazan! Der Ort war ihm so herausgerutscht, aus reiner Gewohnheit. Nun musste er den ganzen Tag irgendwo herumlungern, damit die Alte keinen Verdacht schöpfte. Er konnte ja schlecht sagen, er habe es sich anders überlegt.

Mir wird schon etwas einfallen, um die Zeit herumzubringen, dachte er, während er das Gebläse aufdrehte. Er war seit Wochen nicht mehr im *Cinéma Le César* in Apt gewesen. Vielleicht hatten die ja etwas Spannendes im Programm. Nun, da wieder Geld reinkam, war sogar noch eine große Tüte Popcorn drin.

Es war kurz nach eins, als er den Waldparkplatz passierte. Er drosselte das Tempo, um das Areal zu überblicken. Scannte die Reihen ab, bevor er das Gaspedal erneut herunterdrückte und der Hauptstraße weiter folgte, die nun bergan in Richtung Norden führte. Zufrieden, dass das Opfer sich an seine Vorgaben gehalten hatte und pünktlich wieder verschwunden war.

Nach wenigen hundert Metern erreichte er den Schotterweg, der den Waldarbeitern als Zufahrt diente. Er setzte den Blinker und hätte beim Einbiegen beinahe einen Motorroller übersehen, der gerade aus der Einfahrt geschossen kam. Der Fahrer balancierte mit ausgestreckten Beinen über den unebenen Weg. Hastig riss er das Lenkrad herum und machte ein Ausweichmanöver. Der Peugeot geriet ins Rutschen und kam einer Abböschung gefährlich nahe. Fluchend steuerte er gegen, bis die Reifen wieder Halt fanden und der Wagen zum Stehen kam.

Aufgebracht drehte er sich nach dem Motorroller um, doch der war längst außer Sichtweite. Also fuhr er wieder an, diesmal langsam und konzentriert. Bald verengte sich der Weg zu einem Pfad. Der Peugeot tauchte in einen Tunnel aus immergrünen Nadelhölzern und Buchen mit winterkahlen Ästen. Dort, wo sich der Pfad allmählich im Wald verlor, lenkte er den Wagen hinter einen Stapel Totholz und schaltete den Motor aus.

Mit einem Aufseufzen lehnte er sich zurück. Sein Herz klopfte heftig, und er konnte nicht sagen, ob es wegen des gerade noch verhinderten Zusammenstoßes war oder wegen der Anspannung, die ihn stets überfiel, wenn er das Geld abholte.

Was, wenn es dieses Mal schiefging?

»Verfluchter Idiot«, schimpfte er sich laut. »Du klingst wie eine Memme.«

Alles war bestens geplant, wie sonst auch. Nur würde er künftig den Wetterbericht konsultieren, bevor er ein Zeitfenster vergab.

Eine Weile lauschte er dem Prasseln des Regens auf dem Wagendach, in der Hoffnung, er möge bald nachlassen. Strich sich mit einem Blick in den Rückspiegel das wegen der Feuchtigkeit abstehende Haar glatt. Von den Tannenzweigen rollten dicke Tropfen, klatschten geräuschvoll auf die Frontscheibe, die bei ausgeschaltetem Gebläse sofort wieder beschlug.

Als der Regen nach einer halben Stunde unvermindert heftig vom Himmel fiel, zog er mit einem Seufzen die Kapuze seines Parkas über den Kopf und verließ den Wagen. Hastete fluchend über den aufgeweichten Boden. Bei jedem Schritt saugten sich seine Schuhe fest, es war ein Stöhnen, Schmatzen und Gurgeln. Das Wasser drang zu seinen Füßen und durchweichte den Stoff seiner Jacke.

Als er den Bach endlich erreichte, war er nass bis auf die Haut.

Das ehemals dünne Rinnsal war durch die Regenfälle angeschwollen. Mit einem großen Schritt stieg er über den gurgelnden Strom, bis er an dem Baum mit dem Astloch angelangt war, wo das in Zellophan eingewickelte Geldpäckchen auf ihn wartete. Doch als er die Hand hineinstreckte und tastend über den Hohlraum fuhr, fand er … nichts.

Das konnte doch nicht wahr sein!

Bäuchlings lehnte er sich gegen den Stamm, während seine Hand weiter durch das Innere glitt. Er zog eine Vogelfeder hervor, Reste eines Nestes. Einen Käfer, der ihm über die Finger lief und den er angewidert abschüttelte. Aber kein Geld.

»*Zut alors!*«

Fluchend zog er die Hand zurück. Er würde es ihm heimzahlen, den Preis verdoppeln. Den Halunken auffliegen lassen. In Gedanken ging er die drakonischsten Strafen durch, als er spürte, wie sein Mobiltelefon in der Hosentasche vibrierte.

Er zog das Telefon hervor und starrte auf den Namen auf dem Display. Was für ein seltsamer Zufall, dachte er. Das Opfer konnte schließlich nicht wissen, dass er hinter den Erpressungen steckte. Was es wohl von ihm wollte? Kurz überlegte er, den Anruf zu ignorieren, aber die Neugier siegte.

»Das ist ja eine Freude«, rief er. Fröhlich, als hätte er lange auf diesen Anruf gewartet.

»Gefällt es Ihnen im Wald?«

»Im Wald? Was …?«

»Da staunen Sie, nicht wahr?«, schallte es nun durch den Hörer. »Sie dachten wohl, mit mir hätten Sie leichtes Spiel, aber da haben Sie sich geirrt. Ich bin nicht so dumm, wie Sie meinen. Sie sind aufgeflogen. Und wissen Sie, was? Sie können sich Ihre Erpressung in den Arsch stecken.«

»Hallo?« Der Anrufer hatte aufgelegt. »*Putain!*«

Irritiert und verärgert zugleich ließ er das Telefon sinken. Woher …?

Dahinter steckte bestimmt die schreckliche Madame Duprais. Er hatte es ja geahnt! Diese Person war imstande, die Polizei auf ihn zu hetzen.

Wütend stieß er die Luft aus. Er sollte sich jetzt besser beeilen. Alle Spuren beseitigen, solange es ihm noch möglich war. Ansonsten wäre alles vergebens gewesen. Hastig schob er das Telefon zurück in die Hosentasche, als sich in das Prasseln des Regens ein weiteres Geräusch mischte. Das Stöhnen und Schmatzen von Schuhen im Morast.

In plötzlicher Panik drehte er sich um. Er sah nur noch einen Schatten, eine Hand, die auf ihn zuschnellte, dann spürte er einen stechenden Schmerz im Bauch, einen Tritt in die Weichteile. Er brach zusammen, fiel auf die Knie, die in den morastigen Boden einsanken. Vergeblich versuchte er, sich aufzurappeln. Er robbte voran, als ein weiterer Stich ihn im Rücken traf. Dann noch einer und wieder einer, bis ihm die Kraft ausging und er liegen blieb, das Gesicht in der aufgeweichten Erde, während sein Gegner immer weiter auf ihn einhieb und jeder neue Stich nur noch ein ferner Druck war, schließlich ein Pochen. Alles, was er noch wahrnahm, waren die Kälte des Wassers und der Geruch nach Erde und feuchtem Waldboden.

Es war doch alles perfekt geplant, dachte er überrascht. Dann schloss er die Augen.

I

»Sieht sie nicht fantastisch aus?« Der Motor erstarb nach einem volltönenden Knattern. Dann erloschen auch die blau blinkenden Lämpchen seitlich des Windschildes. Luc Chevallier legte den Helm ab und stieg von dem Motorrad. Dabei strich er zärtlich über die weiße Verkleidung mit dem Streifen der *police municipale*. »Eine Yamaha MT09. Dasselbe Modell wie bei der Gendarmerie.«

Es war ein kühler Donnerstagmorgen Mitte März. Ein blasser Dunst lag über dem Dorf und der *Rue des Oiseaux,* deren Steinpflaster von den heftigen Regenfällen der vergangenen Tage feucht glänzte.

Pierre umrundete das funkelnagelneue Motorrad und nickte anerkennend. Die Maschine wirkte, als wäre sie eigens für seinen Assistenten gefertigt. Sie machte ihn irgendwie männlicher, reifer. Sogar Lucs Schultern, die trotz Hanteltrainings noch immer schmal waren, wirkten in dem gefütterten Blouson der *motards* regelrecht breit.

»Sehr cool!«, rief auch Penelope Brunel, die junge Schreibkraft der Wache, sichtlich beeindruckt von Lucs neuem Gefährt. Dabei nickte sie, dass ihr hoher blonder Zopf auf und ab wippte. »Darf ich mal damit fahren? Ich habe einen Führerschein.«

»Du? Du bist doch noch ein halbes Küken.« Luc strich sich mit beiden Händen über das vom Helm verstrubbelte Haar. »Es sei denn, ich bekomme dafür einen Kuss.«

»Vergiss es. Also, lässt du mich nun mal fahren?«

»Ich würde ja so einiges für dich tun«, sagte er mit bedauerndem Grinsen. »Aber was das angeht, muss ich leider passen. Am Ende nimmt mir unser lieber Bürgermeister die Maschine noch weg, bevor ich das erste *billet* verteilt habe. Er hat gesagt, er zähle auf mich. Und ich will ihn nicht enttäuschen.«

Pierre hob die Brauen angesichts der mitschwingenden Ehrfurcht, aber er schwieg.

Als Maurice Marechal verkündet hatte, die *police municipale* zukunftstauglich zu machen, war Pierre sofort hellhörig geworden. Er hatte nicht vergessen, mit welcher Vehemenz der Bürgermeister vergangenen Sommer seinen Duzfreund Gilbert Langlois auf den Posten des *Chef de police municipale* hatte heben wollen. Einen Posten, den Pierre dafür hätte räumen müssen. Zum Glück war es anders gekommen. Die Intrige, die damals im Dorf für viel Aufregung gesorgt hatte, schienen viele schon wieder vergessen zu haben.

Nicht aber Pierre.

Die plötzliche Zugewandtheit, mit der Maurice Marechal nun seinen Assistenten um den Finger wickelte, nahm er ihm nicht ab.

»Ach was, Chef«, hatte Luc abgewunken, als Pierre ihm vergangene Woche von seinen Bedenken erzählte. »Der Bürgermeister hat eine Menge Geld ausgegeben, damit ich die Zusatzausbildung zum *Policier motocycliste* bei der *CNFPT* absolvieren kann. Er will nichts weiter, als dass sein Polizeiapparat reibungslos funktioniert. Und es geht ja wirklich nicht nur um uns und unseren Dienst. Maurice Marechal legt überall Hand an, um die Sicherheit in Sainte-Valérie zu verstärken.«

Da musste Pierre ihm allerdings recht geben. Der Bürgermeister hatte es sich zur Aufgabe gemacht, das Dorf bis zum Beginn der Sommersaison auf Vordermann zu bringen.

Er hatte sogar an den beiden Toren, die ins Innere der Stadtmauer führten, hydraulische Poller anbringen lassen, die sich ausschließlich für die mit Transpondern ausgestatteten Lieferanten und Anwohner in den Boden senkten. Seither war der Verkehr wesentlich ruhiger geworden, was die Bewohner von Sainte-Valérie wohlwollend zur Kenntnis nahmen.

Ja, man könnte meinen, alles wäre in bester Ordnung, wäre im vergangenen Herbst nicht Gilbert Langlois nach Sainte-Valérie gezogen.

Pierre atmete tief durch. Die Luft, die in seine Lunge strömte, war kalt und roch nach dem Rauch der alten Öfen, mit denen noch immer manch ein Dorfbewohner sein Haus heizte. Immerhin hatte es endlich aufgehört zu regnen. Für den heutigen Tag waren sogar steigende Temperaturen angesagt, siebzehn Grad bei wolkenlosem Himmel. Noch aber war davon nichts zu spüren.

Fröstelnd zog Pierre den Reißverschluss seiner Jacke höher und sah hinüber zu dem schmalen Steinbau schräg gegenüber der Wache. Zu jenem Fenster im ersten Stock, hinter dem sein Kontrahent jeden Morgen mit einer Tasse Kaffee in der Hand stand, als wolle er ihm signalisieren, dass er ihn im Blick habe.

Das Fenster war verschlossen, wie in den Tagen zuvor auch. Es hieß, Langlois besuche einen Freund. Seinetwegen konnte der Kerl bis zum Sankt Nimmerleinstag fortbleiben.

»Was ist, willst du hier festfrieren?«, fragte Luc in seine Gedanken. Sein Assistent stand im Eingang zur Wache und hielt die Tür auf, hinter der Penelope gerade verschwand.

Pierre warf einen Blick auf seine Armbanduhr. Es war gleich neun, und er hatte noch nichts gefrühstückt. Charlotte und er hatten verschlafen, was nicht oft vorkam. Aber als sie sich endlich aus dem Bett geschält und in der Kälte des Morgens angezogen hatten, da war nicht einmal mehr Zeit für einen Kaffee gewesen. Hätte Charlotte ihn nicht direkt vor der Wache abgesetzt, damit er sich rechtzeitig ins Zeiterfassungssystem einloggen konnte, dann hätte er wenigstens ein süßes Teil aus ihrer *Épicerie* mitnehmen können. Aber er hatte dem Bürgermeister den Triumph einer Verwarnung nicht bieten wollen.

Pierre dachte an die frischen Backwaren, die inzwischen gewiss die Auslagen füllten. An die *viennoiseries gourmandes* mit dem Rosinenbrot, dessen Vanillefüllung besonders cremig war, an die Zimtschnecken und die *brioches* mit Puderzucker. An den Kuchen mit dem Aroma von Orangenblüten, den Charlotte gestern nach Feierabend noch frisch gebacken hatte. Ihm lief das Wasser im Mund zusammen.

»Zeit für den morgendlichen Rundgang«, sagte er. »Den übernehme heute ich.«

Luc grinste breit. »Dann kommst du bestimmt auch bei Charlotte vorbei, oder? Besorgst du mir einen *craquelin*? Mit Nougatcremefüllung bitte.«

»Mir bitte auch«, rief Penelope aus dem Inneren der Wache.

Jetzt musste Pierre doch schmunzeln. Die kalten Monate hatten auch etwas Gutes. Nun, da kaum Touristen unterwegs waren, blieb genügend Zeit für die angenehmen Dinge des Lebens.

»Wird erledigt«, sagte er.

Pierres Rundgang führte über die *Place du Village* und am Dorfbrunnen vorbei zum Bouleplatz, wo sich einige in dicke Jacken gehüllte Spieler versammelten, um den vom Regen reichlich ramponierten Sandboden zu glätten. Vor dem *Chez Albert* fegte der Wirt die von der Platane herabgerissenen Blätter und Zweige beiseite – und mit ihnen einen aufgeweichten Papierstrohhalm, den jemand achtlos hatte fallenlassen –, als sich in diesem Moment die ersten Sonnenstrahlen über die Dächer schoben.

Es war, als habe jemand einen Zauberstab geschwungen und die Szenerie mit Farbe übergossen. Urplötzlich war der Platz überzogen von einem Glitzern, einem hoffnungsvollen Funkeln, sodass Pierre die Augen zusammenkniff und stehen blieb, um die Verwandlung zu bestaunen.

Auch der beleibte Gastronom hielt in seinem Tun inne. Er richtete sich auf, stützte sich auf den Besenstiel und hob sein blasses Gesicht der Sonne entgegen, sodass Pierre unwillkürlich an einen aufgequollenen Hefeteig denken musste.

»Salut, Albert«, rief er. »Herrliches Wetter, nicht wahr? Man kann den Frühling förmlich riechen.«

»Bonjour, Pierre«, antwortete der Angesprochene und wies mit dem Kopf in Richtung der nördlichen Stadtmauer. »Es klart auf, endlich. Jetzt ist sogar wieder die Kalkspitze des Mont Ventoux zu erkennen.«

Pierre folgte seinem Blick. Tatsächlich. Zwischen Kirchturm und Burgruine war der schemenhafte Umriss des gut fünfunddreißig Kilometer entfernt liegenden Berges zu sehen, der sich majestätisch aus dem *Plateau de Vaucluse* erhob. Die Alten nannten ihn »den Windumbrausten«, weil der Mistral nirgends schärfer und ausdauernder blies als dort. Den »Wächter über das Rhônetal«, »Olymp der Provence«.

»Wann steigt eigentlich eure große Feier?«, fragte Albert, noch immer auf den Besenstiel gestützt. »Wolltet ihr nicht im Frühling heiraten?«

»Im Mai. Die Einladungen gehen bald raus.«

Pierre nickte dem Gastronomen noch einmal zu und setzte seinen Weg fort. Zufrieden lächelnd.

Er mochte seine Arbeit. Gerade jetzt, außerhalb der Saison, wo es weniger Diebstähle, Falschparker und verloren geglaubte

Hunde gab. Und damit weniger Papierkram, der seit vergangenem Frühjahr ohnehin in das Aufgabengebiet von Penelope Brunel fiel, die alles rasch und gewissenhaft erledigte. Seit die junge Frau zum Team der Wache gehörte, beschränkte sich Pierres Arbeit vor allem darauf, mit sichtbarer Präsenz einen Beitrag zum allgemeinen Sicherheitsgefühl zu leisten und darüber hinaus guten Kontakt zu den Dorfbewohnern zu pflegen. Was ihm besonders leichtfiel. Die Zeiten, da die Einwohner von Sainte-Valérie ihm als gestrandetem Pariser *Commissaire* mit Misstrauen begegneten, waren längst vorbei. Er war der *Chef de police municipale,* ihr Dorfpolizist. Und er war es gerne.

Pierre schob die Hände in die Hosentaschen und schlenderte die *Rue du Portail* hinab, die Prachtstraße des Ortes mit dem hübschen Pflaster aus sonnenförmig ausgelegten Steinoliven. Hier befanden sich die meisten Geschäfte. Er passierte den Souvenirladen, eine der beiden Boutiquen, das Geschäft für Wohnaccessoires und den Blumenladen von Madame Orset, in dessen Schaufenster Kübel mit Tulpen in allen Farben standen, die sie frisch von den Feldern rund um Forcalquier und bei Jonquières erstanden hatte.

Vor dem Schaufenster mit dem Plakat einer grauhaarigen Dame mit extravagant gestuftem Haar lehnte die Inhaberin des Friseursalons und rauchte eine Zigarette. Madame Farigoule schenkte Pierre ein strahlendes Lächeln, das sie sonst nur für den Bürgermeister übrighatte, dem sie zu dessen Leidwesen bei jeder Gelegenheit schöne Augen machte. Selbst der sonst so bärbeißige Krämer Serge Oudard, der gerade eine Kiste mit Tomaten auf der Auslage abstellte, warf Pierre einen fröhlichen Morgengruß zu.

Ja, die Sonne macht etwas mit den Menschen, dachte Pierre, als er an der südlichen Stadtmauer stehen blieb und den herrlichen Blick auf das Luberontal genoss, ein regenzerzauster Flickenteppich aus Feldern, Wiesen und Eichenwäldchen. Auch die Natur schien sich dem Licht entgegenzurecken. Die knallgelben, flauschig-runden Blüten der Mimosen wetteiferten mit dem Stahlblau des Himmels. Und wohin man sah, leuchteten die weißen und rosafarbenen Blüten der Mandel- und Aprikosenbäume.

Pierre sog die blumengeschwängerte Luft ein und lächelte. Es war Charlottes Vorschlag gewesen, die für November geplante standesamtliche Trauung auf Anfang Mai zu verschieben. Eine gute Entscheidung, wie er fand. Es heiratete sich einfach schöner, war die Natur erst zur vollen Pracht erblüht. Und wenn man den Rest seines Lebens miteinander verbringen wollte, kam es auf ein paar Monate nicht an.

Charlottes *L'Épicerie provençale* lag gegenüber der Stadtmauer in den gewölbeartigen Räumen einer ehemaligen Weinhandlung. Der alte Muff war einer Mischung aus modernem Interieur und provenzalischem Flair gewichen. Charlotte hatte die Steinmauern neu verputzen lassen, jetzt wirkte der Raum hell und freundlich. Strahlender Blickpunkt war das türkisblau gemusterte Fliesenschild hinter der Verkaufstheke, über dem eine große Schiefertafel hing. Darauf standen neben den einheimischen Spezialitäten auch die landestypischen Gerichte zum Mitnehmen geschrieben – *agneau confit, taboulé orientale, cassoulet, pans bagnats* und verschiedene Quiches –, die sie täglich frisch mit Hilfe ihres Personals zubereitete.

Mit dem Feinkostladen hatte Charlotte sich im Frühjahr vor zwei Jahren einen Traum erfüllt. Seither gab es immer neue Köstlichkeiten auf ihrer Karte. Etwa jene sagenhaften *craquelins,* mit Nougatcreme gefüllte Briocheteigküchlein mit knusprig-süßer Hülle, die sie um die Weihnachtszeit für ihre Kundschaft kreiert hatte. Und die seither einen festen Platz auf der Schiefertafel innehatten.

Durch die Glasscheibe erblickte er Charlotte, die gerade mit einer *casserole* aus der Küche kam. Ihre kastanienbraunen Locken hatte sie zusammengebunden, und ihre Wangen waren erhitzt vom Küchendunst.

Bei ihrem Anblick ging ihm das Herz auf. Er liebte ihr sonniges Wesen, ihre unvergleichliche Mischung aus südfranzösischem Temperament und deutscher Akkuratesse, und er winkte ihr zu, doch sie war so vertieft in ihr Tun, dass sie ihn nicht bemerkte. Pierre legte die Hand auf die Klinke der Eingangstür und wollte sie gerade herunterdrücken, als sein Telefon klingelte. Es war Luc.

»Keine Sorge, ich habe eure *craquelins* nicht vergessen«, sagte er, in der Annahme, dass sein Assistent aus Ungeduld anrief. »Ich betrete gerade die *Épicerie*.«

»Die ...? Ach so, das ist es nicht.« Luc senkte die Stimme. Jetzt raschelte es, als halte er die Handfläche seitlich an den Hörer. »Vor meinem Schreibtisch stehen zwei völlig aufgelöste Urlauberinnen, die in den Wäldern von Sainte-Valérie etwas entdeckt haben. Sie sagen, es könnte eine Leiche sein.«

»Eine Leiche?« Pierre ließ die Türklinke wieder los. Die *craquelins* konnten warten. »Ich bin sofort bei dir.«

2

Die beiden Frauen, die auf den Stühlen vor Lucs Schreibtisch warteten, waren leichenblass. Pierre schätzte sie auf Ende fünfzig. Sie hatten beide kinnlanges, aschblondes Haar und trugen olivgrüne Funktionsjacken.

Die größere, eine hagere Person mit spitzer Nase, setzte gerade ihre Brille ab und nahm dankbar ein Taschentuch entgegen, das Penelope ihr vom benachbarten Schreibtisch aus reichte.

»Die Damen kommen aus der Bourgogne«, raunte Luc, der Pierre an der Tür abgefangen hatte. »Sie machen hier einen Wanderurlaub. Zurzeit wohnen sie in der *Auberge Signoret*.«

»Hast du schon Kopien von ihren Ausweisen gemacht?«

»Selbstverständlich. Sie heißen Corinne Gosselin und Martine Poulain.«

Pierre nickte, doch als er zu den beiden Frauen an den Schreibtisch trat, hatte er ihre Namen zu seinem Leidwesen schon wieder vergessen. »Guten Tag. Ich bin Pierre Durand, *Chef de police municipale*. Mein Kollege sagt, Sie hätten möglicherweise einen Leichnam entdeckt?«

»Jetzt, im Nachhinein bin ich mir nicht mehr ganz sicher«, sagte die kleinere mit ruhiger Stimme. »Es könnte auch ein Haufen weggeworfener Kleidung gewesen sein.«

Die Hagere schüttelte heftig den Kopf. »Ich schwöre dir, ich habe eine Hand gesehen. Sie war grob und fleischig.«

»Und wenn es nur ein Pilz war? Ich meine, wir waren doch nicht nahe genug dran.«

Pierre sah Luc fragend an.

Dieser hob die Schultern. »Es gibt kein Foto vom Tatort«, murmelte er. »Wir haben nur ihre Aussagen.«

»Und wo«, fragte Pierre, an beiden Frauen gewandt, »haben Sie diesen … Kleiderhaufen gesehen?«

Die Kleinere kam ihrer Freundin zuvor. »So genau können wir das nicht sagen. Wir waren schon ein ganzes Stück unterwegs in Richtung der *Fontaine de Vaucluse*. Der Wassertopf der Quelle soll gut gefüllt sein und kräftig sprudeln. Ein Naturschauspiel, das wir uns nicht entgehen lassen wollten.«

»Nahe der *Fontaine de Vaucluse*? Das wäre dann eventuell eine andere Zuständigkeit.«

»Nein, nein, wir waren noch im Gebiet von Sainte-Valérie«, entgegnete die Hagere und setzte ihre Brille wieder auf. Dann zog sie eine Wanderkarte aus der Jackeninnentasche, die sie mit einer energischen Bewegung auf dem Tisch ausbreitete. »Sehen Sie hier.« Mit spitzem Finger tippte sie auf den Parkplatz am Waldrand, der etwa zwei Kilometer nordwestlich von Sainte-Valérie lag. »Dort sind wir losgelaufen und waren höchstens fünfzehn Minuten unterwegs. Laut meiner Handy-App sind es von dort noch gut vier Kilometer bis zur Quelle.«

»Ja, höchstens fünfzehn Minuten«, bekräftigte ihre Freundin. »Wir sind sofort umgekehrt, um Meldung zu machen.«

Pierre beugte sich über die Karte, auf der die Höhenlagen verzeichnet waren. »Und wo ungefähr liegt der Fundort?«

Die beiden starrten unschlüssig auf den Plan, schließlich fuhr die Kleinere mit dem Finger einen Weg entlang, der parallel zu einem Bach verlief. »Irgendwo hier.«

»Nein, das war ein Stück weiter«, widersprach die Hagere. »Das weiß ich ganz genau.«

Pierre blies die Luft durch die Wangen. Das bezeichnete Gebiet war groß. Zu groß, um ohne die beiden Frauen auf die Suche zu gehen. »Ich schlage vor, wir fahren gemeinsam zum Wald, und dann zeigen Sie mir die Stelle.«

Die beiden Freundinnen warfen sich einen raschen Blick zu.

»Muss das sein?«, fragte die Kleinere und zog die Schultern nach vorne, sodass sie fast wie ein Schulmädchen wirkte, das eine Strafarbeit aufgebrummt bekam.

»Es würde uns sehr weiterhelfen.«

»Na schön.« Die Hagere straffte den Rücken. »Bringen wir es hinter uns.«

Der Parkplatz lag seitlich einer in engen Kurven hinaufführenden Straße. Luc war schon vor ihnen eingetroffen und holte gerade eine Rolle Absperrband aus der Transportbox des Motorrades. Pierre stellte den Dienstwagen direkt daneben ab, dann tauchte die kleine Truppe in den Kiefernwald ein.

Schweigsam liefen sie hintereinander her, ein jeder in seine Gedanken vertieft. Voerneweg die Hagere, die energischen Schrittes voranging, als sei sie gewohnt, dass man ihr widerspruchslos folgte. Hinter ihr Luc mit der kleineren Frau, neben der selbst er wie ein Riese wirkte. Pierre bildete das Schlusslicht.

Der von geschliffenen Steinen übersäte Weg war an manchen Stellen noch feucht, und man musste aufpassen, um nicht auszurutschen. Aber es war inzwischen regelrecht warm geworden, und Pierre öffnete den Reißverschluss seiner Jacke, während er sich aufmerksam umsah.

Dort, wo ein Brand vor Jahren große Flächen vernichtet hatte, riss die Sicht auf. Über die nachgewachsene Macchialandschaft aus Thymian, Wacholder und Ginsterbüschen konnte man über die Monts de Vaucluse blicken, deren gezackte Kalkspitzen in der Vormittagssonne leuchteten. Ein gewaltiges Massiv, das sich in östlicher Richtung bis zum Plateau d'Albion erstreckte, mit seinen im Sommer weithin sichtbaren Lavendelfeldern.

Bald standen die Bäume wieder dichter. Lärchen und Fichten wechselten sich mit blattlosen Buchen ab, der Weg war bedeckt von abgerissenen Zweigen und Ästen. Diesen Teil des Waldes hatte, wie Pierre feststellte, die Forstverwaltung offenbar noch nicht geräumt.

»Dort hinten ist es!«, rief die Hagere plötzlich, und ihre Stimme kiekste vor Aufregung. Sie streckte den Arm aus und zeigte auf den Bach, der ein Stück unterhalb des Weges verlief. Seitlich seines natürlichen Bettes hatte das Wasser eine schlammig-braune Spur hinterlassen, die sich wie eine Narbe über die Senkung legte. »Sehen Sie? Da.«

Tatsächlich. Mitten im Wasser trieb ein schlammgrüner Parka, dessen Stoff sich in der sanften Strömung hin und her bewegte. Dazu etwas, das wie umspülte Baumstämme anmutete, die jemand mitten in den Bach gerollt hatte.

Doch als Pierre die Augen zusammenkniff und den Blick fokussierte, konnte er erkennen, dass die sich im Wasser bewegende Jacke einen menschlichen Körper umhüllte, der mit dem Gesicht nach unten im Flussbett lag. Und dass die umspülten Teile keine Baumstämme waren, sondern Hosenbeine.

Pierre schluckte. Er verabscheute den Anblick des Todes und musste sich zusammenreißen, um den beiden Damen ein Gefühl von Tatkraft und Sicherheit zu vermitteln. Mechanisch aktivierte er die Kamera seines Mobiltelefons und zoomte den Körper heran. Gedrungene Statur, ein beinahe kahler Hinterkopf. Offenbar ein Mann.

»Sie warten hier«, wies er die Frauen an. Dann winkte er Luc, ihm zu folgen.

Vorsichtig kletterten sie den Hang hinab. Der Regen hatte den Untergrund stark aufgeweicht, und das am Boden liegende Herbstlaub war nurmehr eine glitschige Masse, sodass Pierre immer wieder Halt an Baumstämmen und Ästen suchte, um nicht auszurutschen.

Während er unten angekommen auf Luc wartete und sich die Erde von der Hose klopfte, rasten seine Gedanken in dem Versuch, die Situation zu erfassen.

Gut möglich, dass der Mann ebenfalls den Hang hinabgestolpert und unglücklich aufgeschlagen war. Fragte sich nur, wie er dann bis zum Bach kommen konnte. Vielleicht war er ja auch Opfer eines Querschlägers geworden. So etwas kam immer wieder vor, jetzt, mitten in der Jagdsaison.

Doch als Pierre am Ufer angelangt war und in die Hocke ging, um die Leiche zu betrachten, lösten sich seine Spekulationen im Licht der Eindeutigkeit der Lage sofort auf. Der Parka des Toten wies Löcher auf, die von Stichverletzungen zeugten. Zweifellos war der Mann Opfer eines Gewaltverbrechens geworden.

Mit einem Seufzen betrachtete Pierre das im Wasser liegende Gesicht und schob einen Zweig beiseite, der sich am stiernackigen Hals verfangen hatte.

»Kennst du ihn?«, fragte Luc, der sich interessiert nach vorne beugte, die Hände auf die Oberschenkel gestützt.

»Nein«, antwortete Pierre, obwohl ihn eine plötzliche Ahnung befiel. Dieser Nacken … »Wir sollten ihn mal umdrehen.«

Luc schüttelte heftig den Kopf. »Nee, lass das mal lieber die Kollegen vom Kommissariat machen. Der liegt schon zu lange hier. Sieh nur, wie gedunsen die Haut ist. Das wird kein schöner Anblick, glaub mir.« Er richtete sich auf.

Auch Pierre erhob sich. Suchend sah er sich um. Schließlich

griff er einen herumliegenden Ast vom Boden und schob ihn mit breit aufgestellten Beinen unter den Körper. Bewegte ihn dann nach vorne, sodass sich der Tote ein Stück drehte.

Der Anblick war grauenhaft.

»Verdammte Scheiße!«, stieß Pierre hervor und trat einen Schritt zurück. Dabei ließ er den Ast los, sodass der Körper wieder in seine alte Position verfiel. Das Gesicht war fast bis zur Unkenntlichkeit verquollen. Und dennoch hatte er keinen Zweifel mehr, wer vor ihnen im Bach lag.

»Habe ich es dir nicht gesagt?«, feixte Luc und verzog den Mund, als habe er in eine Zitrone gebissen. »Das hätten wir uns echt ersparen können.«

»Das ist es nicht. Hast du ihn denn nicht erkannt?«

»Nein. Du?«

»Und ob«, sagte Pierre und schluckte heftig. »Es ist Gilbert Langlois.«

3

Pierre hatte sofort im Kommissariat von Cavaillon angerufen, wo er den Fund in kurzen Zügen schilderte und den Standort durchgab, damit die Beamten ihn gleich fanden. Nun stand er neben *Commissaire* Robert Lechat, einem jungen, hochgewachsenen Kollegen, mit dem er bereits in der Vergangenheit gut zusammengearbeitet hatte.

Die Sonne schickte ihre Strahlen durch die kahlen Zweige und beleuchtete die mit Flatterband abgesperrte Fläche, als wären es Scheinwerfer einer Filmkulisse. Nur, dass diese Szenerie real war.

Am Ufersaum kauerte der Gerichtsmediziner Louis Papin neben einer Plastikplane und nahm die inzwischen geborgene Leiche in Augenschein. Wie er so dahockte, in seinem schwarzen Mantel, und dabei auf und ab wippte, sah er aus wie ein Rabe, der nach Brotkrumen pickte. In einer Schale lag der Inhalt der Hosentaschen des Opfers: Ein Autoschlüssel der Marke Peugeot und ein vollkommen aufgeweichtes Portemonnaie.

Wenige Meter von dem Gerichtsmediziner entfernt untersuchten Beamten der Spurensicherung den Boden und spähten im Flussbett nach weiteren Gegenständen, die der Tote bei sich getragen haben könnte. Sie machten Fotos und Skizzen vom Fundort und von der Umgebung. Eine Kollegin der *police nationale* beriet sich gerade mit dem Leiter des Teams.

Die Aussichtslosigkeit des Unterfangens war ihren Gesichtern anzusehen. In der vergangenen Woche hatte es zeitweilig so stark geschüttet, dass das Wasser wie eine Wand hinabgestürzt war. Hatte es je Spuren am Tatort gegeben, so waren diese längst davongespült.

Der *Commissaire* zündete sich eine Zigarette an und blies den Rauch in kleinen Kringeln in die Luft.

Eins seiner wenigen Laster, wie Pierre wusste. Der junge Kollege war ein Ausbund an Tugend, der sich ausschließlich vegetarisch ernährte und jeden Morgen vor der Arbeit eine Runde joggte. Robert Lechat war stets adrett gekleidet. Und egal wie windig es auch sein mochte, sein volles braunes Haar saß immer akkurat zurückgekämmt.

»Und«, fragte der *Commissaire*, »was denkst du? Du sagtest, du hast ihn gekannt.«

»Allerdings.« Pierre rieb sich das Kinn. »Ein unangenehmer Typ. Sehr direkt und polemisch. Gilbert Langlois hat nie einen Konflikt gescheut.«

»Klingt, als könntest du ihn nicht ausstehen.«

Pierre sah Lechat offen an. »Nicht ausstehen ist noch untertrieben.«

»Was hat er denn getan?«

»Er war scharf auf meinen Posten. Unser Bürgermeister, Maurice Marechal, wollte Langlois nach meiner Suspendierung im vergangenen Sommer als meinen Nachfolger einsetzen. Die beiden kannten sich noch von früher. Es war eine ziemlich hinterhältige Intrige, die aber aufflog. Du kannst dir sicher vorstellen, wie angefasst ich war. Langlois hat damals trotzdem seinen Job als Polizist in Mazan gekündigt und ist hergezogen.«

Lechat sah ihn verwundert an. »Warum hat er das getan?«

»Das habe ich mich auch gefragt. Vielleicht ist er ja nicht freiwillig gegangen.«

Der *Commissaire* zog an seiner Zigarette. »Ich werde die Kollegen in Mazan dazu befragen«, sagte er und ließ den Rauch durch die Lippen fließen. »Wo hat er zuletzt gearbeitet?«

»Soweit ich weiß, war er ohne Beschäftigung.«

»Tatsächlich?« Lechat runzelte die Stirn. »Und wovon hat er gelebt?«

»Keine Ahnung.«

»Hat Langlois Verwandte, die uns mehr darüber erzählen können? Oder Freunde?«

Pierre zuckte mit den Schultern. »Außer dem Bürgermeister ist mir niemand bekannt, und selbst mit dem ist er inzwischen zerstritten. Langlois hat zwar versucht, sich bei einigen Dorfbewohnern anzubiedern. Er war regelmäßig zu Gast in der *Bar du Sud* und auf dem Bouleplatz, wo er seine Telefonnummer verteilt hat, falls wer jemand Neues im Team bräuchte. Aber es hat ihn keiner angerufen, weil er ständig dummes Zeug geredet hat. Das hat die anderen irgendwann genervt. Es braucht Geduld, um Teil der Dorfgemeinschaft zu werden, da sind die Bewohner von Sainte-Valérie eigen, ich kann da ein Lied von singen. Wer sich mit Macht hineindrängen will, der beißt auf Granit.«

Lechat nahm noch einen Zug von der Zigarette und schnippte sie auf den nassen Boden, wo sie augenblicklich verglomm. »Und worum ging es bei dem Streit mit dem Bürgermeister?«

»Langlois war wütend auf Marechal, weil der angeblich vor dem Druck des Präfekten eingeknickt war und deshalb das Versprechen, ihm meinen Posten zu geben, nicht halten konnte.«

Lechat nickte nur, und Pierre war froh, dass der *Commissaire* seine eigene Rolle in der Angelegenheit nicht weiter hinterfragte. Ein ermordeter Konkurrent, das lud geradewegs zu Spekulationen ein.

Tatsächlich war er, das musste Pierre zugeben, für einen kurzen Moment erleichtert gewesen, als er Langlois in dem Toten erkannt hatte. Die zweite Reaktion auf den Fund war Scham gewesen, weil eine derartige Erleichterung angesichts des Todes nicht angebracht war. Aber er war auch nur ein Mensch, wer sollte ihm das verübeln.

Gilbert Langlois hatte ihm in den vergangenen Monaten stark zugesetzt.

All die Unwahrheiten, die er über ihn in Umlauf gebracht hatte! Von Vetternwirtschaft war die Rede gewesen. Von Klüngeleien mit dem Präfekten, den Pierre angeblich bestochen hatte, damit dieser die Suspendierung rückgängig machte.

Dem ehemaligen Polizisten aus Mazan schien jedes Mittel recht gewesen zu sein, um Pierre zu diskreditieren. Bei den Dorfbewohnern hatten diese Geschichten nicht verfangen, von wenigen Ausnahmen einmal abgesehen. Die meisten kannten und schätzten ihren *Chef de police municipale.* Aber es hatte Pierre stärker belastet, als er zugeben wollte. Sainte-Valérie war längst seine Heimat geworden, sein Herzensort. Und Gilbert Langlois hatte sich wie ein Dorn hineingebohrt.

Nun, da er darüber nachdachte, erkannte Pierre, dass das glückselige Gefühl am heutigen Morgen nicht nur mit dem sonnigen Wetter und der guten Laune der Dorfbewohner zusammenhing, sondern auch mit der Abwesenheit seines Kontrahenten. Das Dorf war so friedlich gewesen wie schon lange nicht mehr. Und – die Erleichterung brach sich erneut Bahn – es gab nun nichts mehr, was diesen Frieden stören könnte.

Ein Aufkreischen riss Pierre aus seinen Gedanken, gefolgt von einem lauten Fluch.

Er sah zum Hang hinüber, den Luc in diesem Moment herunterschlitterte und -stolperte, bis er endlich bei seinen Kollegen zum Stehen kam.

»Monsieur Chevallier«, begrüßte *Commissaire* Lechat ihn amüsiert und betrachtete die schlammverschmierten Hosenbeine. »Warum haben Sie nicht die Steckleiter genommen?«

Luc drehte sich zu der nur drei Meter entfernt angebrachten Leiter um, die die Abböschung inzwischen sicherte, und kratzte sich am Kopf. Dann reichte er Pierre den Schlüssel des Polizeiwagens.

»Ich habe die beiden Damen wie gewünscht in der Pension abgesetzt. Sie haben es sofort dem Portier erzählt. Bis wir zurück sind, weiß es das ganze Dorf. Nicht nur deshalb. Rate mal, wer mich am Auto abgefangen hat?« Er grinste breit und beantwortete die Frage gleich selbst. »Madame Duprais.«

Pierre rollte mit den Augen. »Das ist unsere neugierige Witwe«, erklärte er dem *Commissaire.* »Sie hat den lieben langen Tag nichts anderes zu tun, als die Augen und Ohren aufzusperren und jede Neuigkeit herumzutratschen. Und«, wandte er sich wieder an Luc, »was hat sie gewollt?«

»Sie hat mich gefragt, warum wir die beiden Damen durch die Gegend kutschieren, ob denn etwas passiert sei. Und da die Wanderinnen sowieso gerade alles dem Portier der Auberge erzählt hatten, dachte ich, es schadet sicher nicht, sie ebenfalls ins Bild zu setzen. Vielleicht hat sie ja etwas mitbekommen und kann uns weiterhelfen. Und, was soll ich sagen, ich hatte recht.«

Luc machte eine Kunstpause, wobei sein Grinsen immer breiter wurde.

»Na los«, forderte Pierre seinen Assistenten auf, »erzähl schon, was hat sie gesagt?«

»Madame Duprais meinte, sie hätte sich schon gewundert, wo Gilbert Langlois abbleibt. Sie habe ihn zuletzt am Mittwoch vergangener Woche gesehen, als er das Dorf in seinem braunen Peugeot verlassen hat. Seither stand der Wagen nicht mehr auf dem Anwohnerparkplatz, wo er ihn sonst immer abstellt.«

Pierre hob die Brauen. »Madame Duprais hat den Parkplatz kontrolliert?«

»Ja. Es hat sie offenbar so sehr beschäftigt, dass sie täglich nachgeschaut hat, ob der Wagen da ist.«

»Und warum hat sie uns nicht Bescheid gesagt?«

»Keine Ahnung, das habe ich sie nicht gefragt.«

Pierre nickte. Es hätte ohnehin nicht viel geändert. »Auf dem Waldparkplatz stand der Peugeot jedenfalls nicht«, murmelte er. »Entweder der Mörder ist damit weggefahren oder der Wagen steht irgendwo in der Nähe.«

»Hast du das Kennzeichen?«, fragte Lechat.

»Nein, aber das lässt sich rasch herausfinden.«

Pierre holte sein Telefon hervor und rief in der *mairie* an, den Direktanschluss der Empfangsdame und guten Seele Gisèle. Kurz schilderte er den Vorfall, dann bat er sie, in der Registrierung nachzusehen, welches Kennzeichen Langlois zur Nutzung des Transponders für die Poller am Stadttor angegeben hatte. »Und wenn Sie schon dabei sind, dann sehen Sie bitte auch gleich nach, wann er ihn zuletzt verwendet hat.«

»Das mache ich gerne«, erklärte Gisèle nach einer kurzen Pause, in der sie offenbar überlegte, ob sie zumindest pro forma einige Worte des Bedauerns fallen lassen sollte. Sie tat es nicht.

Das Klacken einer Computertastatur war zu hören. Vor nicht allzu langer Zeit hatte Gisèle, die im vergangenen Jahr sechzig geworden war, noch eine Schreibmaschine aus den Achtzigern besessen und sämtliche Korrespondenz stur per Brief oder Fax erledigt. Inzwischen hatte auch sie die Vorteile der digitalen Welt für sich entdeckt. Zur Erleichterung aller.

»Ah, da ist es ja«, sagte sie nun. »Haben Sie etwas zu schreiben?« Sie wartete, bis Pierre die Frage bejahte, und gab dann das Kennzeichen durch. »Für die Ausfahrtszeiten am Stadttor muss ich den Sicherheitstechniker fragen, auf das Programm habe ich keinen Zugriff. Sagen Sie«, die Empfangsdame stockte, »gibt es schon eine Ahnung, wer der Täter sein könnte?«

»Wir stehen noch ganz am Anfang. Warum?«

»Die Vorstellung, dass in unserem idyllischen Sainte-Valérie ein Mörder wohnt, der andere brutal niedersticht … Das ist schon sehr beklemmend.«

»Es ist ja noch nicht gesagt, dass der Mörder aus unserem Dorf stammt«, beruhigte Pierre sie. »Es könnte genauso ein Auswärtiger gewesen sein. Jemand, den Langlois im Wald getroffen hat.«

»Hoffentlich haben Sie recht.« Sie atmete tief durch. »Ich melde mich, sobald ich die Funkdaten habe.«

Pierre gab dem *Commissaire* gerade das Autokennzeichen durch, als der Gerichtsmediziner auf sie zukam. Begleitet von Lechats Kollegin, die ihre Beratung mit der Spurensicherung offenbar abgeschlossen hatte.

»Darf ich vorstellen?«, sagte der *Commissaire* und wies mit einer Handbewegung auf die Frau. »Das hier ist *Lieutenante* Fenech. Sie war vorher in Marseille und ist seit Anfang des Jahres Teil unseres Teams. Und das«, er zeigte auf Pierre und Luc, »sind die Kollegen Durand und Chevallier von der *police municipale*. Sie werden uns bei der Aufklärung des Verbrechens helfen.«

»Angenehm.«

Lieutenante Feneches Händedruck war kräftig, was zu ihrer durchtrainierten Statur passte. Ihr Gesicht war kantig mit ausgeprägtem Kinn und eng stehenden Augen, das dunkelbraune, schulterlange Haar hatte sie zu einem straffen Zopf geflochten.

»Ganz meinerseits«, sagte Pierre, dann begrüßte er auch den

Gerichtsmediziner mit Handschlag. »Irgendwelche Erkennt-nisse?«

»Die Leiche ist in einem schlechten Zustand«, berichtete Papin und fuhr sich über den grauen Schnurrbart. »Unmög-lich, sich bei der Tatzeit festzulegen. Dazu muss ich erst weitere Untersuchungen machen.«

Lechat nickte. »Wir haben gerade den Hinweis erhalten, dass er zuletzt vergangenen Mittwoch gesehen wurde, also genau vor acht Tagen. Kommt das hin?«

Papin wiegte den Kopf. »Schwer zu sagen. Die Haut ist noch nicht ablösbar, und es gibt auch keine beginnende Algenbildung. Eines jedoch ist sicher: Der Täter wollte offen-bar ganz sichergehen. Ein Messerstich traf den Magen, acht weitere verteilen sich über den Rücken. Den Eintrittswinkeln zufolge hat der Täter weitergemacht, als die Leiche längst am Boden lag.«

»Neun Stiche?«, Pierre runzelte die Stirn. Das waren weit mehr, als er auf den ersten Blick bemerkt hatte. Der Täter hatte offenbar eine enorme Wut im Bauch gehabt. Er sah zu den Männern, die die schwarze Folie über dem Toten zusammen-schlugen und ihn in eine Zinkwanne hoben. Die Reflexion der Sonnenstrahlen auf dem Metall übte eine geradezu unwirkli-che Anziehungskraft aus, die etwas Makaberes hatte. »Stimmt der Tatort denn mit dem Fundort überein?«, fragte er.

»Es sind Treibverletzungen vorhanden. Der Bach war zeit-weilig über die Ufer getreten und besaß eine gewisse Strö-mungskraft, die den Mann ein Stück mitgerissen hat. Viel-leicht drei Meter, höchstens vier, nicht mehr. Genaueres kann ich aber erst nach Abschluss der Untersuchungen sagen. Ich lasse den Leichnam jetzt ins Labor bringen. Sollte sich etwas Neues ergeben, melde ich mich.«

Papin nickte in die Runde und entfernte sich.

»Gut, dann teilen wir uns auf«, bestimmte Lechat. »*Lieutenante* Fenech, Sie stellen ein Team zusammen, das den Wald nach dem verschwundenen Auto durchkämmt, einem braunen Peugeot 208.« Er reichte ihr den Zettel, auf dem er das Kennzeichen notiert hatte. »Sie selbst kümmern sich um die anderen Routinen. Kontoeinsicht, Verbindungsnachweise, zu benachrichtigende Verwandte und so weiter. Ich werde die Kollegen von der *police municipale* in Mazan anrufen, um Auskünfte zum Ausscheiden von Langlois einzuholen. Vielleicht wissen die ja auch etwas zu seinen letzten Einkünften.« Er drehte sich zu Pierre. »Du treibst beim Vermieter einen Schlüssel für die Wohnung des Toten auf und siehst dich mit deinem Assistenten und einem Kollegen der Spurensicherung dort um. Wir treffen uns um …«

Das Klingeln eines Telefons unterbrach Lechats Ausführungen.

Pierre warf einen Blick auf sein Display und nahm ab. »Gisèle, was gibt's?«

»Ich habe jetzt die Transponderdaten«, antwortete die Empfangsdame. »Gilbert Langlois hat das Dorf am vergangenen Mittwoch um zwölf Uhr vierundfünfzig verlassen. Ich habe mir außerdem die Daten aller Personen geben lassen, die die Schranken der beiden Stadttore vor und nach diesem Zeitpunkt passiert haben.«

»Um zwölf Uhr vierundfünfzig«, wiederholte Pierre. »Sehr gut, ich aktiviere jetzt den Lautsprecher, damit die Kollegen mithören können.« Er legte das Telefon auf einen Baumstumpf, damit er die Hände frei hatte. Dann zückte er Notizbuch und Stift. »Legen Sie los.«

»Es war wenig Verkehr an dem Tag, bis auf den gewerblichen. In der Stunde vor Langlois' Ausfahrt haben zwei Fahrzeuge einer Baufirma den Ort durch das Haupttor verlassen, die Lieferanten eines Gastronomiegroßhandels und die eines Getränkehändlers. Gefolgt von Didier Carbonnes Kastenwagen, der hat das große Stadttor um zwölf Uhr siebenunddreißig passiert und kam nach etwa eineinhalb Stunden zurück. Er wird Ihre beiden Ziegen versorgt haben.«

Pierre nickte. Seit einiger Zeit kam der alte Uhrmacher deutlich später auf den Hof als sonst. »Stimmt. Carbonne scheidet ebenfalls aus, für den lege ich die Hand ins Feuer.«

»Danach«, fuhr Gisèle fort, »sind nur noch die Wagen eines Paketunternehmens registriert und der einer Reinigungsfirma. Nichts, was uns interessieren dürfte. Um zwölf Uhr dreiundzwanzig allerdings«, sie senkte die Stimme, »also einunddreißig Minuten vor dem Opfer, ist ein Renault Austral Hybrid durch das kleine Stadttor gefahren. Der Transponder wurde um dreizehn Uhr achtunddreißig erneut registriert. Der Wagen gehört Elodie Marechal.«

Commissaire Lechat hob die Brauen. »Ist das die Ehefrau des Bürgermeisters?«

»So ist es. Madame Marechal ist eine geborene Pannetier.« Gisèle hatte mit bedeutungsschwangerer Stimme gesprochen, jetzt machte sie eine Pause, als erwarte sie einen entsprechenden Kommentar.

»Den Namen habe ich schon mal gehört«, sagte Pierre, »ich kann ihn nur nicht zuordnen.«

»Aber ich«, rief Luc. »Die Familienlinie der Pannetiers geht bis ins sechzehnte Jahrhundert zurück. Nach der französischen Revolution war die Burg von Sainte-Valérie in ihrem Besitz, bis ein Vorfahr sie achtzehnhundertneunzig zu einem symbolischen Wert von einem Franc dem Dorf übergeben hat.«

»Richtig, Luc«, kam es aus dem Lautsprecher. »Madame Marechals Vater, Thierry Pannetier, war früher einer der größten Unterstützer von Sainte-Valérie. Er und seine Frau Marlène haben lange Zeit hier gelebt, jetzt wohnen sie bei Goult, weil ihre rheumatischen Gelenke die Steigungen in Sainte-Valérie nicht mehr vertragen. Monsieur Pannetier hat viel für unser Dorf getan. Die hübschen Pflastersteine in der *Rue du Portail,* die hätte der damalige Gemeinderat ohne seine groß-zügige Unterstützung gewiss nicht verlegen lassen.«

Pierre musste schmunzeln. Gisèle wusste alles über die-sen Ort und dessen Bewohner. Die Art jedoch, wie sie Elodie Marechals Vater erwähnte, ließ ihn aufmerken.

»Das erzählen Sie uns doch sicher nicht ohne Grund?«

»Nun, Monsieur Pannetier besitzt einen gewissen Standes-dünkel, der auch seiner Tochter anhängt. Ich frage mich, was Elodie Marechal wohl von der Verbindung ihres Mannes zu Gilbert Langlois gehalten hat. Ich kann mir nicht vorstellen, dass sie diesen ungehobelten Poltergeist mochte. Langlois hat ja eine Zeit lang sogar offen über den Bürgermeister hergezo-gen. Den hat das ziemlich verärgert.«

»Wollen Sie damit etwa andeuten, Madame Marechal könnte Langlois ermordet haben, um die Ehre ihres Mannes zu retten?«

»Und ihre eigene.« Im Hintergrund war eine Tür zu hören. Gisèle räusperte sich. »Ich fantasiere nur ein wenig herum. Gewiss ist sie nur zum Einkaufen gefahren. Entschuldigen Sie bitte, aber ich muss hier weitermachen.«

»In Ordnung«, sagte Pierre. »Danke, Gisèle, ich denke, ich sollte mal mit dem Bürgermeister über die Sache sprechen.«

»Tun Sie das. Er ist allerdings seit vergangenem Freitag krankgeschrieben. Eine Erkältung.« Ihre Stimme senkte sich zu einem Flüstern. »*Monsieur le maire* arbeitet, soweit es seine Kräfte erlauben, von zu Hause aus. *Chemin des Liserons* Num-mer fünf, das hübsche kleine Eckhaus.«

Nachdenklich beendete Pierre das Gespräch. »Das Auto von

Madame Marechal«, wiederholte er. »Was meint ihr, hat das etwas zu bedeuten?«

»Ich kann mir sehr gut vorstellen, dass unser Bürgermeister den Kerl loswerden wollte«, ereiferte sich Luc. »Zwischen Langlois und ihm herrschte Eiszeit. Vielleicht hat Maurice Marechal ja selbst im Wagen seiner Frau gesessen? Die Zeit passt, mittwochs ist die *mairie* schon ab zwölf geschlossen, er hätte das Ganze in aller Ruhe erledigen können. Und ratet mal, woher seine Erkältung kommt, so, wie es an dem Tag geschüttet hat, hm? Marechal lockt seinen ehemals guten Kumpel unter einem Vorwand in den Wald und bringt ihn dort eiskalt um.« Er schlug mit der geballten Faust auf die Handinnenfläche. »Zack, bumm. So einfach ist das. Fall gelöst!«

Den Worten folgte eine Pause, in der Pierre einen raschen Blick mit *Commissaire* Lechat wechselte. Es war tatsächlich eine Möglichkeit.

»Das alleine reicht mir nicht«, sagte die *Lieutenante* mit hoch konzentriertem Gesichtsausdruck. »Mord ist schon ein gewaltiger Schritt. Ein normaler Bürger hat viel zu große Hemmungen davor, jemanden zu töten, das wird oft unterschätzt. Es müssten schon weitere Hebel dazukommen. Emotionalere, die auch die Heftigkeit des Angriffes erklären.«

»Diesen Punkt möchte ich trotzdem gerne klären«, entgegnete Pierre. »Ich schlage vor, ich fahre zum Bürgermeister und übermittele ihm die Nachricht vom Tod seines ehemaligen Freundes. Vielleicht kann ich darüber hinaus etwas über das Verhältnis der beiden in Erfahrung bringen. Luc, du besorgst den Schlüssel und gehst mit dem Kollegen von der Spurensicherung zur Wohnung des Opfers. Ich komme später nach. Am besten, wir halten unsere erste Lagebesprechung in der Wache ab.« Er sah auf seine Armbanduhr, es war zwanzig nach zwölf. »Wir treffen uns um zwei.«

Pierre bemerkte Lechats schiefes Grinsen. »Habe ich etwas vergessen?«

»Nein … *Chef.*« Jetzt lachte Lechat. »Wir machen es so, wie du gesagt hast.«

4

Das Haus der Marechals lag an der westlichen Stadtmauer, am Übergang zur *Rue du Pontis*. Es war ein alter, ursprünglich dreistöckiger Steinbau mit smaragdgrünen Fensterläden, der seit einer aufwendigen Sanierung eine weitere Etage mit Dachterrasse und Pool hinzubekommen hatte, die sich optisch nahtlos in die bestehende Bebauung einpasste.

Obwohl der *Chemin des Liserons* nur wenige Meter von der beliebten Aussichtsplattform entfernt lag, war die Gasse kaum frequentiert. Was nicht nur daran lag, dass sie recht eng war. In diesem Teil von Sainte-Valérie gab es weder Geschäfte noch Gastronomie, weshalb die meisten Besucher des Ortes nach wenigen Metern kehrtmachten. Nur im Sommer, wenn die untergehende Sonne ihr pastellfarbenes Licht über die Ebene breitete, dann sah man auch hier vereinzelt Personen, die sich für ein Foto vor dem Panorama in Pose warfen.

Ein wunderbarer Ort für ein Stadthaus, dachte Pierre, der an der Mauer stehen blieb, versunken in die Schönheit des frühlingshaft anmutenden Landstrichs, in den sich violette, rosafarbene und gelbe Blütentupfen mischten. Von hier aus hatte man einen unverbauten Blick über die dunkel schimmernden Wälder, die sich in Richtung Westen bis nach Fontaine-de-Vaucluse erstreckten.

Als Pierre die Klingel betätigte, fiel ihm auf, wie idyllisch der Eingangsbereich wirkte. An der weiß lackierten Holztür hing ein Türklopfer, der wohl eher als Dekoration gedacht war. Seitlich der Stufen standen Töpfe mit Agaven und Palmen, die mit Stroh und Jute vor der nächtlichen Kälte geschützt waren. Neben dem Eingang bemerkte er ein aus Ton gebranntes und glasiertes Namenschild, das offenbar von Kinderhand gefertigt worden war.

»*Hier wohnen Maurice, Elodie, Hugo und Rose Marechal*«, las Pierre leise vor.

Es klang nach Familienidylle, nach heiler Welt. Nicht nach den Intrigen und Ellenbogenkämpfen, die er von Marechal gewöhnt war.

Aber irgendwie passte es trotzdem zu dem jugendlich dynamischen Bürgermeister, der sich als Fachanwalt für Familienrecht vor allem dadurch von seinem Vorgänger Arnaud Rozier unterschied, dass er das Thema Familie auch politisch vorantrieb.

»Kinder sind unsere Zukunft«, hatte er im Wahlkampf gepredigt und versprochen, etwas gegen die Vergreisung der provenzalischen Dörfer zu unternehmen, die mehr und mehr in die Hände von Zweitwohnungsbesitzern aus aller Welt gerieten. »Geben wir den Menschen einen Grund hierzubleiben. Schaffen wir ihnen eine Heimat, in der sie Arbeit und gute Verdienstmöglichkeiten finden und so zum Wachstum und Wohlstand unserer Gemeinde beitragen.«

Seither war eine Kindertagesstätte hinzugekommen, die vor den Toren von Sainte-Valérie in den Neubauten an der *Rue des Escaunes* untergebracht war. Es gab deutlich mehr Veranstaltungen für junge Familien und ein Programm zur Förderung von Lehrstellen. Und zur Schaffung bezahlbaren Wohnraumes hatte der Gemeinderat eine zusätzliche Appartementanlage vor den Toren des Dorfes geplant, die – zur Beruhigung der älteren Einwohner – in provenzalisch authentischem Stil gebaut werden sollte.

Schlecht war es nicht, was der neue Bürgermeister politisch anstieß, fand Pierre. Aber er würde sich lieber die Hand abreißen, als ihm zu applaudieren.

Auf sein erstes Klingeln hin geschah nichts. Erst nach dem zweiten waren hastige Schritte zu hören. Elodie Marechal öffnete die Tür, mit geröteten Wangen. Sie war eine äußerst grazile und doch zupackend wirkende Frau, Pierre schätzte sie auf Ende zwanzig. Trotz der viel zu großen Kochschürze, die sie über einem Wollkleid trug, sah sie aus wie einem Modemagazin entsprungen. Das aschblonde Haar war kunstvoll hochgebunden, das erhitzte Gesicht sorgfältig geschminkt und die Füße steckten in Hausschuhen aus schwarzem Satin.

»Entschuldigen Sie, *Monsieur le policier*«, sagte sie und wischte sich mit dem rechten Ärmel den Glanz von der Stirn. »Ich bin gerade dabei, das Essen zuzubereiten.«

»Sie kochen jeden Mittag für Ihre Familie?«

»Nein, nur mittwochs, wenn die *école maternelle* geschlossen ist.« Elodie Marechals Stimme klang konsterniert. Hastig zog sie die Schürze aus und wickelte sie zu einem kleinen Ball. »Die anderen Tage helfe ich Madame Levy im Burgmuseum. Aber heute liegt die ganze Familie mit einer Erkältung flach. Und irgendjemand muss sie ja versorgen.«

»Was gibt es denn Gutes?«

»Eine *soupe au pistou* mit reichlich frischem Gemüse und etwas Hähnchenfleisch. Alles bio.«

Pierre lächelte. Damals, nach dem Tod seiner Mutter, hätte er sich auch jemanden gewünscht, der ihm bei einer Erkältung eine kräftigende Suppe kochte. Stattdessen hatte er sich mit belegten Broten durchgeschlagen. Oder sich, wenn ihm sein Vater ein paar Münzen auf die Konsole gelegt hatte, etwas in den Schnellrestaurants des Viertels besorgt.

»Das klingt gut«, sagte er. »Ich hoffe, Ihre Kinder wissen zu schätzen, dass Sie das Essen frisch zubereiten. Helfen sie Ihnen dafür auch bei den Einkäufen?«

»Wie bitte?« Sie lächelte irritiert.

»Na ja, ich meine, wenn die Kinder mittwochs nicht in der Vorschule sind …«

»Aber nein, sämtliche frische Zutaten hole ich dienstags auf dem Wochenmarkt. Und die großen Einkäufe erledige ich lieber ohne die beiden, das geht schneller.«

»Oh.« Pierre tat erstaunt. »Dann waren Sie letzten Mittwoch mit Ihrem Wagen also nicht auf dem Weg zum Supermarkt?«

Elodie Marechal runzelte die Stirn. »Warum, sagten Sie noch mal, sind Sie hier?«

»Entschuldigen Sie bitte, das hatte ich noch gar nicht erwähnt. Ich habe leider eine nicht so gute Nachricht für Ihren Mann. Ist er zu Hause?«

»Eine …« Aus einem der Räume im Erdgeschoss drang lautes Kindergeschrei. »Hugo, Rose, benehmt euch!«, rief sie mit aufgesetzter Fröhlichkeit über die Schulter. »Wir haben Besuch.« Dann trat sie einen Schritt zurück und winkte Pierre herein.

Zu seiner Überraschung verstummte das Geschrei. Er folgte der Frau des Bürgermeisters über eine Steintreppe in die erste Etage, wo sich eine offene Küche befand, über der ein köstlicher Geruch von Basilikum und Knoblauch schwebte. Daneben ein Esstisch vor dem französischen Balkon mit einem sagenhaften Blick auf die Wälder.

Auf einmal machte sich auch Pierres Hunger wieder bemerkbar. Wegen des Mordfalls hatte er heute noch gar nichts gegessen, er würde sich gleich nach der Befragung etwas holen.

Maurice Marechal saß auf einem großen Ecksofa zur Linken, auf dem Tisch vor ihm ein aufgeklappter Laptop, daneben eine Packung Taschentücher. Die große, schlanke Gestalt des Bürgermeisters war in eine Wolldecke gehüllt. Das Gesicht fahl, die Nasenränder gerötet. Die Augen waren halb geschlossen, und Pierre fragte sich, ob er wohl gerade schlief.

»Schatz, wir haben einen Gast.« Elodie Marechals Stimme klang energisch. »Es ist dein Polizeichef.«

Der Bürgermeister schrak zusammen. Sofort strich er sich das dunkle, glatte Haar zurück und schob die Wolldecke von sich. Es war das erste Mal, dass Pierre den stets adrett gekleideten Bürgermeister in einem Sweatshirt sah. Immerhin, es war vollkommen unverknittert, als sei es vor dem Bügeln gestärkt worden.

»Monsieur Durand«, sagte Marechal, und ein höfliches Lächeln erschien auf dem müden Gesicht. »Was verschafft uns die Ehre? Ich hoffe, Sie haben nichts dagegen, wenn ich sitzen bleibe. Ich bin noch leicht angeschlagen. Eine hartnäckige Erkältung. Besser, Sie halten Abstand.«

Pierre nickte, obwohl er lieber – um eine vertraulichere Atmosphäre zu schaffen – auf dem gegenüberliegenden Sessel Platz genommen hätte.

»Ich komme in dienstlicher Pflicht. Zwei Wanderinnen haben uns den Fund einer Leiche gemeldet, das Kommissariat in Cavaillon ist bereits damit befasst.«

»Eine Leiche? Wo denn?«

»In den Wäldern von Sainte-Valérie, beim Bach, der parallel zum Wanderweg in Richtung der Quelle verläuft. Das Opfer ist erstochen worden.«

Marechal zog die Lippen zusammen. »Da Sie mir diese Nachricht trotz Krankschreibung persönlich überbringen, darf ich vermutlich davon ausgehen, dass ich das Opfer kenne?«

»Es ist Gilbert Langlois.«

Ein metallisches Klirren ließ Pierre herumfahren. Mit hoch-

44

rotem Kopf hob Elodie Marechal mehrere Gabeln von den Fliesen und murmelte eine Entschuldigung. Er wandte sich wieder ihrem Mann zu.

Der Bürgermeister kniff noch immer die Lippen aufeinander. Auf seinem Gesicht spiegelte sich eine Mischung aus Entsetzen und Trauer, und Pierre fragte sich, wie echt diese Emotion wohl war.

»Es tut mir sehr leid, *Monsieur le maire.* Sie waren einmal gut befreundet, nicht wahr?«

»Ja.« Maurice Marechal schluckte hart. »Wenn Sie jetzt bitte gehen würden …«

»Das mache ich gern, nachdem ich Ihnen einige Fragen gestellt habe.«

Der Bürgermeister hob die Brauen. »*Sie* wollen *mir* Fragen stellen? Wie kommen Sie dazu, ich bin Ihr Vorgesetzter!«

»Mit Verlaub, *Monsieur le maire,* es handelt sich um eine Amtshilfe für die *police nationale.* Das Opfer stammt aus Sainte-Valérie und wurde in unserem Gemeindegebiet gefunden. Daher ist es meine Pflicht, den ermittelnden *Commissaire* auf Anfrage bei seinen Untersuchungen zu unterstützen. Sie und das Opfer kannten sich noch aus Mazan. Ihre Einschätzung ist womöglich von entscheidender Bedeutung.«

Pierre sah den Bürgermeister fest an. Seit der Präfekt sich auf seine Seite geschlagen hatte, begegneten sie sich auf Augenhöhe. Das war nicht immer so gewesen.

»Maurice«, kam es vom Esstisch, den Elodie Marechal inzwischen eingedeckt hatte. »Ich bitte dich, hilf dem *Policier* bei der Aufklärung. Und zwar, bevor die Presse mitbekommt, was hier in Sainte-Valérie los ist, und dumme Fragen stellt.«

»Schon gut.« Marechal winkte entnervt ab und zog die Wolldecke wieder zu sich heran. »Fragen Sie.«

»Wie lange kennen Sie Gilbert Langlois?«

»Seit meiner Kanzleieröffnung. Er kam als Behördenvertreter.«

»Langlois hat bei der örtlichen *police municipale* gearbeitet, richtig?«

»Das ist korrekt.«

»Hatte er dort Feinde?«

»Nein.«

»Warum wollte er dann unbedingt nach Sainte-Valérie? Nur der Karriere wegen?«

»Weil es hier so schön ist.« Ein ironisches Lächeln umspielte Marechals Lippen.

Pierre hob die Brauen. Der Bürgermeister hatte sich offenbar vorgenommen, ihn mit einsilbigen, nichtssagenden Antworten abzuspeisen. Doch damit wollte er ihn nicht durchkommen lassen.

»Lassen Sie uns offen sprechen, *Monsieur le maire.* Ihre Freundschaft hat offenbar seit meiner Wiedereinsetzung als *Chef de police municipale* erheblich gelitten. Gilbert Langlois war wütend, dass Sie ihm nicht wie besprochen meinen Posten gegeben haben.«

»Sehen Sie, mein lieber Durand«, sagte Marechal noch immer lächelnd, »es ist Ihnen unmöglich, mich neutral zu befragen. Sie sind befangen. Wenn Sie zur Aufklärung des Mordes beitragen wollen, dann dürfen Sie nicht an Ihre Kränkung denken. Es wurmt Sie noch immer, dass Gilbert Ihren Posten einnehmen sollte, nicht wahr? Noch dazu hat er Gerüchte über Ihre Wiedereinsetzung verbreitet. Macht Sie dies nicht ebenfalls zu einem Tatverdächtigen?« Seine Augen verengten sich, und er senkte die Stimme. »Gilbert Langlois ist Ihnen zu nahe getreten. Es hat Sie nervös gemacht, dass er hierhergezogen war, habe ich recht? Sie wussten, er würde alles tun, um Sie abzusägen. Wissen Sie, was die Leute im Dorf glauben werden? Dass Sie die Nerven verloren haben. Vielleicht haben Sie ihn ja selbst umgebracht. Und nun hoffen Sie, einen Sündenbock zu finden, und da komme ich Ihnen gerade recht. Aber der Präfekt ist kein Dummkopf. Er weiß, dass er Ihnen dieses Mal die Kohlen nicht aus dem Feuer holen kann, ohne sich dabei selbst die Finger zu verbrennen.«

Pierre sog die Luft ein. Maurice Marechal verdrehte die Tatsachen! Aber er durfte sich jetzt nicht provozieren lassen. In scheinbarer Gelassenheit nahm er sein Notizbuch aus der Jackentasche und zückte den Stift.

»Wer tatverdächtig ist und wer nicht, das entscheidet alleine das Kommissariat. Meine Aufgabe ist es herauszufinden, wer alles ein Interesse daran hatte, Gilbert Langlois zu ermorden. Dabei könnte auch die Frage von großer Wichtigkeit sein, warum er seinen alten Arbeitsplatz verlassen hat, obwohl der Posten des *Chef de police municipale* wieder besetzt war. Haben Sie ihn etwa in dem Glauben gelassen, dass der Posten bald wieder frei wird?«

»Das ist eine infame Unterstellung, und ich begreife nicht, wieso man einen derart unprofessionell agierenden Beamten frei ermitteln lässt!« Maurice Marechal beugte sich abrupt vor und riss ein Taschentuch aus der Packung, mit dem er sich über die Nase tupfte. »Den Grund für Gilberts vorschnelle Kündigung kann ich Ihnen beim besten Willen nicht nennen. Und falls Sie es noch immer nicht begriffen haben: Ich habe ihm damals den Posten angeboten, weil ich ihn für einen fähigen Mann hielt. Das war, *nachdem* ich Sie suspendiert hatte. Ich konnte es mir nicht erlauben, die Stelle unbesetzt zu lassen. Es musste schnell gehen, und ich war froh, als er ohne zu zögern zusagte.«

»Sie hatten versucht, meinen Wiedereinstieg zu verhindern.«

»Auch das war eine Frage des Zutrauens. Ich habe Sie für

illoyal gehalten, und die Art, wie Sie mich jetzt befragen, gibt mir nachträglich recht.«

»Dass Sie Personen als illoyal empfinden, die die Wahrheit herausfinden wollen, lässt verdammt tief blicken«, stieß Pierre hervor.

Am liebsten hätte er dem Bürgermeister eine verpasst. Stattdessen zügelte er seinen Ärger und machte sich Notizen, um Zeit zu gewinnen. Er durfte sich bei der Befragung nicht emotional leiten lassen. Den Gefallen würde er Maurice Marechal nicht tun.

Pierre atmete tief durch und sah von seinem Notizheft auf.

»Hat Gilbert Langlois damals, als Sie ihn abwarben, irgendwelche Konflikte erwähnt?«

»Nein.«

»Wovon hat er eigentlich in Sainte-Valérie gelebt? Soweit ich weiß, war er seither arbeitslos.«

»Er ...« Maurice Marechal knüllte das Taschentuch zusammen. »Ich habe keine Ahnung. Darüber haben wir nie gesprochen.«

Seine Miene wirkte hoch konzentriert. So, als befürchte er, etwas Falsches zu sagen. Pierre beschloss, den Druck wieder zu erhöhen.

»Reden wir über Mazan«, sagte er. »Über die Zeit, in der Sie beide noch befreundet waren. Ich möchte mir das besser vorstellen können. Sie, ein aufstrebender Familienanwalt, bedacht auf die eigene Außenwirkung, und er ein gedrungener, polteriger und lauter Polizist, der zudem wesentlich älter war, bestimmt fünfzehn Jahre.«

»Es waren nur zwölf.«

»Gut, dann eben zwölf. Sie und ein deutlich älterer Mann ohne Manieren. Wie passt das zusammen?«

»Das, was Sie Freundschaft nennen, war eher eine gute

Bekanntschaft. Als Anwalt hatte ich es oft mit häuslicher Gewalt zu tun, daher sind wir uns auch beruflich regelmäßig über den Weg gelaufen. Gilbert hatte seinen ganz eigenen Humor, ja. Und ich gebe zu, dass mir manches daran zu derb war. Aber wie ich bereits sagte, er war ein guter Polizist, dessen Arbeit ich zu schätzen wusste.«

»Mazan ist lange her«, warf Elodie Marechal ein, offenbar hatte sie jedes Wort der Unterhaltung mitgehört. Sie setzte sich auf die Sofakante, strich ihrem Mann zärtlich über die Schulter. »Maurice lebt nun schon seit acht Jahren hier, und ich bin froh, dass meine Heimat Sainte-Valérie auch zu seiner geworden ist.«

Augenblicklich wich die Anspannung aus Marechals Gesicht. Er warf seiner Frau einen zärtlichen Blick zu und küsste ihre Hand.

Die beiden sind ein attraktives Paar, dachte Pierre, die elegante junge Frau und der Bürgermeister mit dem gepflegten Dreitagebart, den so manche Dorfbewohnerin anhimmelte.

Überhaupt wirkte alles hier – abseits der angespannten Diskussion – wie ein Hort voll Glückseligkeit. An den Wänden hing zwischen gerahmten Kinderzeichnungen und Bildern der jungen Familie ein großes Hochzeitsfoto, das Maurice und Elodie Marechal eingerahmt von einem älteren Paar in Festkleidung zeigte, ganz offensichtlich ihre Eltern. Die Mutter war ebenso zart und zerbrechlich und hatte dieselbe elegante Ausstrahlung. Ihr Mann sah sichtlich älter aus, offenbar ein später Vater. Er war ebenso groß wie sein Schwiegersohn und trug einen gepflegten grauen Vollbart.

»Mir fällt da gerade etwas ein«, sagte Elodie Marechal unvermittelt. »Damals, als Gilbert bei uns zum Essen war, hat er da nicht von einem Streit mit einem Kollegen erzählt?«

»Einem Kollegen?«, fragte Maurice Marechal, dann erhellte

sich sein Gesicht. »Romain Martinez«, rief er aus. »Du hast recht. Das hatte ich beinahe vergessen.«

Stirnrunzelnd notierte Pierre den Namen. Der erste konkrete Hinweis auf eine Person, es war eine magere Ausbeute. Und selbst dieser klang irgendwie konstruiert, so als wollte Madame Marechal den Verdacht von ihrem Mann ablenken.

»War Gilbert Langlois jemals verheiratet?«, führte er die Befragung fort, in der Hoffnung, weitere Namen zu erhalten.

»Nein. Ich kann mich auch nicht erinnern, dass er je eine Freundin hatte.«

»Hat er noch Familie?«

»Einen Bruder. Er lebt in Bordeaux.« Marechal tupfte sich wieder über die Nase. »Die Mutter wohnt bei ihm. Der Vater ist schon seit Jahren tot.«

»Ist die Familie vermögend?«

»Das glaube ich kaum.«

Die Unterhaltung kam ins Stocken, und Pierre sah den Zeitpunkt gekommen, an den Anfang zurückzukehren.

»Madame, ich habe Sie vorhin aus einem bestimmten Grund auf die Tatsache angesprochen, dass Sie am vergangenen Mittwoch mit dem Wagen unterwegs waren. Es war ungefähr zur selben Zeit, in der auch Gilbert Langlois das Dorf verlassen hat. Es ist die letzte Spur von ihm, die wir haben. Ich frage mich, ob Sie ihm möglicherweise begegnet sind.«

»Vergangenen Mittwoch?« Elodie Marechal sah ihren Mann fragend an, dann zuckte sie die Schultern. »Nein, ich kann mich nicht daran erinnern.«

»Wohin waren Sie unterwegs?«

»Darauf muss ich nicht antworten, oder?«

»Es wäre einfacher, Sie täten es. Sie würden uns und Ihnen einigen Ärger ersparen.«

»Ich kann mich auch daran nicht erinnern …«

»Aber Liebes«, sagte der Bürgermeister sanft. »Weißt du nicht mehr? Du hast den Kindern und mir das Mittagessen hingestellt und bist zu deinen Eltern gefahren.«

Ihr Gesicht erhellte sich zögernd. »Ja, du hast recht.«

Pierre hob die Brauen. Das klang alles andere als natürlich. »Sie wollen damit sagen, dass …?«

Sein Telefon klingelte. Pierre warf einen unwilligen Blick auf das Display, es war Luc. Es könnte wichtig sein, er nahm das Gespräch an.

»Ja?«

»Chef, du glaubst nicht, was wir in der Wohnung des Opfers gefunden haben. Das musst du dir unbedingt ansehen.«

»Ist es sehr dringend?«

»Allerdings. Besser, du beeilst dich.«

5

Luc erwartete ihn in voller Schutzkleidung am Eingang des Mietshauses, einem rostbraun getünchten Gebäude mit dunkelbraunen Fensterläden. In der Hand hielt er ein dick mit gekochtem Schinken und Käse belegtes Sandwich, von dem er rasch noch ein großes Stück abbiss.

»Willst du auch was?«, fragte er mit vollem Mund und hielt ihm das remouladetriefende Baguette entgegen.

Pierre schüttelte den Kopf, obwohl sein Hunger inzwischen übermächtig war. »Was ist denn überhaupt passiert?«, fragte er außer Atem. Er war so schnell gekommen, wie er konnte.

»Das wirst du gleich sehen.« Luc ließ das Sandwich in der Papiertüte verschwinden und wischte sich die Hände an der Hose ab, bevor er frische Latexhandschuhe überstreifte. »*Lieutenante* Fenech ist auch schon da.«

Pierre zog die für ihn bereitliegende Schutzkleidung an und folgte seinem Assistenten über eine Holztreppe in den ersten Stock.

Ein Kollege von der Spurensicherung trat aus der Wohnung und zwängte sich mit einem kurzen Nicken an ihnen vorbei. Stickige Luft schlug Pierre entgegen, als er den Flur betrat. Ein Geruch nach Schweiß und Aftershave.

Die Wohnung war notdürftig eingerichtet. Rechts ein Schlafzimmer mit einem Bett, vor dem ein knotiger Schaffellteppich lag, der früher gewiss einmal hochflorig gewesen war. Pierre mochte sich nicht vorstellen, welches Eigenleben er wohl inzwischen führte, und er rümpfte die Nase, während er rasch die anderen Details im Raum erfasste.

Staubflusen auf dem Boden, neben dem Bett eine Lampe, die in Ermangelung eines Nachttisches auf den Fliesen stand. Am Kleiderschrank lehnte ein noch unausgepackter überdimensionierter Fernseher.

»Der war bestimmt nicht billig«, bemerkte Pierre.

»Er hat sich sogar das neueste iPhone gekauft«, sagte Luc, »mit fünfhundertzwölf Gigabyte Speicherplatz. Die leere Packung lag auf dem Küchentisch. Das ist viel Geld für jemanden, der seit Anfang Oktober arbeitslos gemeldet ist. Aber das war es nicht, was ich dir zeigen wollte. Komm mit, du wirst staunen.«

Das Wohnzimmer war nicht sehr groß. Ein Zweisitzersofa, ein Lowboard, auf dem ein alter Miniaturfernseher stand, der offensichtlich durch den neu gekauften ersetzt werden sollte.

Vor einer mit Fotos übersäten Korkwand hatte sich *Lieutenante* Fenech aufgebaut, breitbeinig und mit verschränkten Armen, als bewache sie Monets Nymphen. Als Pierre näherkam, hob die *Lieutenante* die Hand.

»Nichts verändern oder anfassen«, sagte sie seltsam tonlos. »Die Spurensicherung ist noch nicht fertig. Abgesehen davon weiß ich gar nicht, ob ich Sie überhaupt noch in diese Wohnung lassen darf.«

Pierre hob erstaunt die Brauen. »Dürfte ich bitte erfahren, was hier los ist?«

»Das geht schon in Ordnung«, raunte Luc der *Lieutenante* zu. »Ich passe auf, dass nichts passiert.«

Zögernd machte sie einen Schritt zur Seite. Was Pierre nun sah, verschlug ihm die Sprache.

Auf dem Kork steckte eine Flut von Bildern, die sein eigenes Konterfei zeigten, einige waren von Dartpfeilen durchbohrt.

»Was zur Hölle …?« Pierre trat näher heran. Eines der Fotos war durch das Fenster der Wache aufgenommen worden und zeigte ihn im Gespräch mit Penelope. Dabei hatte er den Mund ihrem Ohr zugeneigt und wirkte, als wolle er sie küssen. Auf einigen anderen war er alleine zu sehen, in zumeist nachdenklicher, fast verloren wirkender Pose. So, als sei er mit seinem Job vollkommen überfordert. Vor der *police municipale,* vor Charlottes *Épicerie,* an der Theke des *Café le fournil,* den Blick in die Ferne gerichtet, ein Likörglas in der Hand. Auf einem Bild, das ihn am Rande des Bouleplatzes zeigte, wirkte er besonders orientierungslos. Ein Dartpfeil steckte direkt in seinem linken Auge.

Pierre hatte Mühe, seine Fassung wiederzufinden. Gilbert Langlois hatte ihn doch tatsächlich gestalkt! Dieser Kerl hatte ihn in seinen verletzlichsten Momenten abgelichtet, obwohl die dynamischen, tatkräftigen weiß Gott in der Überzahl waren.

Er hatte seinen Kontrahenten oft am Fenster stehen sehen, die Kaffeetasse in der Hand. Langlois' Blick hatte ihn unterschwellig begleitet, er hatte ihn im Nacken gespürt, jedes Mal, wenn er die Wache betrat oder verließ.

Er hatte damit zu leben gelernt. Aber wohl war ihm nie dabei gewesen.

Dass Gilbert Langlois jedoch nicht einmal davor zurückgeschreckt war, von der Straße aus durch das Fenster ins Innere der *police municipale* zu fotografieren, das machte ihn wirklich wütend. Es war eine unsichtbare Grenze, die der ehemalige Polizist überschritten hatte, ein Eindringen in seine Privatsphäre. Am schlimmsten aber fand er, dass er nicht einmal bemerkt hatte, wie nah der Kontrahent ihm dabei gekommen war.

Ein unangenehmes Gefühl stieg in ihm auf, verknotete sich in seiner Magengrube, und er stieß einen Pfiff aus, als könne er den Druck mit dem Laut wieder loswerden.

»Sieht aus, als hätte er versucht, dir irgendetwas anzuhängen«, kommentierte Luc.

»Eine Affäre mit unserer Schreibkraft? So ein Blödsinn!«

»Oder Bestechung.« Luc wies auf ein Foto, auf dem er mit einem Händler zu sehen war, der auf dem Wochenmarkt Haushaltswaren anbot.

Pierre beugte sich vor. Der Händler steckte ihm im Schatten des Standes einen Schein zu.

»Das war eine eingelöste Wettschuld.« Er schüttelte den Kopf. Es war albern. Langlois' Bemühen, ihn zu diskreditieren, hatte beinahe etwas Verzweifeltes. »Das lässt sich alles aufklären. Es ist doch offensichtlich, dass er nichts Belastbares gefunden hat. Das reicht nicht, um mir ein Motiv zu unterstellen.«

»Wäre da nicht Madame Duprais ...« Luc wandte sich nach der *Lieutenante* um, die sich nun am Türrahmen aufgestellt hatte, und senkte die Stimme zu einem Flüstern. »Sie hat mir vorhin erzählt, du hättest Langlois im vergangenen Herbst gedroht.«

»Gedroht?« Es kostete Pierre Kraft, den Blick von den Bildern abzuwenden. Irritiert sah er Luc an. Dann erinnerte er sich, wie er Langlois vor einer Bäckerei abgepasst hatte. Just in dem Moment, als die Alte vorbeiging. »Ich habe ihm nicht gedroht. Ich habe nur gesagt, dass ich es zu verhindern wüsste, sollte er eine neue Intrige anzetteln. Damit habe ich gewiss nicht gemeint, dass ich ihn ermorden will. Niemand, der mich kennt, würde mir so etwas je unterstellen.«

Luc hob die Schultern. »Mir musst du das nicht erklären. Aber wer weiß, wem unsere gute Madame Duprais noch davon erzählt hat. Das kann sich leicht zu einem handfesten Gerücht ausweiten ...«

Pierre starrte auf den Boden. Dabei bemerkte er die Ecke eines Fotos, das unter dem Sofa hervorlugte, und ging in die

Hocke, um es näher zu betrachten. In der oberen Mitte klaffte ein Riss, ausgehend von dem Loch einer Nadel. Das Bild war offenbar abgerissen worden und dann zu Boden geglitten. Die Aufnahme zeigte einen sonnengelben Gabelstapler vor dem Rolltor einer hellgrau verputzten Lagerhalle. Ein Mann stieg aus, man erkannte nur den Rücken und das rabenschwarze Haar. Unter dem engen Shirt zeichneten sich muskulöse Arme ab, ein athletischer Oberkörper.

Hastig fotografierte Pierre das Bild mit dem Smartphone ab. Dann richtete er sich wieder auf und betrachtete den löcherigen Kork und die unbenutzten Heftnadeln, die quer über die freien Stellen verteilt waren.

»Offenbar haben noch weitere Fotos an der Pinnwand gehangen. Ich frage mich, ob sie Maurice Marechal gezeigt haben.« Er dreht sich suchend um. In dem Raum waren keine Regale, kein Schrank. Nur ein Fernsehtisch mit zwei Türen. »Hat die Spurensicherung da mal reingeguckt, ob es eine Kamera gibt, ein Tablet oder einen Laptop?«

Luc nickte. »Ebenso in die Schränke von Küche und Schlafzimmer. Außer den Fernsehern ist keine weitere Technik vorhanden. Das nagelneue Mobiltelefon haben die Kriminaltechniker auch nicht gefunden. Weder hier noch bei der Leiche.«

Pierre trat einen Schritt zurück. Die bebilderte Korkwand stach aus der ansonsten kargen Einrichtung hervor. Es gab keine Bücher, keine Zeitschriften, keinerlei Dekoration.

»Ich habe das Gefühl, mich mitten in einem Theaterstück zu befinden«, sagte er langsam. »Wir sehen nur das, was wir sehen sollen.« Mit behandschuhten Händen hob er den Vorhang seitlich des Fensters an, fand aber nichts als die nackte Wand.

Ein lautes Räuspern erklang.

Er sah zu der Beamtin, die noch immer unbewegt und mit

grimmiger Miene im Türrahmen stand, als bewache sie einen Schwerverbrecher. Pierre nickte ihr zu, er hatte verstanden. Solange sie ihn als möglichen Täter betrachtete, blieb ihm nichts anderes übrig, als auf das Eintreffen des *Commissaires* zu warten.

Ungeduldig trat er ans Fenster und spähte durch einen staubigen Schleier hinaus. Von hier hatte man einen hervorragenden Blick auf die Wache. Zwischen dem Parkstreifen hindurch, auf dem der Polizeiwagen und Lucs neues Motorrad standen, konnte man bis zur Eingangstür der *police municipale* sehen.

Auf der Straße vor dem Gebäude versammelte sich gerade das Team von der Spurensicherung, drei Beamte waren hinzugekommen. *Commissaire* Lechat, der in diesem Moment in die Gasse bog, blieb bei den Kollegen stehen und wechselte ein paar Worte mit ihnen. Wenig später erklangen seine Schritte im Flur, dann stand er in der Tür, die *Lieutenante* Fenech für ihn freimachte.

Lechat betrachtete die Bilder nur kurz.

»Donnerwetter!«, entfuhr es ihm. »Das ist ein starkes Stück.« Der *Commissaire* setzte einen Blick auf, in dem sowohl Sympathie als auch Mitgefühl lagen, und Pierre ahnte schon, was als Nächstes kam. »Ich glaube, wir müssen reden.«

In der Wache zogen sie sich in Pierres Büro zurück, wo er herumliegende Aktennotizen und Papiere zu einem Haufen zusammenschob und Lechat ein Glas Wasser anbot.

Nachdem der *Commissaire* einige Schlucke getrunken hatte, begann er zu reden.

»Diese Fotos von dir an der Wand … Du weißt, was das bedeutet.« Lechat sah ihn ernst an. »Ich habe keine Zweifel an deiner Integrität. Aber mit den Bildern und mit eurer Vorgeschichte stehst du unter dringendem Tatverdacht.«

»Den wir rasch ausräumen können. Los, frag mich, wo ich in der vergangenen Woche war.«

»Pierre …«

»Nein, ich meine es ernst. Was willst du wissen? Wir haben ein Anwesenheitserfassungssystem. Du kannst meine Arbeitszeiten überprüfen.« Pierre spürte, wie der Puls gegen seine Schläfe pochte. Er rieb sich die Stirn. »Robert, jemand hat es darauf abgesehen, mich zum potenziellen Täter zu machen. Wir dürfen nicht darauf reinfallen.«

»Warum sollte jemand das tun?«

»Um mich loszuwerden.«

»An wen denkst du?«

Pierres Gedanken wanderten zu dem Gespräch mit dem Bürgermeister. »Der Präfekt ist kein Dummkopf«, hatte er gesagt. »Er weiß, dass er Ihnen dieses Mal die Kohlen nicht aus dem Feuer holen kann, ohne sich dabei selbst die Finger zu verbrennen.«

»An Maurice Marechal«, antwortete er fest. »Er hat vorhin bei der Befragung die Tatsachen verdreht und so getan, als sei ich der Täter, der ihm die Schuld in die Schuhe schieben wolle. Ist das nicht absurd?« Pierre schüttelte um Fassung ringend den Kopf. »Eine Fotowand, die mich als Tatverdächtigen präsentiert, bietet sich geradewegs dazu an, mich endgültig loszuwerden. Damit hätte der Bürgermeister gleich zwei Fliegen mit einer Klappe geschlagen.«

»Du denkst«, Lechat hob skeptisch die Brauen, »Marechal hat die Fotos gemacht?«

Pierre schüttelte den Kopf. »Die Fotos sind authentisch. Gilbert Langlois hatte es auf meinen Posten abgesehen und nur darauf gewartet, mir endlich etwas nachzuweisen, das mich den Job kostet. Aber ich könnte mir vorstellen, dass er auch Maurice Marechal abgelichtet hat.«

»Wie kommst du darauf?«

»Weil der Bürgermeister sich damals dem Willen des Präfekten beugen musste. Woraufhin ich nach der unrechtmäßigen Suspendierung zurückgekehrt bin. Langlois hat womöglich gehofft, Marechal mit kompromittierenden Fotos umzustimmen.«

Pierre nahm sein Mobiltelefon und zeigte Lechat die Aufnahme des Rolltores mit dem Gabelstapler und dem athletisch gebauten Mann. »Das hier ist unters Sofa gerutscht.«

»Das ist nur ein Bild von einem Lagerhaus. Was hat das mit Maurice Marechal zu tun?«

»Keine Ahnung«, gab Pierre zu. »Zunächst einmal zeigt es nur, dass weitere Fotos an der Pinnwand hingen. Belastende Fotos.« Pierre zoomte das Bild heran. »Siehst du das kleine Loch hier unter dem Riss? Es stammt von einer Pinnadel, ganz sicher. Dem Täter war es offenbar wichtig, Beweismaterial zu beseitigen. Und mein Bauchgefühl sagt mir, dass es der Bürgermeister war.«

»Das mit dem Bauchgefühl ist so eine Sache«, erwiderte der *Commissaire* und wiegte den Kopf. »Angenommen, du hast recht mit deiner Vermutung und an der Pinnwand waren weitere Bilder, dann hätte der Mörder – wer auch immer es ist – nach der Tat in Langlois' Wohnung gehen müssen.«

»Genau. Das würde auch erklären, warum wir bisher zwar einen Autoschlüssel, aber keinen für die Wohnung gefunden haben. Marechal hätte ihn mitnehmen können. Ebenso das Mobiltelefon, auf dem sich möglicherweise Beweismaterial befand.« Pierre sah Lechat eindringlich an. »Bitte, Robert. Frag mich, was immer du willst. Aber lass nicht zu, dass er damit durchkommt.«

»Also gut.« Lechat strich sich die Haare aus der Stirn. »Ich werde dich jetzt befragen. Aber es wird nicht dazu führen, dass ich dich weiter auf den Fall ansetzen kann. Du kennst die *règle-ments*.«

Pierre atmete tief ein und aus, bis sich sein Puls beruhigt hatte. »Leg schon los«, sagte er.

»In Ordnung. Wir haben die Tatzeit inzwischen eingegrenzt. Das Team, das den Wald nach dem braunem Peugeot durch-kämmen sollte, hat ihn auf einem Weg gefunden, der von Wald-arbeitern benutzt wird. Der Forstleiter hat bestätigt, den Wagen am Donnerstag früh entdeckt zu haben, er wurde seitdem nicht bewegt. Langlois' Tod können wir also grob auf den Zeitraum zwischen Mittwochmittag und Donnerstagmorgen eingrenzen.«

Pierre nickte. »Am Mittwoch war ich durchgängig ab acht hier in der Wache. Mittags haben wir uns eine Pizza kommen lassen, es hat so stark geregnet, dass wir drinnen geblieben sind. Luc und Penelope können das bezeugen. Am Abend war ich zu Hause. Wir hatten Besuch von Charlottes Trauzeugin Anouk. Es ist spät geworden, wir haben viel geredet und getrunken, und am nächsten Morgen hatte ich einen solchen Kater, dass ich nicht einmal eine Fliege hätte töten können. Charlotte und ich fahren jeden Tag gemeinsam ins Dorf, sie kann das bezeugen.« Er sah Lechat ernst an. »Das heißt: Selbst, wenn ich Langlois hätte ermorden wollen, es wäre mir nicht gelungen. Damit bin ich raus aus dem Kreis der dringend Tatverdächtigen, wir kön-nen weitermachen, als gäbe es die Fotos nicht.«

»Wenn es nur so einfach wäre …«

»Das ist es nie.« Pierre beugte sich vor. »Ich war es nicht, und das weißt du genau. Ich werde dir beweisen, dass ich mit mei-nem Verdacht richtigliege. Maurice Marechal ist ein Meister der Tarnung. Nach außen gibt er den braven Familienvater, den Kirchgänger, aalglatt und freundlich. Doch wehe, man blickt hinter die Kulissen. Bei mir gibt er sich keine Mühe mehr, ich kenne sein wahres Gesicht.«

Nachdenklich drehte Lechat das Wasserglas in den Händen. Dann holte er sein Mobiltelefon aus der Jackentasche und wählte eine Nummer.

»Ich bin es, Robert. Habt ihr das Foto unter dem Sofa schon gefunden? Das mit dem Gabelstapler. Ja? Gut. Sind darauf fremde Fingerabdrücke? Kannst du bitte mal nachfragen?« Er wartete einen Augenblick, dann bedankte er sich und legte auf. »Auf dem Foto sind außer den Abdrücken des Opfers leider keine weiteren zu finden«, sagte er endlich. »Das schließt natürlich nicht aus, dass es Manipulationen gegeben haben mag.«

»Der Täter wird Handschuhe getragen haben«, sagte Pierre gereizt. »Dass man in Langlois' Wohnung weder einen Computer noch Speichermedien gefunden hat, spricht ja wohl für sich. Selbst das Mobiltelefon ist verschwunden. Außerdem war bei der Befragung deutlich zu spüren, dass Maurice Marechal etwas damit zu tun hat.«

»Woran machst du das fest?«

Pierre dachte kurz nach, versuchte, seine Eindrücke in Worte zu fassen. »Er war … angespannt, irgendwie auf dem Sprung. Ebenso seine Frau. Sie wirkte tatsächlich überrascht von der Todesnachricht. Und trotzdem wollte sie nicht auf die Frage antworten, wohin sie an besagtem Mittwoch mit dem Auto unterwegs war. So, als müsse sie das erst mit ihrem Mann besprechen. Er hat ihr die Antwort regelrecht in den Mund gelegt. Sie habe ihn und die Kinder mit dem Mittagessen alleine gelassen, um zu ihren Eltern zu fahren. Ich glaube ihnen kein Wort. Die Fahrt hatte einen anderen Grund, da bin ich mir ganz sicher.«

Lechat nickte. »Na, schön, du hast recht.«

»Das heißt, ich bleibe im Team?«

»Das kann ich nicht alleine entscheiden.« Der *Commissaire*

erhob sich von seinem Platz. »Ich muss mich mit dem Präfekten und der Ermittlungsrichterin darüber beraten. Aber ich
werde ein gutes Wort für dich einlegen. *Lieutenante* Fenech
soll inzwischen dein Alibi verifizieren. Ganz nach Vorschrift.«

»Danke, *mon ami*«, sagte Pierre und stand ebenfalls auf.

»Ich tue es nicht aus Freundschaft«, entgegnete Lechat.
»Sondern, weil ich glaube, dass du mit deiner Einschätzung
richtig liegen könntest. Ich habe vorhin per Videocall mit
Langlois' ehemaligen Kollegen von der *police municipale* in
Mazan gesprochen. Sie meinten, Gilbert Langlois sei zwar
kein einfacher Mensch gewesen, aber ein verdammt guter Polizist. Einer, der sich enorm festbeißen konnte, wenn er einer
Sache nachging. Sie hätten ihm den Spitznamen Pitbull gegeben, weil er nie lockerließ.«

»Konnten sie sich seine vorzeitige Kündigung erklären?«

»Ja. Sein Vorgesetzter sagte, dass es Langlois extrem geärgert
habe, dass er in Mazan an Grenzen gestoßen sei. Der Posten
des *Chef de police municipale* ist dort seit Jahren in fester Hand.«

»Heißt dieser Mann zufällig Romain Martinez?«

»Woher weißt du das?«

»Elodie Marechal hat einen Streit zwischen ihm und Langlois erwähnt.«

Lechat nickte langsam. »Martinez hat mir erzählt, Langlois
habe sich bei einer Beförderung übergangen gefühlt. Als Marechals Angebot kam, schien es, als wären seine Gebete erhört
worden.« Er sah Pierre ernst an. »Dass der Bürgermeister ihm
am Ende den versprochenen Posten nicht geben konnte, muss
für Langlois nur schwer zu ertragen gewesen sein. Martinez
vermutet, Langlois habe nur noch eines im Sinn gehabt: sich
an Maurice Marechal zu rächen. So, wie an dir. Und darum
kann ich mir gut vorstellen, dass auch Marechals Bilder an der
Korkwand hingen.« Der *Commissaire* ging zur Tür und legte

die Hand auf die Klinke. »Ich melde mich, sobald ich weiß, ob du im Team bleiben kannst oder nicht.«

»Und was mache ich solange?«

Lechat legte den Kopf schief. Ein Lächeln huschte über sein Gesicht. »Vielleicht … ein bisschen Ablage?« Damit öffnete er die Tür und verließ das Büro.

Pierre stieß die Luft aus. Was für ein schlechter Scherz, er konnte gar nicht darüber lachen. Und er sah es auch nicht ein, Däumchen zu drehen, bis die ersehnte Nachricht kam. Stattdessen beschloss er, Penelope zu bitten, ihm aus Charlottes *Épicerie* ein Stück von der winterlichen Kürbistarte mit Speck und Pilzen zu besorgen, die er so gerne aß. Und danach würde er sich ansehen, was es im Netz alles zu Maurice Marechals Leben zu finden gab.

6

»Es gibt schon seit Wochen keinen Kürbis mehr«, sagte Penelope und stellte die floral bedruckte Papiertüte der *L'Épicerie provençale* auf dem Tisch ab. »Aber Charlotte meinte, das hier schmeckt dir bestimmt. Eine *fougasse du chasseur* mit Enten-Rillettes, Oliven und Anchovis.« Damit verließ sie den Raum.

Voller Vorfreude schob Pierre eine Hand in die Tüte und zog die *fougasse* heraus. Alleine der Geruch, der ihm entgegenströmte, war umwerfend. Frisch ausgebackener Hefeteig, ein Hauch von Rosmarin und dazu der Duft von Bratenfleisch.

Charlotte hatte recht, er liebte diese Variation. Ein echtes Wintergericht, das er das ganze Jahr über essen könnte, selbst an einem frühlingshaften Tag wie diesem.

Als er es zum ersten Mal probierte, hatte Charlotte ihm berichtet, dass die *fougasse* mit Anchovis nicht – wie man meinen könnte – an der südfranzösischen Küste verwurzelt war, sondern in den Alpes-de-Haute-Provence rund um Sisteron und Digne-les-Bains. Seit Beginn des vergangenen Jahrhunderts wurden die Sardellen nämlich in die Berge transportiert, um den Jodmangel auszugleichen.

»Vor rund zweihundert Jahren hat es dort sogenannte Kretins gegeben«, erzählte sie. »Menschen, die wegen einer Schilddrüsenfunktionsstörung einen enormen Kropf ausbildeten, dessen Ausmaße sogar in Reiseführern Erwähnung fanden. Zwergengleich seien die Kropfmenschen gewesen, stand dort zu lesen, dem Geist aller Fähigkeiten beraubt, mit schwerfälligen Bewegungen und idiotischen Grimassen. Ich habe Fotos davon gesehen, sie sind sehr anrührend.«

Pierre war überrascht, er hatte noch nie davon gehört.

»Doch, so war es«, sagte Charlotte. »Um achtzehnhundertfünfzig soll es in der Region um die fünfzigtausend von ihnen gegeben haben, manche Quellen sprachen gar von doppelt so vielen Fällen. Von überall her kamen Ärzte und Wissenschaftler, um das Phänomen zu untersuchen. Sie diskutierten über das Miasma der Höhe, untersuchten Wasserqualität und Blutsverwandtschaften und machten die Betroffenen zum Gegenstand fragwürdiger Experimente und Operationen. Sie steckten sie sogar in Heime und Kirchenasyle, wo sie an heiligen Kreuzzügen gegen das Böse teilnehmen mussten. Ist das nicht furchtbar?«

»Und die Anchovis haben diesen Spuk beendet?«

»Zuerst waren es Salzpastillen, die man Anfang des zwanzigsten Jahrhunderts an die Kinder verteilte. Das Phänomen versiegte, und die mysteriöse Krankheit verschwand wie ein Spuk. Seither haben die in Salz eingelegten Sardellen einen besonderen Stellenwert in den provenzalischen Alpen.«

Und in diesem *fougasse,* dachte Pierre, als er nun endlich hineinbiss, vereint sich die salzige Note mit dem Entenfleisch, den Oliven und dem Brot zu einem wahren Gaumenschmaus.

Der Hefeteigfladen war noch warm und saftig und voller aromatischer Würze. Die enthaltenen *rillettes* waren entgegen der Tradition aus Bratenfleisch gefertigt. Deutlich schmeckte er die Röstaromen, die das Salz der Anchovis noch unterstrich. Pierre aß erst hastig. Dann, nachdem der gröbste Hunger gestillt war, langsam und mit Genuss, bis auch der letzte Rest in seinem Mund verschwunden war.

Zufrieden wischte er sich die Hände an der beigelegten

Serviette ab. Mit dem Essen waren auch seine Lebensgeister zurückgekehrt, und er konzentrierte sich erneut auf die Webseiten, die er zuvor geöffnet hatte.

Es war eine frustrierende Aufgabe, etwas über das frühere Leben des Bürgermeisters herauszufinden. Alles, was er bislang zusammenbekommen hatte, füllte nicht einmal eine halbe Seite in seinem Notizblock.

Maurice Marechal stammte, so stand es in einem Artikel geschrieben, aus gutem Hause. Er wurde 1987 geboren und wuchs in einer Villa an der südfranzösischen Küste auf, am *Cap Canaille* bei Cassis, bevor er ein Jurastudium absolvierte. Mehr war über seine jungen Jahre nicht herauszufinden gewesen. Selbst die Zeit, in der er in Mazan als Familienanwalt arbeitete, hatte – bis auf einen Hinweis zur Kanzleieröffnung – keine Spuren hinterlassen. Was Pierre seltsam vorkam, denn er hatte den Bürgermeister als einen Menschen kennengelernt, der das Licht der Öffentlichkeit geradezu suchte und ausgiebig von sich und seiner Arbeit erzählte.

Über sein Engagement in Sainte-Valérie wurde entsprechend ausführlich berichtet. In unzähligen Interviews erfuhr man, dass Marechals politische Ambitionen erst erwachten, als er Vater wurde. Mit der Geburt seines ersten Kindes habe er gemerkt, wie wichtig eine Lobby für junge Familien sei. Es sei sein erklärtes Ziel, ihnen eine Stimme zu geben. Und diese Stimme wurde, wie den zahllosen Einträgen zu entnehmen war, äußerst wohlwollend kommentiert.

Wann immer Maurice Marechal mit Fernsehmoderatoren sprach, wirkte er charmant und aufgeräumt, und wenn Pierre nicht auch seine andere Seite kennengelernt hätte, dann hätte er das Bild des verantwortungsvollen Politikers durchaus für glaubwürdig gehalten.

Auf einem Pressefoto von der Ernennung Marechals zum

Bürgermeister von Sainte-Valérie entdeckte Pierre das ältere Paar wieder, das auch auf dem Hochzeitsfoto abgebildet war. Der Beschreibung zufolge handelte es sich um Thierry und Marlène Pannetier, die neben ihrer Tochter Elodie und den Enkelkindern Hugo und Rose standen, alle lächelnd und stolz, ein Bild vollkommener Harmonie.

Ihr Mann sei ein guter Familienvater, erklärte Elodie Marechal damals auf Nachfrage, er habe sich nie gescheut, auch mal die Windeln zu wechseln oder den Kochlöffel zu schwingen.

Doch darüber hinaus erfuhr man nichts. Es kam Pierre vor, als stünde er vor einer Nebelwand. Der Bürgermeister war einfach nicht zu greifen, und er dachte, dass es gewiss eine gute Idee sei, Elodie Marechal noch einmal alleine zu sprechen. Sie wusste sicher mehr über ihren Mann zu erzählen. Und über die Hintergründe des eigenartigen Schauspiels, das die Eheleute ihm geboten hatten, als er ihnen von Langlois' Tod berichtete.

Pierre lehnte sich im Stuhl zurück und betrachtete den Bildschirm. Die Stichwortsuche hatte eine weitere Person im Gemeindegebiet Mazan ausgespuckt. Einen Mann namens Frédéric Marechal, der eine Trüffelfarm besaß.

Ob das ein Verwandter war? Neugierig scrollte er durch die von Google vorgeschlagene Website des Hofes, bis er auf ein Foto des Inhabers stieß.

Frédéric Marechal trug kinnlanges, gewelltes Haar und einen gepflegten Bart. Mit offenem Blick sah er in die Kamera. Eine gewisse Ähnlichkeit mit dem Bürgermeister war nicht zu leugnen. Und noch etwas elektrisierte Pierre: Eines der abgebildeten Gebäude ähnelte jenem auf dem Foto, das er unter Gilbert Langlois Sofa gefunden hatte. Wenngleich es natürlich tausende Lagerhallen im Land gab, die hellgrau verputzt waren und ein Rolltor besaßen.

Er hatte also doch recht gehabt mit seinem Bauchgefühl. Dies hier könnte die gesuchte Verbindung vom herabgefallenen Foto zum Bürgermeister sein. Eine Verbindung, die vielleicht unbemerkt bleiben sollte, was erklären würde, warum Maurice Marechal das vordergründig unspektakuläre Foto ebenfalls von der Pinnwand gerissen haben könnte.

Kurzentschlossen aktivierte Pierre die Anonymisierung des dienstlichen Telefonapparates und wählte die angegebene Nummer.

»Trüffelfarm Marechal«, meldete sich ein Mann. Er klang freundlich und aufgeschlossen.

»Guten Tag«, sagte Pierre mit einem Knarzen in der verstellten Stimme. »Bin ich da bei Maurice Marechal?«

»Nein, tut mir leid.«

»Ist Maurice ein Verwandter von Ihnen? Es ist wirklich dringend.«

»Er … ist mein Bruder«, kam es unwirsch zurück. »Aber er wohnt in Sainte-Valérie. Wenn Sie seine Telefonnummer brauchen, muss ich Sie leider an die Auskunft verweisen. *Au revoir.*«

Gleich darauf war die Verbindung unterbrochen.

Nachdenklich legte Pierre den Hörer auf die Station zurück. Es waren nur wenige Sätze gewesen, aber sie hatten eine Menge ausgesagt.

Erstens: Maurice Marechal hatte einen bislang nicht in Erscheinung getretenen Bruder. Zweitens: Dieser Bruder wollte offenbar nicht mit ihm in Verbindung gebracht werden. Was seine Theorie nur unterstrich.

Noch einmal klickte Pierre sich durch die Seite. Diesmal nahm er sich die Zeit, den Inhalt zu lesen.

Die Trüffelfarm lag vier Kilometer nördlich von Mazan, inmitten des *Comtat Venaissin.* Jener historischen Grafschaft, die hinter den Wäldern von Sainte-Valérie begann und sich bis zur nordwestlich des Mont Ventoux beginnenden *Drôme Provençale* erstreckte. Heute bezeichnete es, wie auf der Website zu lesen war, vor allem das Gebiet am Fuße des riesigen Berges mit seinen unberührten Landschaften, den geschichtsträchtigen Orten aus Zeiten der päpstlichen Herrschaft, der süßen und äußerst beliebten schwarzen Tafeltraube *Muscat du Ventoux* und – selbstredend – des größten Trüffelgebietes in ganz Frankreich. Zwei Drittel der gesamten einheimischen Produktion lagen demnach in diesem Gebiet, und Pierre lief beim Anblick der abgebildeten schwarzgeäderten Knollen das Wasser im Mund zusammen.

Er liebte Trüffel, ob frisch gehobelt oder als Flocken in Öl, Butter oder Salz, er konnte gar nicht genug davon bekommen. Es ging nichts über ein gutes Rinderfilet mit Pilzen und Trüffelspänen in Rotweinjus.

Pierre rief die nächste Seite auf.

Er stieß auf eine Aufzählung von Märkten, auf denen Frédéric Marechal regelmäßig von November bis Mitte März mit frischen Trüffeln anzutreffen war: Donnerstags verkaufte er in Nyon, freitags in Carpentras und samstags fuhr er ins gut fünfzig Kilometer entfernt liegende Richerenches, wo er – wie man einem Foto entnehmen konnte – einen umlagerten Stand auf dem *Cours du Mistral* innehatte. Dazu war er ganzjährig mittwochs auf dem Markt in Sault mit seinen Trüffelölen und getrüffelten Spezialitäten zu finden. Artischockencreme, Tomatensauce, Honig, Salz und Eiernudeln, die es auch im eigenen Online-Shop zu erwerben gab.

Frédéric Marechal schien ein tüchtiger Geschäftsmann zu sein, der jedem Trüffelfan ein breites Angebot machte. Vor allem die auf der Seite angepriesenen Trüffelwochenenden waren ganz nach Pierres Geschmack.

Diese begannen an ausgewählten Samstagnachmittagen,

an denen man nach der Trüffelsuche auf dem Feld in Begleitung des Hofhundes und einem Vortrag nebst Verkostung das Abendessen in einem vom Trüffelhof belieferten Restaurant einnahm. Höhepunkt des Wochenendes war die Fahrt am frühen Sonntagmorgen zu dem Markt in Saint-Paul-Trois-Châteaux, wo sich Privatkäufer – nur einen Steinwurf vom Atomkraftwerk Tricastin entfernt – von der reichhaltigen Trüffelauswahl begeistern lassen und mit eigenen Gerätschaften sowie Material zum Kultivieren von Trüffeln eindecken konnten.

Zur Übernachtung standen vier Gästezimmer bereit, die man extra buchen konnte. Eingerichtet im Stil provenzalischer Bauernhäuser, mit Steinwänden, Holzmöbeln und bunten Stoffen. Schlicht, aber sehr gemütlich.

Pierre schrieb die Adresse der Trüffelfarm in sein Notizbuch, als sein Mobiltelefon klingelte. Robert Lechat.

Mit klopfendem Herzen nahm er den Anruf entgegen.

»Und?«

»Es tut mir leid.« Die Stimme des *Commissaires* klang ehrlich betrübt. »Unter den gegebenen Umständen darf ich dich nicht länger an den Ermittlungen beteiligen.«

»Dann hat Maurice Marechal also gewonnen«, stieß Pierre hervor.

»Der Bürgermeister ist aller Wahrscheinlichkeit nicht der Täter.«

»Woher willst du das so genau wissen?«

»Die *Lieutenante* war in Goult, bei den Eltern von Elodie Marechal. Die Pannetiers haben ihre Aussage bestätigt. Sie hat am fraglichen Tag wohl nur etwas vorbeigebracht und ist gegen halb zwei wieder nach Hause gefahren. Um dreizehn Uhr achtundvierzig aktivierte sie den Poller am kleinen Stadttor. Das kommt also hin.«

»Die Aussage der eigenen Eltern ist bekanntlich nicht allzu belastbar«, entgegnete Pierre.

»Darüber haben wir uns im Team ebenfalls ausgetauscht. Aber Louis Papin hält es für unwahrscheinlich, dass eine Frau die Tat begangen hat. Es braucht schon mehr, um einen stämmigen Mann wie Gilbert Langlois niederzustrecken, als ihre Statur. Noch dazu mit so vielen Messerstichen von ähnlicher Tiefe. Elodie Marechal ist das nicht zuzutrauen, selbst in größter emotionaler Erregung nicht. Inzwischen hat sie auch einen Kassenbon vorgelegt, der ihre Aussage belegt. Er wurde um dreizehn Uhr neununddreißig an der Tankstelle vor Sainte-Valérie ausgestellt.«

»Und wenn«, überlegte Pierre, »Maurice Marechal selbst im Auto gesessen hat?«

»Hat er nicht. Die Videoaufzeichnungen der Tankstelle bestätigen die Version der Ehefrau.«

»Was, wenn er zu Fuß zum Tatort unterwegs war? Oder mit dem Fahrrad?«

»Unmöglich, das haben wir bereits alles durchgespielt. Bis zum Tatort sind es etwa drei Kilometer über unebenes, teils ansteigendes Gelände. Das ist innerhalb der Mittagspause nicht machbar, vor allem nicht bei diesem Regen. Selbst mit einem Taxi nicht.«

»Die *mairie* hat mittwochnachmittags geschlossen.«

»Aber sie ist trotzdem besetzt. Um zwei hatte der Bürgermeister einen Termin mit der Direktorin des Burgmuseums, Madame Levy. Laut Aussage der Empfangsdame war Maurice Marechal bereits zehn Minuten vorher im Bürgermeisteramt. Ausgeruht und adrett wie immer.«

»Und später am Tag?«

»Nach dem Termin hat er wegen der Genehmigung zur Instandsetzung des Burgkellers mit dem Gemeinderat beisammengesessen. Es ging um einen Antrag zur Freilegung von unterirdischen Gewölben, die früher der Lagerung von Wein und Lebensmitteln dienten. Madame Levy will sie vom Schutt befreien lassen und die Räume Besuchern zugänglich machen. Anschließend ist Marechal mit einigen der Ratsmitglieder essen gegangen, das Ganze dauerte bis kurz nach neun. Danach war er zu Hause, seine Frau hat das bestätigt.«

»Schon wieder ein unsicheres Alibi.«

»Selbst wenn. Es ist nicht anzunehmen, dass Langlois und sein Mörder sich so spät im Wald getroffen haben. Um neun ist es stockschwarz.«

Pierre wiegte den Kopf. Noch waren schließlich nicht alle Optionen durchdacht. »Und wenn der Bürgermeister einen Komplizen hatte?«

»Ein Auftragskiller hätte sich mit weit weniger Stichen zufriedengegeben«, entgegnete Lechat. »Louis Papin sagt, bereits der erste in den Bauch war tödlich. Es war eine höchst emotionale Tat, ein persönlicher Bezug ist viel wahrscheinlicher.«

»Ich spreche ja auch nicht von einem Auftragskiller, sondern von seinem Bruder Frédéric, einem Trüffelbauern. Er lebt nördlich von Mazan. Robert, dieses Foto mit dem sonnengelben Gabelstapler gehört möglicherweise zu seinem Hof. Wir müssen dem nachgehen, verstehst du? Ich könnte hinfahren und überprüfen, ob die Aufnahme von dort stammt.«

Der *Commissaire* ließ ein ungeduldiges Schnauben vernehmen. »Vergiss es, Pierre, du hast dich da in etwas hineingesteigert. Maurice Marechal ist raus. Lass endlich los, wir machen das schon. Und sobald der wahre Täter gefunden ist, bist du rehabilitiert.«

»Das ist jetzt nicht dein Ernst.« Pierre schluckte heftig. Er fühlte sich grauenhaft. »Und was ist mit Luc?«

»*Brigadier* Chevallier bleibt weiter im Team. Nun, da du nicht mehr dabei bist, sind seine Kenntnisse über das Dorf und die Bewohner unerlässlich. Die Ermittlungsrichterin hat allerdings eingewendet, dass es angesichts der Enge in der Wache kaum möglich sein wird, die Geheimhaltung der Ermittlungsarbeiten zu gewährleisten.«

»Heißt das, ich soll mir freinehmen?«

»Ich bin sehr froh, dass du das vorschlägst. Das macht es uns allen leichter.«

»*Zut!*« Pierre knallte den Hörer auf.

Nicht ermitteln zu dürfen, war wie ein Fluch, der auf ihm lastete. Doch er dachte nicht daran, sich seinem Schicksal zu ergeben. Nicht in diesem besonderen Fall.

Es ging um nichts weniger als um seine Existenz.

7

Die Kirchturmuhr schlug halb sechs, als Pierre die *Place du Village* überquerte. Die Sonne stand tief, und die immer länger werdenden Schatten verscheuchten die Wärme des frühlingshaft anmutenden Tages, bis nur noch Winterkälte übrig war.

Er schlug den Kragen seiner Jacke hoch und eilte am Bürgermeisteramt entlang. Vorbei an den beiden Wanderinnen, die gerade Fotos von der im Wind wehenden *tricolore* machten und ihm verwundert nachsahen, weil er auf ihren Gruß nicht reagierte.

Pierres Gedanken waren ganz bei dem Telefonat mit der Empfangsdame der *mairie,* die in Abwesenheit des Bürgermeisters sein Urlaubsgesuch entgegengenommen hatte. Gisèles Stimme hatte einen mitleidigen Unterton gehabt, als sie ihm die freien Tage genehmigte. Als pfiffen es die Spatzen bereits von den Dächern.

Selbst Penelope hatte ihn mit großem Hundeblick angesehen, als er sich in der Wache abmeldete. Er könne reden, wenn er wolle. »Es gibt nichts zu reden«, hatte er nur geknurrt und war ins Freie gestürmt.

Nein, er ließ sich gewiss nicht von irgendwelchen bürokratischen Bestimmungen ins Abseits stellen. Nicht in einem derart wichtigen Fall. Dann ermittelte er eben verdeckt weiter, auf eigene Rechnung. Alles, was er jetzt noch brauchte, war ein unauffälliges Fahrzeug. Charlottes Firmenwagen mit dem floralen Aufdruck und dem weithin sichtbaren Schriftzug der *L'Épicerie provençale* fiel da raus.

Pierre bog in den *Chemin de la Cigale,* in dessen einzigem Hinterhof Didier Carbonnes Uhrmacherwerkstatt lag, die seit Jahren – weil die Hände des Witwers immer stärker zitterten – ungenutzt war und eher einem Kunstgewerbemuseum glich. So manches Mal hatte Pierre schon die vielen Wanduhren bewundert, die trotz ihres offensichtlichen Alters noch immer fabelhaft funktionierten und den Raum mit einem unregelmäßigen Ticken erfüllten, und die Werkbank mit den ordentlich aufgereihten Kästchen, in denen Lupen, Pinzetten, Schraubendreher, Räder und Platinen lagen, die aus dem vergangenen Jahrhundert zu stammen schienen.

Die Werkstatt schien das einzig Ordentliche und Sortierte in Carbonnes Zuhause zu sein. In der Garage hingegen herrschte das Chaos.

Gerade wollte Pierre in die Toreinfahrt eintauchen, da klingelte sein Telefon, es war Charlotte. Er blieb stehen und nahm den Anruf an.

»Wo bist du gerade?«, fragte sie. Ihre Stimme klang angespannt.

»Ich …« Pierre zögerte und sah zu dem weit geöffneten Fenster neben der Einfahrt. »Ich besuche gerade Didier«, sagte er leise. »Die *fougasse* war übrigens hervorragend.«

Charlotte ging nicht darauf ein. »Eben war eine *Lieutenante* in der *Épicerie,* die minutiös wissen wollte, was du am Mittwochabend gemacht hast.«

»Ja, ich weiß. Gilbert Langlois ist ermordet worden. Sie klären mein Alibi.«

»Wie kommen die darauf, dass du etwas damit zu tun hast?«

»Reine Routine«, beruhigte Pierre sie.

»Diese *Lieutenante* meinte, dass es eine zeitliche Lücke von über einer Stunde gebe, die ich mit meiner Aussage nicht klären könne.«

Er dachte nach. »Sie wird die Zeit meinen, als du Anouk vom Bahnhof in Avignon abgeholt hast. Weshalb ich vom Dorf aus zu Fuß nach Hause gegangen bin.«

»Tut mir leid, Pierre. Hätte ich gewusst, dass es wichtig ist …« Sie seufzte. »Die *Lieutenante* fand es jedenfalls bedeutsam, dass du es nicht selbst erwähnt hast. Sie meinte, du sollst dich morgen um neun bereithalten. Sie kommt direkt zum Hof, um dich weiter zu befragen.«

Pierre unterdrückte einen Fluch. Er hätte es wissen müssen, aber er hatte andere Dinge im Kopf gehabt als ein lückenloses Alibi.

»Es ist, wie es ist«, sagte er scheinbar gelassen, er wollte Charlotte nicht beunruhigen.

»Also, ich finde das schon beängstigend. Was ist, wenn …?«

»*Ma douce*«, unterbrach er sie sanft. »Vertrau mir, das wird sich rasch aufklären. Wir sehen uns später. Du brauchst nicht auf mich zu warten, ich komme direkt nach Hause. *Bisou.*«

Didier Carbonne saß auf der Bank vor seiner Werkstatt und rieb sich mit einer Hand den Kopf, während er mit sichtlicher Verzweiflung die Kanister und verbeulten Blechdosen betrachtete, die neben ihm auf dem Boden standen. Die leeren Farbtöpfe, aus denen vertrocknete Pinsel ragten, die Holzkisten mit den ölverschmierten Lappen.

Offenbar hatte er endlich damit begonnen, das Gerümpel aus seiner Garage zu räumen, das den Kastenwagen umhüllte wie eine Wehrmauer. Höchste Zeit, dachte Pierre, denn jedes Mal, wenn der Alte auf seinen Hof gefahren kam, um die beiden Ziegendamen zu versorgen, hatte er eine weitere Beule, einen neuen Kratzer im Blech.

Als Carbonne Pierre bemerkte, hob er freudig den Kopf und winkte, als begrüße er einen verlorenen Sohn. »Na, das ist ja mal eine Überraschung«, polterte er mit lauter Stimme. »Du kommst genau richtig. Ich habe ein paar Benzinkanister zu verkaufen. Wie wär's? Ich mache dir auch einen guten Preis.«

»Ich habe nicht mal ein eigenes Auto.«

»Aber Charlotte hat doch eines. Du könntest sie damit überraschen, hm? Sieh mal.« Er hob einen olivbraunen Kanister an, der etwas eingedrückt war. Als er die Stelle ausbeulte, gab das Plastik ein lautes Knarzen von sich und riss der Länge nach auf. Der Uhrmacher stutzte. »Man kann ihn natürlich auch aufschneiden und als Pflanztopf verwenden«, sagte er. »Das passt sowieso besser zu einer Frau.«

»Didier …«

»Vielleicht geschenkt? Es ist viel zu schade, die Sachen einfach fortzuwerfen. Sie haben mir gute Dienste geleistet.« Carbonne betrachtete den aufgerissenen Kanister von allen Seiten, als wäre er aus purem Gold. »Wie wäre es damit? Ich male alles hübsch an, und ihr bekommt es dann zur Hochzeit.«

Pierre schüttelte mit Vehemenz den Kopf. »Glaub mir, es ist besser, du entsorgst das Gerümpel.«

»Apropos Hochzeit.« Der Alte schürzte die Lippen und sah ihn mit zusammengekniffenen Augen an. »Es ist nicht nett, dass ihr mich nicht einladet. Ich dachte, wir sind Freunde.«

»Wovon redest du? Natürlich wollen wir dich dabeihaben.«

»Und warum habe ich noch keine Einladung?«

Pierre lachte. »Niemand hat bisher eine bekommen. Die Karten sind noch nicht fertig.«

»Dann wird es aber höchste Zeit! Man schickt die Einladungen immer acht Wochen vorher raus. Mindestens. Sagt Rosalie. Sie denkt, bei euch ist was im Busch.«

Pierre rollte die Augen. »Madame Duprais hört mal wieder das Gras wachsen.«

»Offensichtlich. Schade, es war eine so hübsche Idee.« Betrübt stellte der Alte den Kanister wieder ab. »Warum bist du eigentlich hergekommen?«, fragte er stirnrunzelnd. »Willst du mich etwa verhören?«

»Du weißt von dem Mord?«

»*Mais oui,* das halbe Dorf spricht schon davon.« Carbonne machte eine abfällige Handbewegung. »Schade ist es ja nicht um diesen verhinderten Napoleon. Er hat nie hierher gepasst. Also, was verschafft mir die Ehre?«

»Ich wollte fragen, ob ich mir wieder deinen Wagen ausleihen kann.«

Carbonne beäugte ihn misstrauisch und rieb sich den struppigen Bart. »Wozu brauchst du ihn?«

»Ich möchte jemanden besuchen.«

»Warum nimmst du nicht den Polizeiwagen?«

»Weil es eine Privatsache ist.«

Carbonne zwinkerte verschwörerisch, und für einen kurzen Augenblick hatte Pierre das Gefühl, er wirke erleichtert. »Dann ermittelst du also nicht in dem Mordfall?«

»Wie … kommst du denn darauf?«

»Rosalie meinte, du wärest viel zu befangen, um neutral bleiben zu können, es wäre nur eine Frage der Zeit, bis sie dich abziehen. Und? Habe ich recht?«

Entnervt schnalzte Pierre mit der Zunge. Madame Duprais hatte ihre Ohren wirklich überall. »Und was hat sie sonst noch so gesagt?«

»Och, nichts Besonderes. Was Frauen eben so reden. Du kannst den Wagen gerne haben. Wann bringst du ihn zurück?«

»Vielleicht morgen Abend.«

»Und wer soll in der Zeit die Ziegen versorgen?«

»Ich kann Cosima melken, ich habe sowieso frei.«

Ein Schatten huschte über Carbonnes Gesicht, und er sah plötzlich sehr traurig aus. »Das wird nicht nötig sein. Deine Ziegendame gibt seit Tagen schon keine Milch mehr. Ich habe alles versucht.«

Überrascht hob Pierre die Brauen. »Das wusste ich nicht.«

»Keinen einzigen Tropfen«, bekräftigte Carbonne. Er senkte den Kopf, bis seine Augen vollends unter den buschigen Brauen verschwanden. Dann verschränkte er die Finger, als würde er beten. »Nun kann ich keinen Ziegenkäse mit Provencekräutern mehr machen. Und für die Stallarbeit alleine lohnt sich die Fahrerei nicht.«

Pierre betrachtete die gebeugte Gestalt, deren ganzer Lebensinhalt an Cosimas Fähigkeit zu hingen schien, Milch zu geben. »Das tut mir leid«, sagte er, und er meinte es ernst.

Das war bisher der Deal gewesen: Der Witwer hatte die kleine weiß-braun gescheckte Ziege gemolken, die damals im Kaufpreis inbegriffen gewesen war und quasi zum Hofinventar gehörte. Carbonne hatte sie und ihre maronenfarbene Tochter Lilou versorgt, den Stall ausgemistet und dafür die wunderbar rahmige Milch behalten, die – so hatte Pierre bis heute geglaubt – in Strömen floss. Für die Stallarbeit hatte es sogar einen Extralohn gegeben. So waren alle auf ihre Kosten gekommen.

Pierre schob die Kanister beiseite und setzte sich neben Carbonne auf die Bank. Früher hätte er mitfühlend den Arm um seine Schultern gelegt. Aber inzwischen kannte er den Alten gut genug, um zu wissen, dass die mitleiderregende Dramatik wohlkalkuliert war.

»Dann zahle ich dir eben mehr. Wie viel möchtest du?«

Carbonnes Kopf hob sich ein Stück, bis seine Augen wieder zu sehen waren. »Wie wäre es, wenn ich mir stattdessen jeden Mittag etwas aus Charlottes *Épicerie* holen dürfte?«

»Das wird sich bestimmt einrichten lassen.«

Der Alte richtete sich auf und war auf einmal wieder munter. »Und für das Ausleihen des Wagens will ich einen vollen Tank.«

»Wie viel ist denn noch drin?«

Carbonne hielt Daumen und Zeigefinger auf Abstand. »Ungefähr so viel.«

»Die Wahrheit, Didier.«

»Na ja«, der Abstand wurde geringer, »ungefähr so. Es reicht für etwa vierzig Kilometer.«

Pierre schüttelte den Kopf. Er mochte den Alten, seine knorrige Art, die Spitzbübigkeit, mit der er sich durchs Leben schlug. Aber diesmal ging er eindeutig zu weit. Die verbeulte Karre fasste mindestens sechzig Liter. Bei den aktuellen Benzinpreisen könnte er sich dafür einen nigelnagelneuen Wagen mieten.

»Eine halbe Tankfüllung.« Pierre drohte mit dem Zeigefinger. »Übertreib es nicht, Didier.«

Carbonne warf beide Hände in die Luft. »*Beh*, schon gut. Mir soll's recht sein.« Mühsam erhob er sich von der Bank. »So, und nun mache ich dir mal das Garagentor auf. Der Schlüssel zum Wagen steckt. Der Transponder ist auch dran, einfach drücken, das kennst du ja, oder?«

Sie standen vor der weit geöffneten Garage, als *Lieutenante* Fenech um die Ecke bog, Luc im Schlepptau. Ausgerechnet!, dachte Pierre, die strenge Beamtin hatte ihm gerade noch gefehlt.

»Kollege Durand«, fragte sie überrascht. »Was machen Sie denn hier?«

»Ich besuche meinen Freund«, antwortete er verschnupft. »Spricht etwas dagegen?«

Stirnrunzelnd blickte sie von Pierre zu dem Alten und wieder zurück. »Ich möchte Sie dringend bitten, Durand, sich nun von Ihrem Freund zu verabschieden. Ich habe ein paar Fragen an ihn. Wir beide sehen uns dann morgen früh zum Verhör auf Ihrem Hof. Monsieur Carbonne, darf ich Sie bitten, mir zu folgen?«

Sie legte eine Hand an den Oberarm des Alten und bugsierte ihn in Richtung des Hauseinganges.

»Du kannst den Wagen so lange behalten, wie du willst«, rief Carbonne über die Schulter. »Eine Woche, zwei, vollkommen egal.«

Pierre hob die Brauen. Dann stellte er sich Luc in den Weg, der *Lieutenante* Fenech gerade dienstbeflissen folgen wollte.

»Was ist hier los?«

»Carbonne ist verdächtig.«

»Warum denn das?«

Sein Assistent schüttelte den Kopf. »Das ist Verschlusssache, du verstehst schon.«

»Spinnst du? Auf welcher Seite stehst du eigentlich?«

»Na schön«, sagte Luc nach einigem Zögern. »Carbonne war am Tattag mit dem Wagen unterwegs, er hat das Dorf nur wenige Minuten vor Langlois verlassen.«

»Ich weiß, das ist ja nichts Neues. Er hat meine Ziegen versorgt.«

»Hast du ihn dabei gesehen? Nein? Na also.« Luc senkte die Stimme. »Wir haben inzwischen die Verbindungsdaten von Langlois' Mobiltelefon erhalten. Carbonne hat ihn mit seinem alten Nokia angerufen, am Tag des Mordes, um dreizehn Uhr siebenunddreißig.«

»Hat Langlois den Anruf entgegengenommen?«

»Ja. Vielleicht hat er Carbonne seinen Standort durchgegeben. Und der hat ihn dann ermordet.«

»Das ist doch Unsinn. Versuch dir mal bitte vorzustellen, wie der Alte mit zitterigen Fingern das Messer auf den robusten Ex-Polizisten richtet. Der hat ihn doch entwaffnet, bevor er bis drei zählen kann.« Pierre schnalzte mit der Zunge. »Mit wem hat Langlois denn noch so telefoniert?«

»Das … darf ich dir nicht erzählen. Immerhin gehörst du nach wie vor zu den Verdächtigen.«

»*Brigadier* Chevallier!«, kam es scharf aus dem Haus. »Wenn Sie sich jetzt bitte zu mir bequemen wollen …«

»Bin sofort da!« Luc winkte der *Lieutenante* zu. »Ich muss los«, raunte er. »Die Arbeit ruft.«

»Natürlich.«

Pierre sah ihm nach, bis er im Haus verschwunden war. Gilbert Langlois hatte also offenbar sein Mobiltelefon im Wald dabeigehabt. Der Täter musste es ihm entwendet und mitgenommen haben.

Er zog sein Heft hervor und notierte sich die Uhrzeit von Carbonnes Anruf, dann betrat er die ungewohnt geräumige Garage.

Als ob Carbonne jemals zu einem Mord fähig wäre, dachte er, während er in den Kastenwagen stieg. Die Arbeit können sie sich sparen.

Aber warum der alte Uhrmacher den ehemaligen Polizisten angerufen hatte, das interessierte ihn schon. Er würde ihn später noch einmal dazu befragen.

8

Als der Kastenwagen endlich den Hof des ehemaligen Bauernhauses erreichte und knatternd auf dem Kies zum Stehen kam, hatte der Himmel bereits eine blauviolette Farbe angenommen. Pierre schaltete den Motor aus und lehnte sich mit einem Schnaufen im Fahrersitz zurück.

Von wegen unauffällig … Der Wagen war eine einzige Katastrophe!

Der Zustand war weit schlimmer, als er es in Erinnerung hatte. Vom Geruch nach kaltem Rauch und den muffigen Stoffbezügen mal ganz abgesehen. Daran änderte auch das Duftbäumchen nichts, das bei jeder Kurve hin und her schwankte und ein undefinierbares Aromagemisch verbreitete, das mit der angepriesenen Meeresbrise nur wenig zu tun hatte. Eher erinnerte es an einen Klostein. Mit heruntergekurbelter Fensterscheibe ließ es sich immerhin halbwegs ertragen.

Gegen die Reparaturbedürftigkeit hingegen war Pierre machtlos.

Als er am Stadttor auf das Einsinken der Poller gewartet hatte, war der Motor ausgegangen. Der Wagen hatte sich erst nach mehrmaligem Betätigen des Anlassers davon überzeugen lassen, die Fahrt fortzusetzen, genauso bockig wie sein Besitzer. Energisch mit Gas und Bremse spielend war Pierre angefahren, hatte einen Gang um den anderen hochgeschaltet, wobei der Citroën jedes Mal ein heftiges Stöhnen von sich gegeben hatte, ein Röcheln, als habe sein letztes Stündlein geschlagen.

Wie alt der Wagen wohl inzwischen war? Zwanzig Jahre? Dreißig?

Pierre fragte sich, wie er es jemals durch die *contrôle technique* geschafft hatte. Die Plakette klebte gut sichtbar an der Windschutzscheibe, der nächste Termin war erst im September. Trotzdem ahnte er, dass es besser wäre, ihre Echtheit nicht zu überprüfen. Wer wusste schon, wo Carbonne das Teil herhatte.

Entnervt kurbelte er das Fenster wieder hinauf, zog den Zündschlüssel ab und stieg aus. Er musste sich wohl oder übel mit dem Wagen arrangieren. Besser dieser als gar keiner.

Der Abendwind ließ Blütenblätter wie Schneeflocken durch die Luft tanzen. Sie begleiteten Pierre auf dem Weg zum Außengehege, wo er Cosima und ihre Tochter Lilou mit ein paar Äpfeln begrüßte.

Gedankenverloren schaute er zu, wie die beiden Ziegen das Obst mit zufriedenem Kauen zermalmten, als das Geräusch eines nahenden Autos ihn aufblicken ließ. Auf der Zypressenallee, die zu dem ehemaligen Bauernhof führte, war Charlottes Lieferwagen zu sehen. Kurz darauf überquerte er die Brücke über den Bach und kam neben den violett blühenden Iris vor dem Haus zum Stehen.

Pierre erhob sich und ging ihr entgegen.

Charlotte sah hübsch aus in der weißen Hose mit den weißen Turnschuhen. Dazu trug sie einen weiten karamellfarbenen Rollkragenpullover, der ihr kastanienbraunes Haar harmonisch kontrastierte.

»Na, *mon policier.*« Sie schloss die Fahrertür und sah ihn zärtlich an. »Wie geht es dir? Was ist das nur für eine Sache mit dem Mordverdacht?«

Pierre winkte ab. »Ein Missverständnis. Man hat in Langlois' Wohnung Bilder von mir gefunden, die mich wohl diskreditieren sollten. Und nun stehe ich auf der Liste der Tatverdächtigen. Aber das wird sich gewiss bald klären.«

Er hatte es mit allergrößter Gelassenheit gesagt. So, als beträfe es ihn nicht, aber Charlotte kannte ihn zu gut, um sich täuschen zu lassen.

»Dann haben sie dich also auch von den Ermittlungen ausgeschlossen?«, fragte sie mitfühlend.

Pierre nickte und musste nun doch heftig schlucken.

»Das tut mir sehr leid.« Sie schlang die Arme um seinen Nacken und gab ihm einen Kuss. »Lass uns doch, bis sich alles geklärt hat, die gewonnene Zeit nutzen, um unsere Hochzeitsplanungen abzuschließen. Das ist dringend nötig. Ich kann es kaum erwarten, unseren Freunden und der Familie endlich die Einladungen zu schicken.« Charlotte trat einen Schritt zurück und hielt die Nase witternd in die Luft. »Riechst du das? Den Duft von Moos und fruchtig-süßen Blüten? Es riecht nach Frühling.«

Pierre lächelte angesichts ihres unverbesserlichen Optimismus, dank dem sie in allem etwas Gutes zu finden vermochte. Er war froh, wie gelassen sie mit der Situation umging. Die talentierte Köchin Charlotte Berg war seine Sonne, sein Fels in der Brandung. Hatte ihm der Gedanke ans Heiraten noch vor einiger Zeit die Kehle zusammengeschnürt, so freute er sich nun umso mehr auf ihre gemeinsame Zukunft.

Er beobachtete, wie sie den Fond des Wagens öffnete und einen vollgepackten Einkaufskorb herausholte.

»Hast du etwas Besonderes vor?«, fragte er.

»Ich möchte heute eine Vorspeise ausprobieren, die gut in die Jahreszeit passt. Vielleicht nehmen wir sie ja ins Hochzeitsmenü auf.«

Pierre nahm ihr den Korb ab und spähte hinein. »Was gibt es denn?«

»Gerösteten Spargel mit pochiertem Ei und knusprigen Schinkenchips in Parmesanschaum.«

»Klingt fantastisch. Könnte man das auch als Teil eines Büfetts anbieten?«

»Eine derart aufwendig arrangierte Speise?« Sie sah ihn mit einem flehenden Ausdruck in den Augen an. »In der *Domaine des Grès* servieren sie so etwas am Tisch.«

Pierre setzte zu einer Erwiderung an. Noch stand schließlich nicht fest, ob sie im Restaurant oder hier auf dem Hof feierten, mit zwanglosem Büfett und einem Barbecue. Die Widerworte lagen ihm bereits auf der Zunge, doch er schluckte sie herunter. Ihm war nicht nach einer Diskussion, nicht heute.

»Na schön«, sagte er stattdessen, »ich suche uns einen guten Weißwein raus.«

Damit drehte er sich um und trug den Einkaufskorb ins Haus.

Sie hatten schon so oft darüber geredet, das letzte Mal am Abend nach dem Besuch von Charlottes Trauzeugin. Sie waren nach der Arbeit in Gordes essen gegangen, in ihr neues Lieblingsrestaurant *La Trinquette,* um die Sache endgültig zu klären. Es war ein urig eingerichtetes, direkt an der Stadtmauer gelegenes Lokal mit besonderem Charme und einer exzellenten Küche. Hier, so hatten sie gehofft, würden sie eine Lösung finden.

Charlotte hatte einen Salat mit Zucchiniblüten und einem Minzpesto gegessen und Pierre die große Raviolitasche mit Garnelen, Krebsfleisch, Kräutern und Frischkäse auf Bouillabaisse-Jus.

Er liebte diese dekonstruierte Fischsuppe, deren tomatiger Sud samt Safran und Anis hervorragend zu der nudelumhüllten Füllung passte. Auf diese Kombination musste man erst einmal kommen.

»Ich habe schon immer davon geträumt, in der *Domaine des Grès* zu feiern«, eröffnete Charlotte die Diskussion. »Abgesehen davon, dass es eine wunderschöne Location ist, habe ich sehr gerne in dem Hotelrestaurant gearbeitet. Und … das Allerwichtigste … Dort haben wir uns kennengelernt.«

»Es ist ein besonderer Ort«, gab Pierre ihr recht. »Aber es wird zu teuer mit all den Gästen.«

»Das sollte es uns wert sein. Ich habe genau nachgezählt. Wir kommen auf sechzig Gäste. Der Direktor, Monsieur Boyer, hat uns einen sehr guten Preis gemacht. Wir müssten uns allerdings bis zum zwanzigsten März entscheiden. Länger kann er uns den Raum nicht freihalten.«

Pierre schüttelte den Kopf. »Kommt nicht infrage. Der sogenannte gute Preis verschlingt ja mehrere Monatsgehälter. Woher soll ich das denn bezahlen?«

»Wir nehmen die Mietrücklagen.«

»Welche Mietrücklagen?«

Charlotte strahlte ihn an. »Ich habe seit meinem Auszug aus der Wohnung im *Chemin des Murs* die Miete einfach weiter gezahlt. Auf ein Extrakonto, um es irgendwann in ein gemeinsames Projekt zu investieren. Und dieser Moment ist nun gekommen.«

»Du hast das Geld einfach weitergezahlt?«, wiederholte Pier baff.

»Genau. Du wolltest nie Miete von mir annehmen«, erklärte sie. »Obwohl du sämtliche Fixkosten plus den Kredit alleine stemmst. *Et voilà*«, sie machte eine einladende Handbewegung. »Dies ist die Lösung. Von dem gesparten Betrag können wir die Kosten für eine Hochzeitsfeier in der *Domaine des Grès* vollständig decken.«

Pierre schüttelte erneut den Kopf. So weit kam es noch, dass seine Zukünftige die Rechnung für die gemeinsame Hochzeitsfeier übernahm.

»Ich möchte aber nicht, dass du das zahlst. Das ist unmännlich, damit mache ich mich ja lächerlich.«

»Aber es ist doch unser gemeinsames Geld«, widersprach Charlotte. Sie strich ihm über die Finger. Vorsichtig, als wären sie aus Porzellan. »Stell dir nur vor, wie atmosphärisch der Abend wird. Den Empfang machen wir auf der Terrasse mit Blick über die schöne Anlage. Dort, wo wir damals auch das Menü des Kochschulabends gegessen haben. Sie stellen für uns Kübel mit Lavendel auf und unzählige Windlichter. Für den Fall, dass das Wetter nicht mitspielen sollte, gibt es ein ausziehbares Dach. Und das Menü lassen wir in den Räumen des ehemaligen Pferdestalls servieren. Die gekalkten Steinwände, das warme Licht, die Blumenarrangements, die edlen Gedecke ... Du magst so etwas doch auch.«

»Ja, schon«, murrte er. »Aber wir haben weit mehr als sechzig Gäste. Bestimmt an die hundert.«

»Nur, wenn wir das halbe Dorf einladen.«

»Die Leute wären enttäuscht, wenn sie nicht dabei sind.«

»Sie werden es verstehen.« Charlottes Augen funkelten, offenbar war sie kurz davor, die Geduld zu verlieren. »Unsere guten Freunde werden ja eingeladen. Didier, Farid, Luc und Penelope. Martin mit Ian, Arnaud und Nanette, sogar Albert mit seiner Frau. Aber wenn jetzt alle kommen sollen, auch die ferneren Bekannten, dann sprengt das jede Feier, egal wo.«

»Nicht, wenn das Fest auf unserem Hof stattfindet«, widersprach Pierre. Er dachte gar nicht daran nachzugeben. »Das wäre auch sehr stimmungsvoll. Im Mai blühen die roséfarbenen Tamarisken drüben beim Bach, die Beetrosen und die Glyzinien an der Pergola. Wir lassen den Garten von einem

Partyservice festlich eindecken, und es gibt eine Grillstation plus ein Büfett im Schein von bunten Lampions. Es wird wunderschön, glaub mir.«

Charlotte runzelte die Stirn. »Der Mai ist einer der regenreicheren Monate in der Provence.«

»Dann stellen wir eben ein großes Partyzelt auf.«

»Ein Partyzelt?« Sie sah ihn an, als habe er ihr einen Eimer kaltes Wasser über den Kopf geschüttelt. »Eine Hochzeit ist doch kein Sommerfest, sondern ein ganz besonderer Moment, den man auch entsprechend feiern möchte. Es sollte der schönste Tag in unserem Leben werden! Ich verstehe nicht, wie du das auf eine Gartenparty mit Grill und Büfett herunterbrechen kannst. Mit hundert Leuten in einem Zelt.«

»Ja, genau!«, rief er aus, heftiger als gewollt. »Ich will auf meiner Hochzeit ausgelassen feiern und tanzen. Anstatt mich steif und mit geradem Rücken bedienen zu lassen.«

»Es liegt doch an uns, ob es steif wird oder nicht. Man kann doch auch in einem Hotelrestaurant ausgelassen feiern.«

»Aber in der *Domaine des Grès* müssten wir Rücksicht auf die Hotelgäste nehmen, um Mitternacht ist dort Schluss mit lauter Musik. Ich will, dass wir alle Spaß haben. Ohne feste Zeiten und ohne einen Hoteldirektor, der uns ständig ermahnt, leiser zu sein.«

»Woher willst du das denn wissen? Du hast ihn ja nicht einmal danach gefragt. Vielleicht macht Monsieur le Boyer ja eine Ausnahme für uns.« Sie sah ihn lange an, plötzlich ganz ruhig, als könne sie in seine Seele schauen. »Ich habe das Gefühl, es geht dir um etwas ganz anderes. Und ich weiß nicht, ob es mir gefällt.«

»So? Um was denn?«

Sie schwieg, und er hatte keine Lust nachzufragen.

Die Diskussion hatte in einem Patt geendet. Die Ausgestaltung der Feier blieb in der Schwebe, sie taten so, als wäre alles in bester Ordnung, als lägen keine Hindernisse auf dem Weg. Nur lief ihnen allmählich die Zeit davon.

Nur noch siebeneinhalb Wochen. Und die Einladungen waren immer noch nicht geschrieben …

Er schüttelte den Kopf, als könne er damit das Problem von sich weisen, und stellte den Einkaufskorb auf dem Küchenboden ab.

»Ist Didier auch hier?«, fragte Charlotte, die ihm ins Haus gefolgt war. »Oder warum steht der Kastenwagen auf dem Hof?«

Pierre zuckte mit den Schultern. »Ich habe mir den Wagen geliehen, um mobil zu bleiben.«

»Mobil?«

»Das«, seufzte Pierre mit bedeutungsschwangerer Miene, »ist eine längere Geschichte.«

Während Pierre von den bisherigen Ermittlungen berichtete und von seinem Vorhaben, den Ursprung des herabgefallenen Fotos zu ergründen, begann Charlotte mit dem Kochen. Kurze Zeit später trieb das Aroma von kross gebackenem Schinken und Thymian durch den Raum. Pierre lief das Wasser im Mund zusammen. Als Charlotte die Schinkenchips zum Abkühlen auf einem Küchentuch ruhen ließ, steckte er sich einen in den Mund. Knusprig war er, würzig und mit dem zarten Hauch von Thymian so lecker, dass er sich gleich einen weiteren angelte.

»Du willst also nach Mazan fahren, um herauszufinden, ob auf dem Foto wirklich der Hof von Maurice Marechals Bruder abgebildet ist«, wiederholte Charlotte, während sie die Parmesancreme mit einem Stabmixer aufschäumte. »Du glaubst also, dass die beiden unter einer Decke stecken?« Sie schaltete das Gerät aus und füllte den Schaum in zwei tiefe Teller.

»Es wäre zumindest eine Möglichkeit«, antwortete Pierre. »Vielleicht war ja Frédéric Marechal der Ausführende, der Gilbert Langlois im Wald auflauerte und ihn ermordete, während der Bürgermeister die Beweise entsorgte. Für die Tat reichte die Zeit seiner Mittagspause nicht aus. Für das Eindringen in Langlois' Wohnung dagegen schon. Es hatte stark geregnet, die Straßen waren leer. Er hätte sich unter einem Regenmantel verbergen können, der ihn auch vor der Nässe schützte, sodass er vollkommen trocken wieder zur Arbeit erschien.«

Charlotte nickte. »Ja, das klingt plausibel. Aber hättet ihr dann nicht irgendwelche Spuren finden müssen? Gerade wegen des Regens. Irgendwelche Fußabdrücke in der Wohnung oder im Treppenhaus?«

»Vielleicht hat die Spurensicherung ja schon was entdeckt«, sagte Pierre. »Aber ich bin ja nicht involviert.«

»Was ist mit den Kindern? Sagtest du nicht, Marechals Frau Elodie sei bei ihren Eltern gewesen?«

»Was weiß denn ich«, erwiderte Pierre und warf die Hände in die Luft. »Er hätte sie vor dem Fernseher parken können. Oder vor einem Hörspiel. Es ist ja auch nur eine vage Theorie. Gut möglich, dass Marechals Bruder der alleinige Täter war. Fakt ist, dass Frédérics Trüffelhof womöglich die Aufmerksamkeit von Gilbert Langlois gebunden hat, und es wäre fahrlässig, dem nicht nachzugehen. Ich werde also morgen hinfahren und den Mann befragen.«

»Und wie willst du das machen, ohne offizielle Befugnis?«

»Vielleicht«, überlegte Pierre, »kann ich ja an einer Führung über die Trüffelplantage teilnehmen, auch ohne Gruppenanmeldung. Es wird sich schon eine Gelegenheit ergeben, ihm ein paar Fragen zu stellen.«

Charlotte sah ihn skeptisch an, bevor sie mit ihrer Arbeit fortfuhr.

Pierre kannte sie gut genug, um zu wissen, was dieser Blick bedeutete. Charlotte hatte eine eher praktische Art, die Dinge anzugehen, während er selbst oft aus dem Bauch entschied. Spontan, der Situation folgend. Bisher war es immer gut gegangen. Aber er sah ein, dass sie recht hatte mit ihrer Skepsis. Am Telefon hatte Frédéric Marechal ablehnend geklungen, als er ihn nach seinem Bruder fragte. Es war riskant, ihn anlasslos zu besuchen. Er brauchte also einen guten Grund für seinen Besuch. Eine Möglichkeit, um mit dem Mann ins Gespräch zu kommen.

Pierre beobachtete, wie Charlotte den gebräunten Spargel aus dem Backofen nahm und ihn auf den Parmesanschaum legte. Rasch nahm er den Weißwein aus dem Kühlschrank, einen *Domaine de Marie* Jahrgang 2021, und entkorkte ihn. Schenkte einen kleinen Schluck in das Glas, atmete den Geruch nach weißem Pfirsich, Zitrusfrüchten und Mandeln ein, bevor er probierte.

Der Wein war hervorragend. Fruchtig und mit schöner Balance. Die *Domaine de Mairie* war ein Tipp von Martin Cazadieu gewesen, der seit vergangenem Jahr Pierres Weinberg gepachtet hatte. Der Sommelier und Inhaber einer Vinothek schwor auf die Erzeugnisse des kleinen Gutes vor den Toren von Ménerbes, und sie gehörten inzwischen auch zu Pierres Lieblingsweinen.

Jetzt füllte er beide Gläser und stellte sie auf den Tisch neben die Teller mit dem im Parmesanschaum badenden Spargel, den nun je ein pochiertes Ei zierte. Dekoriert von Schinkenchips und frischen Kräutern.

Schweigend probierten sie das Gericht. Das noch leicht flüssige Eigelb verband sich harmonisch mit dem Schaum und umhüllte den Spargel mit einer wundervollen Cremigkeit. Dazu die knusprige Textur des Schinkens … Es war einfach großartig.

Pierre lehnte sich zufrieden zurück und seufzte. »Das schmeckt richtig lecker«, sagte er.

Charlotte strahlte übers ganze Gesicht. Aber die Frage zum Einsatzort der Vorspeise wiederholte sie zu seiner großen Erleichterung nicht.

Es war bereits nach Mitternacht – Pierre hatte sich schlaflos im Bett gewälzt und über den Fall nachgegrübelt –, als ihm ein Gedanke kam. Was, wenn er an einem der Trüffelwochenenden teilnahm? Es wäre eine perfekte Gelegenheit, ganz unverfänglich mit Frédéric Marechal ins Gespräch zu kommen. Sozusagen inkognito, als zahlender Gast.

Pierre setzte sich auf. Wann fand eigentlich das nächste Event statt? Womöglich schon am kommenden Samstag?

Er drehte sich zum Nachttisch und griff nach dem Mobiltelefon.

In Gedanken malte er sich bereits aus, wie er im Morgennebel mit dem bereitgestellten Pick-up durch das *Comtat Venaissin* zum Trüffelmarkt fuhr und mit Maurice Marechals Bruder ins Plaudern kam. Doch als er die Website der Trüffelfarm aufrief, entdeckte er, dass das darauf angekündigte Wochenende bereits in der Vergangenheit lag.

»*Putain*«, flüsterte er und scrollte weiter.

Neben ihm bewegte sich Charlotte. Sie rieb sich die Augen und richtete sich auf.

»Ist etwas passiert?«

»Nein. Ich dachte nur, ich könnte an einem der Trüffelwochenenden teilnehmen, aber das letzte der Saison hat bereits stattgefunden.«

Charlotte rückte näher und lehnte sich gähnend an seine Schulter, während sie blinzelnd auf das Display sah.

»Es gibt noch einen Kurs für angehende Trüffelhunde«, murmelte sie.

»Wir haben aber keinen Hund.«

»Was ist mit Beaufort, dem Mischling der Roziers? Sie leihen ihn dir sicher aus.«

»Das ist ein Jagdhund«, wehrte Pierre ab. »Der sieht zwar unschuldig aus, aber wehe, man lässt ihn von der Leine. Jeder Hase ist interessanter als ein Kommando. Und mit anderen Hunden kommt er auch nicht klar, sie werden entweder angekläfft oder bestiegen. Ich wäre schneller wieder aus dem Kurs, als mir lieb wäre.«

»Dann nimm doch Cosima.«

Pierre starrte sie an. »Wie bitte?«

»Nimm Cosima«, wiederholte Charlotte schlaftrunken. »Ich habe mal gelesen, dass die Trüffelbauern in Istrien und auf Sardinien höchst erfolgreich mit Ziegen arbeiten. Ihr macht es sicher großen Spaß. Ich glaube, ihr wird das Stallleben allmählich zu langweilig.«

»Langeweile …« Pierre war jetzt hellwach. »Vielleicht gibt sie ja deshalb keine Milch mehr. Was meinst du?«

Aber Charlotte antwortete nicht mehr, sie war an seine Schulter gelehnt wieder eingeschlafen.

9

»Natürlich trainieren wir auch Ziegen«, brüllte Frédéric Marechal in den Hörer, um die Hintergrundgeräusche zu übertönen. Lautes Stimmengewirr, ein Rufen und Feilschen. »Das geht sogar besser als mit Schweinen, sie sind wenigstens nicht so rabiat. Vorausgesetzt, der Charakter stimmt.«

»Cosima ist sehr klug und gelehrig.«

»Kann sie apportieren?«

»Ähm … ja.« Pierre drückte die Presse der Stempelkanne hinab und goss sich eine Tasse aromatisch duftenden *café noir* ein. Er hatte das noch nie mit Cosima ausprobiert, aber das musste der Mann ja nicht wissen.

»Fabelhaft«, antwortete der Trüffelbauer. »Allerdings kann ich sie nicht in die Hundegruppe aufnehmen, das macht alle nur nervös.«

Pierre rührte einen Löffel Zucker in den Kaffee. »Dann buche ich eben Einzelstunden. Wann kann ich vorbeikommen?«

»Ich sehe mal nach, einen Moment.« Das Telefon wurde abgelegt. Frédéric Marechal schien mit jemandem zu sprechen. Dann war er wieder dran. »Frühestens Mitte April.«

Das war viel zu spät.

»Es ist sehr dringend«, sagte er. »Ich möchte meiner Verlobten damit ein Geschenk machen, wir heiraten demnächst.«

Das war nicht einmal gelogen. Der Gedanke war ihm am

frühen Morgen gekommen, als er Charlotte einen Abschieds-
kuss gab und ihr einen schönen Tag wünschte. Sie liebte Trüffel ebenso sehr wie er. Wenn nun Cosima in der Lage wäre,
welche aufzuspüren, dann könnte Charlotte vielleicht sogar in
absehbarer Zukunft ihre eigenen Trüffel ernten.

»Na dann,« überlegte Frédéric Marechal. »Vielleicht …« Er
brach ab.

»Ja?«

»Für eine solide Ausbildung benötigen wir mehr Zeit. Aber
ich sehe mir die Ziege gerne mal an, um zu testen, ob sie überhaupt dafür geeignet ist, und kann Ihnen gegebenenfalls ein paar
Grundlagen vermitteln, damit Sie einen Blick für die infrage
kommenden Böden entwickeln. Dann üben Sie schon mal zu
Hause, bis ich mehr Zeit für das eigentliche Training habe.«

»Gute Idee. Vielleicht schon morgen?«

Der Trüffelbauer lachte auf. »Na, Sie können es ja kaum
erwarten. Ach, warum eigentlich nicht? Bis Mittag bin ich auf
dem Trüffelmarkt in Carpentras, gegen eins müsste ich zurück
sein. Bis um halb vier habe ich Zeit, danach habe ich einen
anderen Termin.«

»Großartig, vielen Dank.«

Kaum, dass Pierre aufgelegt hatte, hörte er das Geräusch
knirschender Räder auf dem Hof. Dann wurde eine Autotür
zugeschlagen. Durch das Fenster sah er einen Wagen der *police
nationale* und *Lieutenante* Fenech. Begleitet von einem *Policier*
mit blassem Gesicht und Schwanenhals schritt sie energisch
auf das Haus zu. Der sehr junge Mann lief breitbeinig und
guckte grimmig, als habe man ihm eingeredet, dass das Eindruck mache. Dabei wirkte er eher wie der Einserschüler eines
Elite-Lycées, der sich als Gangster versuchte.

Jetzt wurde die Klingel betätigt. Pierre trank einen Schluck
von seinem Kaffee und ging zur Tür.

»Guten Morgen, *Lieutenante*«, sagte er freundlich. »*Monsieur le gardien.*«

»Darf ich vorstellen?« Fenech machte eine Kopfbewegung in Richtung des Kollegen. »Das ist Fabien Charpentier. Er hat gerade die Ausbildung abgeschlossen und unterstützt ab heute das Team.«

Pierre nickte. »Sie kommen genau richtig. Ich habe mir gerade einen Kaffee aufgebrüht. Möchten Sie auch einen?«

»Gerne«, antwortete der *Gardien,* was ihm einen scharfen Blick seiner Vorgesetzten einbrachte. Er räusperte sich. »Später vielleicht.«

Sie gingen in die Küche. Pierre räumte rasch die Reste des Frühstücks auf den Tresen und setzte sich mit seinem Kaffee zu den beiden an den Tisch.

»Wo ist Ihre Lebensgefährtin?«, fragte Fenech und sah ihn mit ihren engliegenden Augen streng an.

»Charlotte ist bei der Arbeit.«

»Schön. Ich habe gestern mit ihr gesprochen. Es gibt da einen zeitlichen Rahmen, für den Sie kein Alibi haben. Er geht von sechs Uhr abends bis etwa zwanzig nach sieben. Genügend Zeit, um in den Wald zu fahren, Ihren Kontrahenten zu erstechen und rechtzeitig zur Ankunft Ihrer Lebensgefährtin und deren Gast zurück auf dem Hof zu sein.«

Die *Lieutenante* war sofort zur Sache gekommen, ohne jede Einleitung. Sie saß aufrecht und mit gespannten Muskeln da, als sei sie ein Panther, der zum Sprung ansetze.

»Theoretisch wäre es möglich«, antwortete Pierre gedehnt. »Tatsächlich aber habe ich nichts dergleichen getan. Ich bin vielmehr zu Fuß nach Hause gegangen, entlang der Straße. Es ist ein ausgesprochen schöner Weg, wenn es nicht gerade regnet. Sicher haben Sie die kleinen Steinhütten bemerkt, an denen er vorbeiführt. Und den grandiosen Blick über das Calavon-Tal.«

Lieutenante Fenech starrte ihn mit ausdrucksloser Miene an. »Nein, wir hatten es eilig. Wie lange haben Sie dafür gebraucht?«

»Etwa eine halbe Stunde.«

»Hat Sie jemand gesehen?«

»Das weiß ich nicht. Es sind ein paar Autos an mir vorbeigefahren, aber ich habe nicht auf sie geachtet.«

»Solange niemand Ihre Version bezeugen kann, sind Sie unser Hauptverdächtiger. Grund genug hätten Sie ja. Gilbert Langlois hatte es immerhin auf Ihren Posten abgesehen. Und von einer gewissen Madame Duprais wissen wir, dass Sie ihm offen gedroht haben.«

Pierre schnalzte mit der Zunge. Er hätte ahnen müssen, dass diese Information bis zur *Lieutenante* durchdringen würde.

»Das war im vergangenen Herbst. Allerdings habe ich ihm nicht gedroht, ich habe ihn gewarnt, weitere Intrigen gegen mich zu fahren. Wie Sie vielleicht wissen, hatten sich Gilbert Langlois und unser ach so geschätzter Bürgermeister einen hübschen Plan ausgedacht, um mich loszuwerden. Dafür gibt es übrigens Zeugen.«

Die Mundwinkel der *Lieutenante* zuckten spöttisch. »Das scheint Langlois nicht davon abgehalten zu haben, Ihnen aufzulauern. Er wollte Sie ganz offenbar eines Deliktes überführen, das Sie den Posten kostet. Was hat er Ihrer Meinung nach wohl gefunden?«

»Es gab nichts zu finden.«

»Die Bilder an der Pinnwand lassen etwas anderes vermuten«, entgegnete die *Lieutenante.*

Der junge Kollege nickte zustimmend und grunzte vielsagend, als wolle er unbedingt etwas zu dem Gespräch beitragen.

Pierre fragte sich, ob man so etwas neuerdings auf der Polizeischule lernte. Vielleicht ermunterte man die Anwärter heutzutage, Position zu beziehen. Zu seiner Zeit hatten Neulinge sich zurückzuhalten.

»Die sogenannten Fotobeweise sind lächerlich«, sagte er betont unaufgeregt. »Wichtiger sind doch die Bilder, die nicht mehr zu sehen sind. Der Täter hat seine Spuren verwischt, darauf sollten Sie Ihr Augenmerk richten.«

»Wir haben keinen belastbaren Hinweis auf ein Eindringen.«

»Das Bild von dem Gabelstapler wird ja nicht ohne Grund von der Korkwand abgerissen worden sein.«

»Und wenn es schon länger auf dem Boden lag, Tage vor Gilbert Langlois Tod?« Sie beugte sich vor und taxierte ihn, als sei er ein Kaninchen in der Falle. »Wissen Sie, was ich glaube, Durand? Dass Sie versuchen, mit den angeblich verschwundenen Fotos von sich abzulenken. Daher werden Sie mir sicher verzeihen, wenn ich ein ganz besonderes Interesse an dem vorhandenen Material habe. Eines der Bilder zeigt, wie Ihnen ein gewisser Laurent Quentin, der auf dem Markt einen Stand für Spülbürsten und Schwämme hat, einen Geldschein zusteckt. Da Sie als *Chef de police municipale* auch die Marktaufsicht innehaben, ist das keine Kleinigkeit.«

»Das war rein privat«, sagte Pierre zunehmend ungeduldig. »Eine eingelöste Wettschuld. Wir haben in der *Bar du Sud* Karten gespielt. Er hatte gegen mich verloren, aber sein Geld schon für den Pastis ausgegeben. Sie können sowohl den Händler fragen als auch die anderen anwesenden Spieler: Didier Carbonne, Stéphane Poncet, Albert …« Er dachte nach. Ihm fiel auf, dass er in all den Jahren in Sainte-Valérie den Nachnamen des Gastronomen nicht einmal gelesen hatte. Er war für alle immer nur Albert.

»Piquet«, ergänzte *Lieutenante* Fenech, und sie sagte es derart süffisant, als wolle sie den Namen nur mit spitzen Fingern anfassen. »Ausgerechnet Carbonne, Poncet und Piquet.«

Auch der junge *Policier* grinste.

»Vielleicht verraten Sie mir den Grund für Ihre Heiterkeit?«, fragte Pierre. »Die drei Personen sind angesehene Bürger von Sainte-Valérie, die sich nichts zu Schulden haben kommen lassen.«

»Da wäre ich mir nicht so sicher.« Fenech schüttelte den Kopf. »Ich möchte Sie bitten, Sainte-Valérie in den nächsten Tagen nicht zu verlassen.«

»Ausgeschlossen. Ich habe Termine.«

»Sie fahren nirgendwohin.«

Nun platzte ihm doch der Kragen. »Sie haben nicht die Befugnis, mir das zu befehlen«, sagte Pierre fest. »Eine derartige Anweisung werde ich nur befolgen, wenn *Commissaire* Robert Lechat sie bestätigt. Persönlich.«

Lieutenante Fenech starrte ihn an. Erhob sich dann. »Na, schön, Monsieur Durand, ich werde das klären. Das letzte Wort in dieser Angelegenheit ist gewiss noch nicht gesprochen. Wir hören voneinander.«

»Davon bin ich fest überzeugt.«

Pierre geleitete die *Lieutenante* und ihren Kollegen Charpentier zur Tür, dann ging er zurück in die Küche und trank seinen Kaffee, während er durch das Fenster beobachtete, wie der Polizeiwagen beschleunigte und in hohem Tempo vom Hof fuhr.

Er schüttelte den Kopf. *Lieutenante* Fenech hatte sich aufgeführt, als vermutete sie eine Verschwörung, bei der sich das halbe Dorf zusammengetan hatte, um den unliebsamen Ex-Polizisten loszuwerden. Und er, Pierre, war in diesem wilden Szenario offenbar der Anführer.

Er fragte sich, was sie und Luc gestern mit Didier Carbonne

besprochen hatten, und ihm fiel ein, dass er beim alten Uhrmacher hatte nachhaken wollen, warum er Gilbert Langlois angerufen hatte, am Mittwoch vor neun Tagen, um dreizehn Uhr siebenunddreißig.

Er hatte noch etwas Zeit, bevor er nach Mazan fuhr. Zeit, die es zu nutzen galt.

Bis zum Vormittag hatte Pierre dreimal versucht, Didier Carbonne zu erreichen. Zwischen den Anrufen hatte er die Ziegen versorgt und sich ein Baguette mit Fenchelsalami gemacht. Dann hatte er die Ladefläche des Kastenwagens mit einer Bodenwanne versehen, in der nun ein alter Teppich und Streu lagen. Carbonne sollte seinen Wagen nach dem Ausflug zur Trüffelfarm in dem Zustand zurückerhalten, wie er ihn abgegeben hatte. Nach kaltem Zigarettenrauch und muffigen Bezügen riechend. Nicht auch noch nach Ziege.

Die Seiten polsterte Pierre mit Decken und Stroh aus, sodass Cosima ein gemütliches, nicht allzu beengtes Lager hatte. Zum Glück gab es ein großes Rückfenster, durch das reichlich Tageslicht drang. Cosima, so wusste er, hasste dunkle Boxen. Dann füllte er einen Futterbeutel mit Getreidepellets und legte ihn mitsamt einer Hundeleine, einer Plastikschale und einer Flasche Wasser auf den Beifahrersitz. Seiner Ziege sollte es an nichts mangeln.

Als Carbonne um zwölf noch immer nicht ans Telefon ging, rief er bei Luc an und fragte nach, ob sich inzwischen etwas Neues ergeben habe.

»Die *Lieutenante* hat mir verboten, mit dir zu sprechen«, kam es gedehnt.

Pierre schnaubte. Er hätte es sich denken können. »Sie wollte sogar, dass ich den Hof nicht verlasse, aber noch leitet *Commissaire* Lechat die Ermittlungen. Und ich verstehe auch nicht, wofür das gut sein soll. Du weißt, dass ich unschuldig bin, oder etwa nicht? Bitte, Luc. Wir beide, wir sind doch ein Team.«

»Na schön.« Lucs Stimme wurde leise. »Warte, ich gehe rüber in dein Büro, da bin ich ungestört.« Es dauerte eine Weile, dann war er wieder am Hörer. »Also, was willst du wissen?«

»Was war das gestern mit Didier Carbonne? Ich versuche die ganze Zeit, ihn zu erreichen, aber er geht nicht ran.«

»Er war über Nacht in der Dienststelle in Cavaillon, dringender Tatverdacht. Sie haben ihn verhört, jetzt ist er wieder in Sainte-Valérie. Gerade habe ich ihn auf dem Bouleplatz gesehen. Er schimpft über die Politik, die zulässt, dass man einen unschuldigen alten Mann einfach so fortsperren kann.«

»Über Nacht? War das nicht übertrieben?«

»Ganz deiner Meinung.« Luc seufzte. »Die *Lieutenante* führt ein strenges Regiment. Der *Commissaire* ist mit einem anderen Fall vollauf beschäftigt, ein Raubmord an einer Tankstelle in Cavaillon. Solange übernimmt sie die Leitung.«

»Weißt du, was beim Verhör herausgekommen ist?«

»Ja, wir hatten gerade eine Lagebesprechung. Carbonne hat erzählt, dass Langlois ihn erpresst hat. Eines Tages hatte der Alte ein Foto im Briefkasten, mit einem gedruckten Text auf der Rückseite. Er sollte einen höheren Geldbetrag an einer bestimmten Stelle im Wald hinterlegen. Aber er hatte kein Geld, um die Forderungen zu bezahlen. Er hätte eine seiner antiken Uhren verkaufen müssen, das hat er wohl nicht übers Herz gebracht. Die Uhren sind für ihn wie Kinder. Und die vertickt man schließlich auch nicht, wenn jemand einem die Pistole auf die Brust setzt.«

»Was war denn auf dem Foto zu sehen?«

»Das wollte uns der Alte nicht verraten. Er müsse das auch nicht, nun, da niemand mehr plaudern könne.«

Unwillkürlich musste Pierre schmunzeln. Das war typisch Carbonne. Mit seiner Offenheit brachte er sich noch in Teufels Küche.

»Woher wusste er eigentlich, dass Gilbert Langlois der Erpresser war?«

»Carbonne hatte Madame Duprais sein Leid geklagt, und die hat ihm von ihren seltsamen Begegnungen mit Langlois im Wald erzählt. Und davon, wie hektisch kurz zuvor manch Dorfbewohner denselben Weg genommen hat. Da hat er eben eins und eins zusammengezählt. Er war offenbar ziemlich aufgebracht, als er den Kollegen in Cavaillon davon berichtete. Er sagte, er hätte Langlois liebend gerne höchstpersönlich die Gurgel umgedreht, aber seine gute Kinderstube verbiete ihm das.« Luc gluckste im Versuch, ein Lachen zu unterdrücken. »Das Ganze ist dann wohl abgelaufen wie in einem Miss-Marple-Film. Madame Duprais hat sich bei Langlois' Stellplatz herumgedrückt und hat dann Carbonne angerufen, nachdem der braune Peugeot das Dorf verlassen hatte. Der Alte hat sich einen Spaß daraus gemacht zu überlegen, wann der Kerl ungefähr die Geldablagestelle erreicht haben könnte, und dann seine Nummer gewählt. Er solle sich die Erpressung in den Allerwertesten stecken, hat er zu ihm gesagt. Dann hat er einfach aufgelegt.«

»Das ist ja eine verrückte Geschichte«, staunte Pierre. Er hätte nur zu gerne Gilbert Langlois' Gesicht gesehen. Offenbar hatte er den Dorfbewohnern nicht viel zugetraut. Ebenso wie diese *Lieutenante*. »Du hast doch Langlois' Verbindungsnachweis überprüft. Wer steht außer Didier Carbonne sonst noch drauf?«

»Der Nachweis selbst war nicht allzu ergiebig«, antwortete Luc ausweichend. »Langlois hat mit einigen Behörden telefoniert, vermutlich hat er sich dort um eine Stelle beworben.

Ein Kollege aus Cavaillon kümmert sich gerade darum. Viel informativer war die randvoll mit Scheinen gefüllte Geldkassette, die die Kollegen von der Kriminaltechnik in seiner Wohnung sichergestellt haben. Es lag auch eine Liste darin, auf der die erpressten Personen samt der eingenommenen Geldbeträge standen. Lauter Leute aus dem Ort, die jetzt alle befragt werden sollen.« Er seufzte. »*Lieutenante* Fenech hat zu diesem Zweck zwei weitere Kollegen hinzubeordert. Es wird allmählich voll in unserer kleinen Wache.«

»Steht zufälligerweise auch Maurice Marechal auf der Liste?«, fragte Pierre hoffnungsvoll. »Oder vielleicht sein Bruder Frédéric?«

»Nein.« Ein Klopfen war zu hören, und Luc sog hastig die Luft ein. »Ich muss Schluss machen, wir bleiben in Kontakt.«

Pierre hatte gerade auflegen wollen, als noch einmal Lucs Stimme aus dem Hörer klang.

»Ach, eines noch: Wir haben gerade Nachricht von der Spurensicherung bekommen. Sie haben auf dem Holzboden vor Langlois' Wohnungstür Wasserränder und Schlammpartikel gefunden. Der Täter hat wohl vergeblich versucht, sie zu beseitigen. Die Kollegen konnten einen Teilabdruck sichern, das Profil passt nicht zu den Schuhen des Opfers. Du hattest also recht.«

Also doch, dachte Pierre und konnte sein Glück kaum fassen. Allmählich gewann seine Theorie an Kontur.

10

»Wo bleibst du denn?«

Die Tür schwang auf, und Penelope steckte den Kopf hinein. Ertappt zuckte Luc zusammen und schob das Telefon hastig in die Jackentasche.

»Nun komm schon«, setzte die junge Schreibkraft hinzu, »die anderen sind längst los.«

»Die *Lieutenante* auch?«

»Nein, sie wartet vor der Wache. Aber sie wird langsam ungeduldig.«

»Alles klar«, seufzte Luc. »Komme ja schon.«

Penelope grinste vielsagend. »Hast du gerade telefoniert? Ich habe Stimmen gehört. War das Pierre?«

»Du hast doch nicht etwa gelauscht!«

»Na ja, war ja kaum zu überhören. Kannst von Glück reden, dass Fenech das nicht mitbekommen hat.«

Luc legte den Finger auf die Lippen. »Kein Wort, okay?«

»Was denkst du denn.« Sie hob die Finger zum Schwur.

Er stürmte an ihr vorbei in den Vorraum. Auf der Straße vor der offenen Tür stand *Lieutenante* Fenech und telefonierte. Es schien ein wichtiges Gespräch zu sein, sie hielt die Hand dicht am Hörer, als wolle sie nicht, dass jemand außer der Person am anderen Ende der Leitung ihre Worte verstand.

Also blieb er stehen und betrachtete die mobile Stellwand,

die Fenech herangeschafft hatte, um Ordnung in ihre Lagebesprechung zu bringen.

In einem Plan des Waldgebietes steckten farbige Nadeln. Daneben hing ein Zeitungsausschnitt mit dem Zeugenaufruf samt der Beschreibung von Langlois' braunem Peugeot, den die *Lieutenante* gestern noch in Auftrag gegeben hatte. Zentraler Punkt ihrer soeben beendeten Besprechung aber waren die Personen, deren Namen auf der Liste in der sichergestellten Geldkassette standen. Sie hatten Fotos ausgedruckt und mit Namenskarten versehen, damit alle Kollegen die Gesichter auch präsent hatten.

Es waren lauter unbescholtene Bürger von Sainte-Valérie, die nun zu den dringend Tatverdächtigen zählten. Die englische Tierärztin Sarah Williams, die ihre Praxis außerhalb des Ortes hatte, strahlte freundlich in die Kamera, während sie einen wuscheligen Hund umarmte, der vor lauter Fell kaum aus den Augen sehen konnte. Das Foto war der Website ihrer Praxis entnommen. Auf dem nächsten Bild war der Gärtner Patrick Flamant in luftiger Höhe zu sehen, beim Schneiden eines Baumes. Und Thomas Bussan, der eine Confiserie in der *Rue du Portail* besaß, präsentierte einen Korb kandierter Früchte, die bei Touristen ein beliebtes Mitbringsel waren.

Luc konnte sich beim besten Willen nicht vorstellen, womit Gilbert Langlois diese Menschen erpresst haben wollte.

Bei Albert Piquet hatte er allerdings ein- oder zweimal gesehen, dass der nur so tat, als würde er den entgegengenommenen Betrag auch verbuchen. Aber einen Mord traute er dem Gastronomen beileibe nicht zu. Ebenso wenig dem Mechaniker Stephane Poncet oder Serge Oudard, bei dem durchaus denkbar wäre, dass er eine zweite Kasse besaß, die nicht registriert war.

Obwohl ... Luc kratzte sich am Hinterkopf. Er hatte den

Krämer schon einmal mit einem Regalbrett auf Jagdgegner losgehen sehen. Das war eine ziemlich brenzlige Situation gewesen, in der selbst er es mit der Angst zu tun bekommen hatte. Auch der Ziegenzüchter Arthur Joffroy, dessen preisgekrönter Bock Caruso einst Pierres Cosima beglückt hatte, besaß eine ziemlich kurze Lunte. Ebenso Alain Partouche, der Inhaber der örtlichen Baufirma. Letzteren wollten die *Lieutenante* und er gleich als Erstes befragen.

Er wandte sich wieder Fenech zu. Sie telefonierte noch immer. Jetzt hielt sie den Kopf schräg und rieb sich den Nacken. Luc betrachtete den definierten Trapezmuskel, man erkannte sofort, dass er regelmäßig trainiert wurde. Während Fenech sprach, wippte das Haar unterhalb des straff gebundenen Zopfes, und ihm fiel auf, dass es in schwungvollen Wellen endete.

Luc schluckte.

Er würde einiges dafür geben, sie mal mit offenen Haaren zu erleben. Er stellte sich vor, wie es wohl aussähe. Das wellige Haar als aufregender Kontrast zu dem kantigen Gesicht mit dem ausgeprägten Kinn.

In diesem Augenblick steckte sie das Telefon ein und drehte sich zu ihm um.

»*Brigadier* Chevallier«, rief sie durch die geöffnete Tür und hob die Brauen. »Wo haben Sie nur die ganze Zeit gesteckt! Ist es Ihnen genehm, wenn wir nun allmählich loslegen?«

Luc grinste. »Ich mache alles, was Sie sagen.«

Fenech verdrehte die Augen und marschierte los. »Erzählen Sie mir alles, was Sie über Monsieur Partouche wissen«, sagte sie, nachdem er zu ihr aufgeschlossen hatte.

»Seine Baufirma ist die einzige im Ort«, erklärte Luc. »Jeder, der in Sainte-Valérie baut oder renoviert, wendet sich an ihn. Er gilt als Spezialist für die Sanierung denkmalgeschützter Gebäude, seine Leute haben sogar die Burg saniert.«

»Ist er verlässlich?«

»Kommt darauf an, wie wichtig ihm der Auftraggeber ist. Partouche ist dafür bekannt, überteuerte Angebote an Ortsfremde zu machen und sich nach Vertragsunterzeichnung erst mal zu verdrücken, um Projekte fertigzustellen, die weiter oben auf seiner Prioritätenliste stehen.«

Die *Lieutenante* warf ihm einen Blick zu, offenbar zufrieden über dieses Detail. »Und was, denken Sie, könnte der Grund für die Erpressung sein?«

»Nun ja … Das ist natürlich nur eine Vermutung, aber ich könnte mir vorstellen, dass es einige verzweifelte Hauseigentümer gibt, die ihn mit gewissen Geldzuwendungen dazu bringen wollen, die Arbeit an ihrem Bau schneller fortzusetzen.«

Luc dachte an Pierre, der das ehemalige Bauernhaus anfangs von Alain Partouche hatte renovieren lassen und höchst verzweifelt gewesen war, weil über Monate nichts passierte. Aber das sagte er natürlich nicht laut, um seinen Freund und Kollegen nicht zu diskreditieren. Pierre hatte den Bauunternehmer lieber wegen seiner Unzuverlässigkeit geschasst, statt ihn zu bestechen. Und er wollte nicht, dass bei der *Lieutenante* ein falscher Eindruck entstand.

»*Bon*«, sagte Fenech und straffte die Schultern. »Dann wollen wir mal sehen, wie wir den Kerl zum Reden kriegen.«

Die *Lieutenante* hatte ihr Kommen angekündigt, und so erwartete Alain Partouche, ein kompakt gebauter, kahlköpfiger Mann mit zerknittertem Anzug, sie bereits vor dem Ladenbüro, in dem er seine Kundschaft für gewöhnlich beriet.

»Ich sage es Ihnen gleich, *Lieutenante,* ich habe überhaupt keine Zeit«, begrüßte er die beiden mit sichtlichem Missfallen. Demonstrativ sah er auf seine Armbanduhr, um seine Aussage zu unterstreichen. »Meine Leute erwarten mich dringend auf dem Bauhof. Wir haben gerade einen neuen Kipplaster bekommen, ich muss sie einweisen.«

Luc grinste in sich hinein. Er hatte Partouches Leute noch nie an einem Freitagnachmittag arbeiten sehen.

»Bonjour, Monsieur«, sagte Fenech unbeeindruckt. »So viel Zeit muss sein.«

Partouche hob überrascht die Brauen. Dann streckte er der *Lieutenante* die Hand zur Begrüßung entgegen, eine gewaltige behaarte Pranke, mit der er gewiss ganze Melonen zerquetschen konnte.

»Natürlich.« Er grinste. »Bonjour, Madame.«

Luc schob die Finger in die Hosentaschen. Er kannte das schon, er würde lieber eine Woche lang Zementsäcke schleppen, als dem Bauunternehmer jemals wieder die Hand zu geben. Gespannt, wie Fenech damit umging, lehnte er sich an die Hauswand.

Die *Lieutenante* ergriff die ausgestreckte Hand, und der Bauunternehmer drückte zu, so fest, dass seine Knöchel weiß hervortraten. Fenech verzog keine Miene. Ganz im Gegenteil erwiderte sie den Druck, und eine Zeit lang sah es so aus, als würden ihre Hände miteinander ringen, bis Partouche zu Lucs Verwunderung seine Hand schließlich abrupt und mit schmerzerfülltem Blick zurückzog.

Donnerwetter, dachte Luc, was für eine Frau!

Die *Lieutenante* lächelte, als könne sie kein Wässerchen trüben. »So, nachdem wir das geklärt hätten: Wollen Sie uns vielleicht höflicherweise hineinbitten?«

»Selbstverständlich«, sagte Partouche und zog die Nase hoch, spuckte in hohem Bogen aus, als wolle er damit seine Niederlage auf der Straße zurücklassen. Dann führte er sie ins Innere.

Das Ladenbüro bestand aus einem vollgestellten Raum mit Regalen, in denen von Dachziegeln und Bruchsteinen bis hin zu Bodenfliesen allerhand Materialien ausgestellt waren. Im Zentrum stand ein gewaltiger Schreibtisch, vor dem zwei Korbstühle auf Besucher warteten und hinter dem Partouche nun ergeben Platz nahm.

Luc ließ sich in einen der Stühle sinken, die furchtbar unbequem waren und bei jeder Bewegung knarzten. Dann sah er erwartungsvoll zur *Lieutenante,* die sich vor einer Wand aufgestellt hatte, an der Bilder von abgeschlossenen Projekten hingen. Er war gespannt, wie sie den Bauunternehmer nun in die Zange nehmen würde.

»Sie sind sehr gut gebucht«, sagte Fenech endlich, nachdem sie die Aufnahmen voller Interesse studiert hatte.

Partouche fuhr sich über den kahlen Schädel. »Ich kann nicht klagen.«

»Und Ihre Kunden sind zufrieden mit Ihrer Leistung?«

»Wie Sie sehen …«

Fenech zog ihr Mobiltelefon hervor. »Darf ich?«, fragte sie und machte, ohne die Antwort abzuwarten, ein paar Fotos von den Abbildungen. Dann nahm sie ebenfalls Platz. »Kommen wir nun zum Grund unseres Besuches«, sagte sie. »Ich habe ja bereits am Telefon erwähnt, worum es geht. Es hat sich herausgestellt, dass das Mordopfer Gilbert Langlois von einigen Personen anonym Geld erpresste. Es existiert eine Liste mit Namen und Beträgen, Sie stehen auch darauf.«

Partouche faltete die Hände und machte ein Gesicht, als sei er der Heilige Vater persönlich. »Das bin ich nicht.«

Überrascht beugte Fenech sich vor, sodass ihr Korbstuhl ein lautes Knarzen von sich gab. »Es gibt niemanden in der gesamten Provence, der ebenso heißt«, sagte sie. »Neben Ihrem Namen steht ein Betrag. Dreitausend Euro. Das ist nicht unerheblich. Dahinter ist ein Haken gesetzt, Sie haben also offenbar gezahlt.«

»Nein, das habe ich nicht. Ich habe keine Ahnung, wovon Sie reden.«

Die *Lieutenante* lachte auf. »Sie wollen doch nicht im Ernst behaupten, Ihr Name sei ohne Grund auf diese Liste geraten?«

»Doch. Beweisen Sie mir das Gegenteil.«

»Mal angenommen, wir hätten Beweisfotos, die belegen, weshalb Gilbert Langlois Sie erpresst hat ...«

»Haben Sie aber nicht.« Partouche grinste. Das Blatt hatte sich gedreht, das war für alle im Raum spürbar, und der Bauunternehmer schien diese Wendung aufs Höchste zu genießen. »Weil es nichts gibt, womit man mich erpressen könnte.«

Luc warf der *Lieutenante* einen raschen Seitenblick zu. Ihr war nicht anzumerken, was diese Aussage in ihr auslöste. Noch immer saß sie aufrecht da und sah Partouche streng an.

»Wo waren Sie am Mittwoch vergangener Woche?«, fragte sie. »Ich will alles über Ihren Tagesablauf wissen.«

»Gerne, Madame.« Der Bauunternehmer tat, als überlege er. »Ich war den ganzen Tag auf einer Baustelle«, sagte er schließlich. »Sie liegt westlich des Dorfes. Dort entstehen gerade neue Appartementhäuser mit provenzalischem Flair. Ein Gemeindeprojekt, wissen Sie? Höchstoffiziell.«

»Waren Sie dort den ganzen Tag?«

»Nein. Mittags habe ich im *Chez Albert* gegessen. Das war von ... etwa ein Uhr bis um halb drei. Dafür gibt es Zeugen.«

»Die Namen?« Fenech öffnete die Notizfunktion ihres Telefons.

»Arthur Joffroy, Patrick Flamant und Thomas Bussan.« Es kam wie aus der Pistole geschossen.

»Arthur ...« Die *Lieutenante* fuhr auf. »Sagen Sie, wollen Sie mich auf den Arm nehmen?«

Es war das erste Mal, dass Luc sie fassungslos erlebte. Und er musste zugeben, dass es ihm nicht anders erging. Die Namen, die der Bauunternehmer gerade aufgezählt hatte, standen allesamt auf Gilbert Langlois' Liste.

Partouche lehnte sich im Stuhl zurück und verschränkte die Arme hinter dem Kopf. »Nein, warum? Sie können die anderen jederzeit fragen. Sie werden meine Angabe bestätigen.«

Fenech stand auf. Langsam, wie ein Raubtier, dem die Beute entkommen war. »Ich werde Ihre Aussage überprüfen. Wir sehen uns wieder, verlassen Sie sich drauf.«

Wütend stapfte sie hinaus. Luc warf dem Bauunternehmer noch ein Schulterzucken zu, dann eilte er ihr nach.

Beim Krämer Serge Oudard erging es ihnen nicht viel besser. Und auch nicht bei dem Mechaniker Stephane Poncet. Beide verfügten nicht nur über stichhaltige Alibis, sondern behaupteten ebenfalls, niemals von Gilbert Langlois erpresst worden zu sein. Als auch der vierte im Bunde, der *Confisseur* Thomas Bussan nur den Kopf zu den Vorwürfen schüttelte und das Alibi des Bauunternehmers bestätigte, sah die *Lieutenante* Luc alarmiert an.

»Ich glaube, wir haben ein Problem«, sagte sie, als sie wieder auf der Straße standen. Dann telefonierte sie mit ihren Kollegen, bei denen ebenfalls niemand je erpresst worden sein wollte.

Mit einem wütenden Aufschrei ließ sie das Handy sinken. »Das ist dieselbe Masche wie bei diesem Didier Carbonne«, zischte sie. »Die wissen alle, dass wir nichts in der Hand haben. Irgendjemand muss sie instruiert haben, und ich kann mir schon denken, wem wir das zu verdanken haben.«

Luc dachte daran, wie der alte Uhrmacher auf dem Bouleplatz seinem Frust Luft gemacht hatte. »Carbonne selbst?«, spekulierte er.

»Nein.« Die *Lieutenante* starrte ihn finster an, und ihre

Augen glühten. »Es war Pierre Durand. Erinnern Sie sich, dass er gestern auf dem Hof des Uhrmachers war, als wir dort ankamen? Und sehen Sie mal, was ich bei Partouche gefunden habe.«

Luc schaute auf das Display ihres Mobiltelefons, das sie ihm entgegenstreckte. Darauf Pierres Haus, das sie offenbar von der Wand des Bauunternehmers abfotografiert hatte, davor ein elektrischer Betonmischer und etliche Säcke Zement und Sand.

Er schüttelte vehement den Kopf. »Das ist absurd, Partouche hat mal für ihn gearbeitet. Aber das ist lange her. Die beiden sind sich spinnefeind.«

»Sie wollen mir nicht glauben, oder?« Fenech schnalzte mit der Zunge. »Sind Sie mit Durand befreundet?«

»Er ist mein Chef«, sagte Luc ausweichend. Er hatte keine Lust, nun auch noch vom Fall abgezogen zu werden. »Ein guter Chef«, setzte er nach.

»Pierre Durand ist der Kopf der Bande«, entgegnete sie. »Jede Wette.«

II

Es war gar nicht so schwer gewesen, Cosima in den Wagen zu bugsieren. Ein paar Karottenstücke reichten, dass sie mit ihren kurzen Beinchen über die aufgelegte Bretterrampe in den Laderaum kletterte. Nur, als Pierre angefahren war und der Motor zu knattern begann, hatte sie ein vernehmliches Meckern von sich gegeben.

Jetzt fuhren sie über steile Kurven durch die Monts de Vaucluse, und Cosima meckerte noch immer. Obwohl Pierre so sanft wie möglich lenkte, um den Stress für die Ziege gering zu halten.

Im Rückspiegel sah er, wie ihr Kopf aufgrund der Fahrtbewegungen hin und her schwankte, die Augen weit aufgerissen. Das sonst so kecke Muttertier schien hilflos wie ein Baby.

»Ruhig, meine Hübsche«, rief er ihr sanft zu. »Ganz ruhig.«

Er drehte am Radio, bis beruhigende Klaviermusik erklang, und summte mit, während er den Wagen durch die aus dem Winterschlaf erwachte Landschaft steuerte. Vorbei an weiß und zartrosa blühenden Bäumen. Rechter Hand der immer näherkommende Mont Ventoux, der wie ein weiß behüteter Riese über die Hochebene wachte. Er kam sich vor wie ein Vater, der sein Kind in den Schlaf sang, weil es sich vor der Dunkelheit fürchtete. Und tatsächlich legte sich Cosima hin, kaum dass sie die kurvige Straße hinter sich gelassen hatten, und das Meckern verstummte.

Der Trüffelhof lag an einer abgelegenen Straße vor dem Hintergrund des Monts Ventoux. Umgeben vom Braun gepflügter Äcker, von nackten Weinreben und Feldern aus Steineichen, deren immergrüne Blätter silbrig schimmerten. Zu dem Hof gehörten ein Wohnhaus, in dem sich wohl auch die Gästezimmer befanden, sowie ein Lager- und Bürogebäude, vor dessen verschlossenem Rolltor – Pierre schlug freudig mit der Handfläche auf das Lenkrad – ein sonnengelber Gabelstapler stand.

»Ich hab's gewusst«, flüsterte er.

Vor ihm lag, wahrhaftig und in Farbe, eine weitere Bestätigung seiner Theorie. Nun musste er nur noch herausfinden, was Gilbert Langlois hier Wichtiges entdeckt hatte.

Pierre stellt den Kastenwagen auf dem Kiesplatz neben einem Kleintransporter ab und stieg aus. Von der Ladefläche ertönte ein Rumpeln, offenbar konnte Cosima es gar nicht abwarten, endlich ins Freie zu gelangen. Er rief ihr durch die Scheibe ein paar beruhigende Worte zu, bis sie ihn missmutig, aber folgsam anstarrte.

Es war vollkommen still auf dem Hof. Selbst der Hund, der vor den Stufen des Büroeingangs in der Mittagssonne lag, gab keinen Ton von sich. Müde hob der Collie-Mischling den Kopf, dann streckte er sich ausgiebig, bevor er schwanzwedelnd auf den Besucher zukam und dessen ausgestreckte Hand beschnupperte.

»Na«, fragte Pierre und tätschelte das lange, glanzlose Fell, »wo ist denn dein Besitzer?«

Auf sein Klingeln am Büroeingang hin öffnete niemand. Auch beim Wohn- und Gästehaus kam keine Reaktion, sodass Pierre schließlich das Gebäude umrundete.

Es sah heimelig aus. Gelber Sandstein, weiße Fensterläden. Im Hinterhof eine berankte Pergola, die einer Tischgesellschaft im Sommer Schatten spenden mochte. Ein wasserloser Pool, auf dessen Boden Blätter vom Wind getrieben tanzten.

»Hallo?«, rief er. »Ist da jemand?«

Ein Fenster im ersten Stock öffnete sich, und eine etwa vierzigjährige Frau mit dunklen Korkenzieherlocken reckte den Kopf hinaus. Dem Aussehen nach verortete Pierre ihre Wurzeln in einem der Maghreb-Staaten. Tunesien, Marokko oder Algerien.

»Monsieur? Einen Moment, Frédéric ist gleich bei Ihnen.«

Der Kopf verschwand wieder im Inneren. Wenige Minuten später trat der Trüffelbauer auf den Hof und kam energischen Schrittes auf ihn zu.

Frédéric Marechal trug Jeans und Fleecehemd, dazu derbe Stiefel. Ein attraktiver Mann, dachte Pierre, ebenso wie sein Bruder, dem er in natura fast wie aus dem Gesicht geschnitten schien. Nur hatte Frédéric einen derberen Charme. Er hätte genauso gut ein Philosoph sein können oder ein Surflehrer.

»Ich habe noch kurz die Zimmer überprüft«, erklärte er zur Begrüßung. »Wir bekommen heute neue Gäste.« Er sah ihn aufmerksam an. »Wie ist eigentlich Ihr Name? Ich habe mir gar nichts notiert.«

»Pierre«, sagte er, als ihm einfiel, dass er eigentlich inkognito bleiben wollte. »Pierre …. Muller.«

Der Trüffelbauer nickte. Er schien ihn nicht mit den Bildern an der Pinnwand in Verbindung zu bringen. Was dafür sprach, dass es sein Bruder Maurice war, der die Beweisfotos abgenommen hatte. »In Ordnung, Monsieur Muller. Wo ist Ihre Ziege?«

»Dort hinten, der Wagen steht vor dem Lagerhaus.«

Frédéric Marechal schritt voran und pfiff durch die Lippen, als er den Kastenwagen erblickte.

»Donnerwetter, das ist ja mal ein Unikum. Ich wusste gar nicht, dass es dieses Modell noch auf der Straße gibt.«

Jetzt erklang wieder ein Rumpeln. Pierre atmete tief durch. Wenn Cosima so weitermachte, musste er Carbonne am Ende noch eine neue Innenraumverkleidung kaufen.

Er ging zur Tür, die die Ladefläche verschloss, und drückte den Griff herunter, als Cosima erneut Anlauf nahm und sich beim Öffnen gegen ihn warf, sodass ihr zum Angriff gesenkter Kopf ihn im Magen traf. Vom Aufprall überrascht, ging Pierre rücklings zu Boden, er krümmte sich vor Schmerz. Unfähig aufzuspringen, sah er der Ziege nach, die nun über die Straße floh.

»Typisch«, sagte Frédéric Marechal trocken. »Es war gut, ihre Ziege nicht mit in die Hundegruppe zu nehmen. Was meinen Sie, was da jetzt los wäre.« Er griff nach einem Strick, der an einem Haken an der Außenwand hing, und pfiff nach seinem Hund. »Komm, Jacky, wir holen sie zurück.«

Damit war er verschwunden.

Pierre rieb sich stöhnend den Bauch, wieder und wieder, bis der Schmerz allmählich nachließ. Dann rappelte er sich hoch und klopfte den Staub von den Hosenbeinen, als er einen dunkelgrünen Renault Megane bemerkte, der im Vorbeifahren das Tempo unmerklich verlangsamte, bevor er wieder beschleunigte.

Pierre sah ihm nach. Am Steuer saß ein Mann mit Schirmmütze, Sonnenbrille und Wollschal, der sich den Hals in seine Richtung verrenkte. Ein merkwürdiger Aufzug, gewiss kein Provenzale. Vermutlich wieder einer von diesen Touristen, dachte er, die die Sehenswürdigkeiten aus den Reiseführern und Internetforen abklappern.

Als er die Straße erreichte, hörte er ein Bellen. Dann erblickte er den Collie-Mischling, der Cosima umtänzelte, die sich brav, wenn auch sichtlich konsterniert von ihm treiben ließ. Daneben schritt ein sehr zufrieden wirkender Frédéric Marechal, der, kaum dass die drei den Hof wieder erreicht hatten, einen Strick an Cosimas Halsband befestigte und das andere Ende an einem Ring an der Hauswand festknotete.

»Jacky ist eigentlich ein Hütehund«, sagte er nur.

Pierre hockte sich neben die braunweiß gescheckte Ziege, die ihn vorwurfsvoll musterte, das kleine Kinn vorgereckt.

»Es tut mir leid, Cosima«, sagte er und drückte sie fest an sich. »Ich dachte, es macht dir Spaß, einmal rauszukommen. Aber vielleicht hätte ich dich vorher einweihen sollen.« Pierre kraulte sie am Kopf und neigte sich zu ihrem Ohr. »Ich brauche nämlich deine Hilfe«, flüsterte er.

Die Ziege schüttelte den Kopf, als kitzele sie der Lufthauch seines Atems. Dann stupste sie Pierre freundschaftlich an der Schulter an, als habe sie ihn verstanden.

»Bevor wir mit dem Unterricht beginnen«, sagte Frédéric Marechal, »würde ich gerne einen Test machen, wie geeignet Ihre Ziege ist. Im Zweifelsfall können wir uns die ganze Sache nämlich sparen.« Er befahl seinem Hund, sich hinzulegen, und nestelte ein Stück Gaze aus der Jackentasche. Der Collie-Mischling begann sofort zu fiepen. »In diesem Beutel ist ein Trainingstrüffel. Ruhig, Jacky. Der ist nicht für dich.«

Der Trüffelbauer kniete sich vor Cosima und hielt ihr den Beutel hin. Die Ziege kam näher und schnupperte daran, sofort gab Frédéric Marechal ihr ein Getreidepellet. Das wiederholte er mehrfach, bis Cosima begann, den Beutel von selbst anzustupsen, um sich die Belohnung abzuholen.

»Das klappt ja erstaunlich gut. Ihre Ziege hat Talent. Wie ist es mit Ihnen? Wissen Sie, anhand welcher Merkmale Sie Böden mit einer hohen Trüffelwahrscheinlichkeit erkennen?«

»Nein«, gab Pierre zu.

»Gut, dann kommt nun als Erstes der Theorieteil. Folgen Sie mir bitte ins Büro, dort können wir auch gleich den Kurs abrechnen. Keine Sorge, Jacky passt solange auf Ihre Ziege auf. Er meldet sich, wenn etwas nicht stimmt.«

12

Pierre folgte dem Trüffelbauern in die Lagerhalle. Sie war vollgestellt mit allerlei Gerümpel. An der Wand lehnte ein kleines Fahrrad, und er fragte sich, ob Frédéric Marechal Kinder hatte.

Während der Bauer weiterging, blieb Pierre stehen und scannte den Raum, suchte nach etwas, das Gilbert Langlois' Aufmerksamkeit gefesselt haben könnte. Er sah turmhoch gestapelte Holzkisten. Weiter hinten stand ein ausrangierter Traktor, der dem Rost nach zu urteilen noch aus der Mitte des vergangenen Jahrhunderts stammte. Daneben ein Motorroller der Marke Honda.

Alles war so, wie man sich die Halle eines Hofes vorstellte. Es gab nichts Auffälliges. Kein Detail, das Langlois' Interesse erklärt hätte.

Pierre wandte sich um. Eine Tür rechts vom Eingang weckte seine Aufmerksamkeit. Sie befand sich direkt neben den sanitären Anlagen und trug ein Schild mit der Aufschrift *privée.*

»Hier entlang, Monsieur«, rief der Trüffelbauer, der vor einer Tür auf der linken Seite stehen geblieben war und ihn zu sich winkte.

Sie betraten einen Präsentationsraum, in dem sich der Esstisch und die Küchenzeile befanden, die er von den Fotos auf der Website kannte. Hier fanden also am Ende der Veranstaltungen die Verkostungen statt: aufgeschnittenes Baguette mit Öl, Salz und dicken Trüffelscheiben, dazu getrüffelte Omeletts.

»Wir haben auch eine eigene Manufaktur«, erklärte Marechal, der sich vor einem Regal aufgestellt hatte, in dem sich
Gläser mit in Lake eingelegten Trüffeln, Trüffelbutter, getrüffelter Akazienhonig, *condiment balsamique*, Senf, Öle und vieles
mehr aneinanderreihten. »Möchten Sie etwas davon probieren,
bevor wir beginnen? Sozusagen als Einstimmung. Ist im Preis
enthalten.«

»Sehr gerne«, sagte Pierre. Er hatte gehofft, ebenfalls in den
Genuss einer Verkostung zu kommen, trotz der knapp bemes-
senen Zeit, und war mehr als einverstanden mit diesem unverhofft eingeschobenen Programmpunkt.

Frédéric Marechal nahm ein geöffnetes Glas Trüffelbutter
und eines mit Honig in die Hand, dazu eine Flasche Olivenöl
und ging mit Pierre zu einem Tresen, auf dem bereits ein Holz-
brett mit geschnittenem Baguette und ein Teller standen. Rou-
tiniert füllte er etwas Öl in ein Schälchen.

»Beginnen wir mit dem Trüffelöl«, sagte er und schob Pierre
das Brett mit den frischen Brotscheiben hin. »Das verwendete
Olivenöl stammt von einem Produzenten aus der Gegend, der
neben grün-intensiven und fruchtig-klassischen auch einige
subtile Sorten herstellt, die das Aroma des Trüffels nicht über-
lagern.«

Pierre nahm eine Scheibe Brot und tunkte sie in die Schale.
Biss dann ab. Das Öl war von hoher Qualität, keine Frage, aber
er hatte Mühe, den Trüffel herauszuschmecken.

»Und?«, fragte Frédéric Marechal.

»Gut, ja.« Er überlegte kurz, ob er dem Mann etwas vorma-
chen sollte, um keine Sympathien zu verspielen, aber er entschied sich für die Wahrheit. »Ich habe es mir ehrlich gesagt
etwas intensiver vorgestellt.«

»Ah, dann gehören Sie also zu den Menschen, deren Ge-
schmacksknospen sich nach einer Aromenexplosion sehnen?«

Er lächelte freundlich. Es war ihm nicht anzumerken, ob Pierres Worte ihn gekränkt hatten. »Das hier ist ein authentisches, zum Würzen von Salaten, Pasta oder Fisch hervorragend geeignetes Produkt. Für den Preis bekommen Sie kaum etwas Besseres. Das Problem bei der Verarbeitung von Trüffel ist, dass er nur frisch geerntet sein volles Potenzial entfaltet. Während der Lagerung reduziert sich der Geschmack erheblich, nach etwa zwei Wochen ist er vollständig verloren. In Öl kann man das nur bedingt konservieren, weshalb man mithilfe von Aromen korrigieren muss. Und in diesem Punkt agieren wir äußerst zurückhaltend. Ich bitte Sie nun, ein weiteres Mal zu probieren und dabei auf der Basis Ihrer Geschmackserfahrung zu urteilen, nicht auf der Ihrer Erwartungen.«

Pierre nickte ergeben und tunkte die Baguettescheibe ein weiteres Mal in das Öl. Er schloss die Augen, während er kaute, war ganz konzentriert. Auf einmal wusste er, was der Mann meinte. Der Geschmack war dezent und unaufdringlich. Sanft und rein und dennoch durchzogen von der typisch erdigen Trüffelnote.

»Sehr gut«, sagte er und öffnete die Augen. »Subtil und zugleich präsent.«

»Sehen Sie? Bei den wie Pilze aus dem Boden schießenden Trüffelketten wird das Öl mit den synthetischen Aromastoffen aus Grasse geradezu parfümiert, damit sich der Geschmack in der Flasche den Erwartungen der Konsumenten anpasst. Das hat allerdings wenig mit der Realität zu tun. Wenn Sie also in einem Restaurant Trüffelnudeln essen, die weniger als dreißig Euro kosten, dann können Sie davon ausgehen, dass der intensive Geschmack nicht von den darin enthaltenen Trüffeln kommt. Auch nicht von den aufgehobelten Scheiben, die bei diesem Preis nie und nimmer von der intensiven, delikaten Sorte stammen. Sondern von einem Aromastoff namens Bismethylthiomethan, auch Trüffelsulfid genannt. Eine flüchtige Schwefelverbindung, die aus Flüssiggas gewonnen wird und deren chemische Struktur einer der vielen Substanzen ähnelt, die in den natürlichen Knollen vorkommen.«

Schlagartig war Pierre ernüchtert. So hatte er die Sache noch nie betrachtet. Er musste zugeben, dass er die aromatisierten Produkte immer sehr gemocht hatte. Jedenfalls bevor Charlotte in sein Leben getreten war, die ihre Trüffel immer frisch von einem zertifizierten Produzenten aus Cabrières-d'Avignon kaufte. Der zog seine mit Trüffelsporen besetzten Eichen in einem Gewächshaus und stellte höchste Ansprüche an die Qualität seiner Ware.

Wenn sie einen echten *Tuber Melanosporum* luftdicht verpackt in den Kühlschrank legte, roch trotzdem die ganze Küche danach. Und jedes Ei, das im Behälter mit dem Trüffel lag, nahm das Aroma durch die Schale auf, sodass es zubereitet danach schmeckte.

Neugierig schielte er auf die anderen Produkte. Gespannt auf das Geschmackserlebnis. »Gilt das auch für die Trüffelbutter und den Honig?«

Frédéric Marechal bestrich weitere Weißbrotscheiben. »Nur zu, finden Sie es heraus.«

Pierre griff zu.

Die halb gesalzene Trüffelbutter auf dem Baguette war tatsächlich eine unerwartete Steigerung. Salzige Cremigkeit mit einem Hauch des typischen Trüffelgeschmacks. Dezent, aber eine ausgesprochene Delikatesse. Der Honig bildete einen wundervollen Abschluss dazu. Obwohl Pierre zugestehen musste, dass er hier den Trüffel kaum noch herausschmeckte. Er hätte gerne auch eine Scheibe von dem echten Trüffel gekostet. Einem wie dem, der auf der Website abgebildet war. Aber das war offenbar im Preis nicht inbegriffen.

»Möchten Sie etwas davon kaufen?«, fragte Marechal, ganz Geschäftsmann. »Oder vielleicht von unseren Aufstrichen? Das Pilzmousse ist besonders beliebt bei den Kunden.«

»Später vielleicht.«

»Sie können unsere Produkte auch im Internet bestellen.« Der Trüffelbauer reichte ihm einen Prospekt, den Pierre einsteckte. »Beginnen wir nun mit dem theoretischen Teil des Kurses. Folgen Sie mir bitte ins Büro.«

Pierre war jetzt wieder voll konzentriert. Er war schließlich nicht zum Vergnügen hier. »Ich müsste vorher noch mal kurz zur Toilette.«

»Natürlich, Monsieur Muller. Sie finden sie gleich rechts neben dem Eingang. Ich warte hier auf Sie.«

Pierre betrat die Lagerhalle und sah sich um. Was an diesem Ort könnte Langlois' Interesse geweckt haben? Er ging zu dem ausrangierten Traktor, dessen rote Farbe vom Rost zerfressen war, und betrachtete ihn von allen Seiten, als könne ihm das Fahrzeug das Geheimnis der Halle verraten. Der Motorroller sah nicht viel besser aus, obwohl er neueren Datums war. Die Honda Forza 125 hatte tiefe Kratzer im Lack und war schlammverschmiert, was ein Hinweis auf die Anwesenheit am Tatort sein könnte. Aber einen Grund, hier Fotos für eine eventuelle Erpressung zu machen, vermittelte auch sie ihm nicht.

Pierre gelangte zum Ende des Gebäudes und spähte in einen Raum, in dem – den umherstehenden Kartons zufolge – vermutlich der Versand vorbereitet wurde. Vor einem der Packtische lehnte ein etwa vierjähriger schwarzhaariger Junge und schob ein Spielzeugauto über die Oberfläche. Dabei ahmte er mit flatternden Lippen das Geräusch eines Motors nach. Eine grauhaarige Frau, die ebensolche Korkenzieherlocken trug wie diejenige, die ihn vorhin begrüßt hatte, griff mit faltigen Händen in eine Kiste. Jetzt richtete sie sich auf.

Pierre wich zurück, bevor die beiden ihn bemerkten, und kehrte um, ratlos und enttäuscht, weil er nichts Verdächtiges entdeckt hatte. Als er plötzlich laute Männerstimmen vernahm, die durch die Tür mit der Aufschrift *privée* drangen, ein aufgeregtes Debattieren. Er trat näher und lauschte. Jemand brüllte das Wort *Harragas* durch den Raum, ein anderer antwortete in einer fremden Sprache. Dann wurde die Tür aufgerissen, und ein athletischer Mann mit kurzem dunklem Haar stürmte heraus. Sichtlich aufgebracht und mit pulsierenden Adern an den Schläfen. Sein Körperbau, das stach Pierre sofort ins Auge, glich dem des Arbeiters auf dem Foto.

Hastig trat er einen Schritt zurück.

Der Mann hielt inne und zog die Brauen zusammen. »Was machen Sie hier?«, herrschte er ihn an.

»Ich suche die Toilette.«

»Da sind Sie falsch.« Seine Stimme klang scharf, und er baute sich vor Pierre auf, verschränkte die Arme. »Das Pissoir ist einen Raum weiter.«

»Danke.«

Während die Tür wieder zuschwang, erhaschte Pierre einen Blick auf die abgewetzten Sofas eines Aufenthaltsraumes. In der Mitte standen vier oder fünf Männer, vermutlich ebenfalls maghrebinischer Abstammung, die arabisch sprachen und dabei wild gestikulierten. Und sofort verstummten, als sie ihn bemerkten. Dann fiel die Tür ins Schloss.

Gilbert Langlois' Aufmerksamkeit, dachte Pierre, als er unter den strengen Blicken des Mannes den Waschraum betrat, hat offenbar weniger der Lagerhalle oder dem gelben Gabelstapler gegolten, sondern eher dem auf dem Foto abgebildeten Mann. Und auf den weiteren Bildern, die von der Pinnwand verschwunden waren, waren gewiss die anderen Arbeiter zu sehen, die er soeben gestört hatte.

In der Spiegelscherbe, die über dem Waschbecken angebracht war, betrachtete er sein angespanntes Gesicht, ohne wirklich hinzugucken.

Harragas … Das war arabisch. Eine Ableitung des Wortes *al-harga*, die Verbrennung. Damit bezeichnete man, wie er aus seiner Zeit in Paris wusste, nordafrikanische Migranten aus Algerien, Tunesien und Marokko, die über das Mittelmeer nach Europa gelangten. Meist kamen sie über die Meerenge von Gibraltar nach Spanien, per Schlauchboot, Jetski und sogar mit Surfbrettern und verbrannten ihre Papiere, sobald sie aufgegriffen wurden.

Viele von ihnen arbeiteten illegal in den Gewächshäusern von Almería, unter schlimmsten Bedingungen, andere zogen weiter nach Frankreich. Sie wurden überall gebraucht. In der Gastronomie, auf dem Bau, bei den Lieferdiensten und vor allem in der Landwirtschaft. Kaum ein Bauer kam noch ohne sie aus. Und viele Behörden sahen nicht hin, weil es ohne die Migranten nicht ging.

Ohne Risiko war es trotzdem nicht, sie zu beschäftigen, es genügte eine Anzeige, um jemanden hochgehen zu lassen. Dann drohte eine hohe Geldstrafe, in manchen Fällen sogar Freiheitsentzug.

Erst im vergangenen Herbst, so erinnerte sich Pierre, war ein Bauer bei Toulouse verurteilt worden, weil er illegal Saisonarbeiter beschäftigte. Er hatte sein Haus verkaufen müssen, um die Strafe zu bezahlen. In Nîmes wurden, wie in der Zeitung zu lesen gewesen war, gleich sieben Bauern angeklagt, die sich gemeinsam organisiert hatten. Nördlich von Paris wurde wegen der Beschäftigung Illegaler sogar ein Restaurant geschlossen.

Pierre drehte den Hahn auf und erfrischte sein Gesicht mit kaltem Wasser.

Es war davon auszugehen, dass der Trüffelbauer eines der

Erpressungsopfer gewesen war, mit denen Langlois sein Leben finanzierte. Ein Tatverdächtiger, der einen gewichtigen Beweggrund gehabt hatte, den ehemaligen Polizisten zu beseitigen.

Vielleicht, dachte Pierre, während er den Wasserhahn wieder zudrehte und sein Gesicht mit einem Papiertuch abtrocknete, lag hier bereits der Kern des Falls.

13

Das Büro des Trüffelbauern lag am Ende des Präsentationsraumes hinter einer dunklen Holztür. Es roch nach Bohnerwachs und altem Staub. Der Schreibtisch war voll mit Unterlagen und aufgeschlitzten Briefen. Türmeweise Schriftsätze, selbst auf dem Boden. Charlotte hätte ihre helle Freude gehabt.

»Die Trüffelkunde ist das A und O der Ausbildung«, sagte Frédéric Marechal, nachdem er das Geld für die Unterweisung einkassiert und ohne Rechnung in die Hosentasche gesteckt hatte. Er nahm hinter dem Schreibtisch Platz und wies Pierre den gegenüberliegenden Stuhl zu. »Denn was nützt ein trainierter Hund ... oder in Ihrem Fall eine Ziege, wenn der Besitzer sich nicht mit den Grundlagen der Trüffelsuche auskennt. Und es ist schon ein Unterschied, ob man einen einfachen *Tuber Brumale* findet, einen bitteren *Tuber Mesentericum* oder einen echten *Tuber Melanosporum,* den besten von allen.«

Pierre nickte beflissen.

Marechal schob ein paar Schriftstücke beiseite und legte laminierte Karten auf die Tischplatte, auf denen Trüffelsorten, Pilzgeflechte, Pflanzen und Böden abgebildet waren.

»Bevor Sie losmarschieren, müssen Sie wissen, wo Sie ernten dürfen«, begann er. »Das ist gesetzlich geregelt. Wenn Sie innerhalb von frei zugängigen Bereichen suchen, etwa im Wald oder am Wegesrand, dann ist es von Vorteil, die Zeichen zu erkennen, wo sich möglicherweise ein Trüffelgeflecht befindet. Eines davon sind die sogenannten *brulées,* jene kahlen, ringförmigen Strukturen um einen Stamm, in denen die fadenförmigen Zellen des Myzels andere Pflanzen verdrängt haben.«

Er schob ihm eine Karte hin, die einen solchen Ring zeigte. Ein trockener Boden, wie verbrannt.

Während er erklärte, wie man Trüffelvorkommen auch anhand von sogenannten Zeigerpflanzen in der freien Natur erkannte, fiel Pierres Blick auf ein gerahmtes Bild der Trüffelfarm, das hinter dem Schreibtisch hing und fast die gesamte Wand einnahm. Es war schwarz-weiß und zeigte das Haupthaus, vor dem eine Familie stand. Er kniff die Augen zusammen, um die abgebildeten Personen zu erkennen.

Zwei Erwachsene standen vor der Tür, mit stolz gerecktem Kopf. Neben ihnen ein Hund. Davor zwei Jungen und ein Mädchen, in deren Gesichtern er die Züge von Maurice und Frédéric erkannte.

Er hatte nicht gewusst, dass der Bürgermeister auf dieser Trüffelfarm aufgewachsen war. Hieß es nicht immer, er sei an der südfranzösischen Küste zu Hause gewesen?

»Haben Sie zugehört?«, fragte Frédéric Marechal in diesem Augenblick.

Pierre sah ihn irritiert an. »Ich … ja, natürlich.«

»Dann wiederholen Sie: Anhand welcher Zeigerpflanzen erhält man einen Hinweis auf einen kalkhaltigen, basisch bis pH-neutralen Boden, auf dem Trüffel gut gedeihen?«

»Entschuldigen Sie bitte«, entgegnete Pierre. »Ich habe gerade das Bild bemerkt. Ist das Ihre Trüffelfarm?«

»Ja.«

»Und Sie sind der Junge links auf dem Bild?«

»Nein, das ist mein Bruder, ich bin der Kleinere von uns beiden. Obwohl ich der Ältere bin.«

»Und das Mädchen?«

»Das ist meine Schwester.«

»Dann haben Sie die Farm von Ihren Eltern übernommen?«

Frédéric Marechals Mimik schien für einen Moment einzufrieren. »Ich habe die Farm neu aufgebaut. Viele Jahre nach dem großen Brand.«

»Es hat einen Brand gegeben?«

»Der Sommer damals war sehr trocken«, sagte er mit unbeweglichem Gesicht. »Das Feuer hat bis auf die Lagerhalle mit den Räumen unserer Arbeiter alles verschlungen. Das Haus, die alten Steineichen, unsere gesamte Existenz. Das Einzige, was davon übrig ist, das ist dieses alte Bild. Es ist die Reproduktion eines Fotos. Unser Vater hatte es den Großeltern geschickt. Und nun habe ich es.«

»Der Hof sieht heute beinahe genauso aus wie damals.«

Der Trüffelbauer lächelte nun. »Ich habe alles Geld und meinen Mut zusammengekratzt, um die Plantage neu anzupflanzen und das Haus wieder aufzubauen, von dem nur noch die Grundmauern übrig waren.« In seiner Stimme schwang nun Stolz. »Als ich begann, lag der Boden brach, nichts war mehr da von dem Land, von dem meine Eltern sich eine sichere Zukunft erhofften. Ich habe es wieder zu dem gemacht, was es vorher war. Aus eigener Kraft. Mit Hilfe meiner Arbeiter habe ich die alte Plantage gerodet und jeden einzelnen Baum neu gepflanzt und großgezogen. Das war vor fünfzehn Jahren. Es hat lange gedauert, bis der Boden erneut Trüffel hervorbrachte. Aber jetzt ist es wieder so wie damals.«

»Ihre Eltern müssen sehr stolz auf Sie sein.«

»Sie sind in den Flammen umgekommen.«

Pierre schwieg betroffen. Die Nebelwand hatte sich ein Stück zur Seite bewegt und ein Detail zu Maurice Marechals Vergangenheit gelüftet, das er so nicht erwartet hatte. Es war entsetzlich. Ein Schicksal, das man nicht einmal seinem ärgsten Feind wünschte.

Er konnte das Leid der Kinder nachempfinden, die aus ihrem gewohnten Leben gerissen wurden, plötzlich Waisen waren. Auch wenn es ihm zugegebenermaßen nicht gelang, all das mit Maurice Marechal zu verknüpfen. So als existierten zwei parallele Welten, die er nicht zusammenbrachte. Hier der schicksalsgeprüfte Junge, dort der narzisstische Mann, der ihn von seinem Posten vertreiben wollte.

Frédéric Marechal atmete tief ein und wieder aus. »Wir sollten allmählich fortfahren mit der Unterweisung. Uns bleibt nicht viel mehr als eine Stunde, die sollten wir nutzen.«

Der Trüffelbauer presste die Lippen aufeinander, bis sie nur noch ein Strich waren, und Pierre verzichtete auf weitere Fragen. Hier war eine deutlich spürbare Grenze erreicht. Er durfte sie nicht einreißen, wenn er mehr erfahren wollte. Und das wollte er. Zum Beispiel, wo genau die Arbeiter eingesetzt wurden und ob Marechal am Mittwoch vor neun Tagen mit seinem Stand tatsächlich auf dem Wochenmarkt in Sault gewesen war, wie auf der Homepage angekündigt.

»Sie haben recht«, sagte Pierre. Er zeigte auf die laminierten Karten. »Aber all diese Details über Zeigerpflanzen und Böden … Vielleicht sollten wir besser mit den praktischen Übungen fortfahren. Sonst hat meine Ziege die Fahrt am Ende ganz umsonst gemacht.«

»Also gut.« Abrupt stand Frédéric Marechal auf, sodass sein Stuhl hart über den Steinboden schrammte, und griff nach einer Umhängetasche. »Auf zur *cavage*.«

Sie traten auf den Hof, wo inzwischen zwei braungesichtige Männer leere Kisten von einem Kleinlaster luden. Den Älteren der beiden schätzte Pierre auf etwa siebzig. Er zog beim Gehen das linke Bein nach, und trotzdem wirkte jede seiner Bewegungen dynamisch. In dem jüngeren aber, Pierre stockte kurz der Atem, erkannte er jenen Mann, dem er vorhin in der Halle begegnet war und der ihn wie beiläufig mit finster zusammengezogenen Brauen ansah.

Er ging von der ihn ungeduldig erwartenden Cosima in die Hocke und wehrte ihre Knuffe ab, während seine Aufmerksamkeit ganz den Arbeitern galt.

»Und?«, fragte Marechal heiter, offenbar hatte er keinerlei Probleme mit der Sichtbarkeit der Arbeiter. »Ist alles verkauft?«

»Ja«, antwortete der Ältere. »Das *Géraldine* hat die letzten Trüffel abgenommen. Ich soll dir von der Köchin einen Gruß bestellen. Wenn wir nächsten Freitag noch mal welche liefern können, würde sie die Karte so belassen.«

»Schwer zu sagen, die Saison ist ja eigentlich fast vorbei. Ich rufe sie an, danke, Salah.« Der Trüffelbauer legte die Umhängetasche über die Schulter und wandte sich zu dem Collie-Mischling um, der sie jetzt ungeduldig fiepend umtänzelte, als könne er es nicht abwarten, aufs Feld zu gehen. In aller Ruhe streifte Frédéric Marechal ein Paar schwarze Arbeitshandschuhe über und griff nach einer kleinen Spitzhacke. Dann nickte er Pierre zu.

»Also, auf geht's.«

14

Pierre band Cosima ab und folgte dem Trüffelbauern auf einen steinigen, vom Regen ausgewaschenen Weg, der an ergrünenden Weinreben entlangführte. Der Hund lief vorneweg. Immer wieder sah sich der Collie-Mischling ungeduldig nach seinem Besitzer um, als warte er auf ein Signal.

Ein leichter Wind trieb die am Boden liegenden Blätter vor sich her. Schob eine Wolke fort, die sich vor die Sonne gedrängt hatte. Pierre hob ihr das Gesicht entgegen und genoss die warmen Strahlen auf der Haut. Er fragte sich, wie es wohl wäre, wenn Charlotte jetzt neben ihm ginge, wenn es ein ganz normaler Wochenendnachmittag wäre, an dem sie gemeinsam nach Trüffeln suchten. Sie sollten das unbedingt einmal nachholen, sie unternahmen ohnehin viel zu wenig gemeinsam.

Auch Cosima schien den Spaziergang zu genießen. Sie machte ein paar übermütige Hüpfer und blieb mehrfach stehen, um an einer Pflanze zu zupfen und zu knabbern, sodass Pierre immer ungeduldiger an der Leine zog und sie schließlich mit vorgehaltenen Getreidepellets bestach.

»Wenn Sie Ihre Ziege für die Trüffelsuche trainieren wollen«, erklärte Frédéric Marechal, der sich Pierres Tempo angepasst hatte, »dann tun Sie ein Stückchen Trüffel oder ein mit zu hundert Prozent natürlichem Trüffelöl getränktes Tuch in eines dieser gelben Plastikdinger aus einem Überraschungsei. Die haben oben ein Loch, aus dem der Duft strömt. Das verstecken sie dann, und jedes Mal, wenn die Ziege es findet, erhält sie ein Leckerli. Sie können die Übung allmählich steigern, indem Sie es eingraben.«

Als sie das Steineichenwäldchen erreicht hatten, blieb der Trüffelbauer stehen und pfiff nach seinem Hund, der sich brav zu seinen Füßen hinlegte. Auch Cosima blieb ruhig, sie streckte witternd die Nase in die Luft und legte den Kopf schief.

Mit ausladender Geste wies Frédéric Marechal auf die langen Reihen ordentlich gepflanzter Bäume.

»Das hier ist die Plantage. Sie besteht aus rund sechshundert Steineichen, doch nur ein Bruchteil davon bringen auch Trüffel hervor, obwohl sie alle mit Sporen geimpft worden sind. Dieses Jahr hatten wir mehr Glück als andere Trüffelbauern. Unser Ertrag ist zwar längst nicht mehr so groß wie früher, aber es reicht zum Leben.«

Pierre musste zugeben, dass ihn das präsentierte Grundstück ein wenig enttäuschte. Es war groß, ja, allerdings schien es nicht notwendig, all die Männer aus dem Aufenthaltsraum zur Ernte einzusetzen.

»Wie viele Arbeiter«, fragte er betont beiläufig, »braucht man denn so in der Saison, um all die Trüffel aus dem Boden zu holen?«

Frédéric Marechal sah ihn offen an. »Das hier ist ein Familienbetrieb. Meine Frau arbeitet mit, außerdem ihr Bruder und ihre Eltern. Die beiden Männer haben Sie vorhin gesehen.«

Pierre nickte. Das erklärte, warum er so offen mit ihnen gesprochen hatte. Plötzlich hatte er das ungute Gefühl, sich verrannt zu haben.

Vielleicht waren die Männer in dem Aufenthaltsraum ja auch nur auf der Durchreise und besuchten die Familie. Er musste achtgeben, dass er keine Schublade aufzog und den Blickwinkel vorschnell verengte. Aus Erfahrung wusste er, dass es noch zu früh war, um irgendwelche Schlussfolgerungen zu ziehen. Und dass man an diesem Punkt der Ermittlung alle Optionen offenhalten musste. Noch war alles möglich.

Außerdem gab es noch ein anderes Thema, das ihn brennend interessierte. Im wahrsten Sinne des Wortes. Er musste nur den richtigen Zugang dazu finden.

Er sah sich auf der offen zugänglichen Plantage um. »Haben Sie denn keine Angst vor Trüffeldiebstahl?«

»Doch. Es kommt leider immer wieder vor, dass professionelle Diebe mit ihren Hunden im Morgengrauen die Felder plündern. Wir haben zwar Kameras, die das Treiben aufzeichnen, aber die Polizei konnte die Täter bislang nicht identifizieren.«

»Warum errichten Sie denn keinen Zaun?«

»Weil es die Diebe nicht daran hindert, auf die Plantage zu gelangen. Die haben gutes Werkzeug, mit dem sie in weniger als einer Minute ein Loch hineinschneiden. Es kostet eine Menge Geld, einen Zaun zu ziehen und ihn immer wieder auszubessern, das können wir uns nicht leisten. Anders als die großen Plantagen, wie das *La Maison Plantin* in Puyméras, wo die Wälder inzwischen mit Stacheldrähten und bewaffneten Sicherheitskräften geschützt sind.« Er warf einen Blick auf seine Armbanduhr. »So, jetzt zeige ich Ihnen, worauf es bei der Trüffelsuche ankommt. Lassen Sie Ihre Ziege ruhig los, dann kann sie sich ein bisschen akklimatisieren.«

Pierre machte die Leine ab und sah zu, wie Cosima ein paar vorsichtige Schritte tat.

»Lauf, Jacky«, gab nun auch Frédéric Marechal das Zeichen, und der Collie-Mischling stürmte los.

Aufgeregt umrundete er die Bäume, die Nase dicht am Boden, begann dann an einer Stelle, mit den Pfoten Erde beiseite zu schieben, legte sich schließlich abrupt vor dem Fundort hin und blickte seinen Besitzer an. Sofort hockte sich der Trüffelbauer neben ihn und beförderte mit der Spitzhacke eine schwarze, erdverkrustete Knolle hervor.

»Gut gemacht«, lobte er den Hund und gab ihm ein Leckerli. »Sehen Sie? Das ist das Ziel des Ganzen. Der Hund wittert den Trüffel und zeigt dem Besitzer die Position an.« Er rieb den Trüffel mit einer kleinen Bürste ab und hob ihn prüfend an die Nase, bevor er ihn Pierre reichte. »Hier, riechen Sie mal. Das ist ein *Tuber Melanosporum*, ein sogenannter Périgordtrüffel. Er ist der Eleganteste von allen. Das Kilo kostet momentan rund eintausend Euro. Im Ausland sogar fast das Doppelte. Aber das variiert von Jahr zu Jahr, abhängig von den Erntemengen.«

Pierre atmete den Duft ein. Es roch erdig und nussig und auch etwas muffig, aber mit unverkennbarem Aroma. Ein intensiver, geradezu animalischer Duft. Es war genau das, was ihm vorhin im Verkostungsraum gefehlt hatte.

Unvermittelt wurden Erinnerungen in ihm wach. Bilder von seiner ersten Begegnung mit Trüffeln traten vor sein inneres Auge.

Er war etwa fünfzehn Jahre alt gewesen. Sein Vater Alain hatte ihn mit seiner damaligen Geliebten – einer dunkelhaarigen Schönheit mit dem Namen Juliette oder Violette – in ein exklusives Restaurant geführt, wohl um ihr seine Tugenden als sich kümmernder Vater zu demonstrieren.

Er konnte sich nicht mehr daran erinnern, worüber sie an jenem Abend gesprochen hatten, aber er wusste noch genau, wie skeptisch er die dunklen weiß geäderten Scheiben betrachtete, von denen sein Vater behauptete, sein Sohn habe sie bereits mit der Muttermilch aufgenommen. Dabei waren Trüffel für Pierre bislang Erwachsenenkram gewesen, die er gerne links liegen ließ. Sie gehörten in dieselbe Kategorie wie schwabbelige Austern, die ohnehin nur nach Meerwasser schmeckten, oder die eingelegten Oliven, die es in den Ferien bei Tante Polly gab und die ihm viel zu bitter waren.

Da er sich aber nicht die Blöße geben wollte, schob er die Trüffelscheiben bei jenem Abendessen mit einer Selbstverständlichkeit auf die Gabel, als habe er in seinem bisherigen Leben nichts anderes zu essen bekommen.

»Laut der griechischen Mythologie ist der Trüffel ein Lebenszeichen von Zeus«, erklärte Alain seiner jungen Begleiterin und legte den Arm um ihre Schultern. »Demnach entsteht er, wenn nach einem Herbstregen der Blitz einschlägt. So, wie im übertragenen Sinne bei jenen, die davon kosten.« Seine Hand glitt in Richtung ihres Ausschnittes. »Es heißt«, raunte er zärtlich, »er habe aphrodisische Wirkung.«

Das war der Moment gewesen, an dem der junge Pierre den Nachtisch herbeisehnte.

Seither hatte er einen großen Bogen um die begehrte Knolle gemacht und sie erst wieder für sich entdeckt, als Charlotte ihn neu dafür begeisterte.

Ihren getrüffelten Brie liebte er ganz besonders. Es waren keine profan in die Laibmitte geklemmten Trüffelscheiben, wie sonst üblich. Bei Charlotte wurde die Mitte des Käses – ein cremiger *Brillat-Savarin* aus der Bourgogne oder ein etwas kräftigerer *Coulommiers* – mit einer Mischung aus fein gehobeltem Trüffel, Crème-fraîche, Frischkäse und Fleur de Sel bestrichen und in Frischhaltefolie verpackt zwei Tage gekühlt. Der entstandene Geschmack war sensationell, ein unvergleichliches Erlebnis. Dazu frisches Baguette, mehr brauchte man nicht, um im kulinarischen Himmel zu schweben.

»Herrlich, nicht wahr?«, drang Frédéric Marechals Stimme in seine Gedanken. »Ich kenne kein schöneres Aroma auf der ganzen Welt. Es riecht irgendwie … nach Heimat.«

Der Trüffelbauer schien sich wieder entspannt zu haben. Zufrieden stützte er die Hände in die Hüften und betrachtete die in sauberen Reihen gepflanzten Bäume.

Es war eine vertrauliche Stimmung, die sich zwischen ihnen ausgebreitet hatte. Pierre wagte einen neuen Versuch.

»Hat man je herausgefunden, was die Brandursache war?«

Marechal sah ihn an, sehr ernst. Die Spannung kehrte schlagartig in sein Gesicht zurück. »Mein Vater war ein starker Raucher. Er ist mit der Zigarette in der Hand eingeschlafen.«

»Waren Sie im Haus?«

Er schüttelte den Kopf. »Es waren Ferien. Wir Kinder verbrachten sie bei den Großeltern.«

»Und dann? Was ist damals aus Ihnen und Ihren Geschwistern geworden? Wer hat für Sie gesorgt?«

Jetzt wurde Frédéric Marechal stutzig. »Warum interessiert Sie das so sehr? Überhaupt stellen Sie mir lauter eigenartige Fragen.« Er verschränkte die Arme. »Sie sind gar nicht wegen der Ausbildung der Ziege da, nicht wahr? Und Sie heißen auch nicht Muller. All das Gerede von der Hochzeit und dem ach so dringenden Training. Was wollen Sie wirklich von mir?«

Pierre suchte nach einer Ausrede, doch er war kein guter Lügner und auch nicht berechnend genug, anlasslose Anteilnahme zu heucheln. Schließlich gab er sich geschlagen.

»Sie haben recht, Monsieur, und es tut mir leid, dass ich nicht offen zu Ihnen war. Die Hochzeit findet wirklich bald statt, und ich habe diesen Kurs sehr genossen, nur ich …« Er dachte nach, was besser wäre. So zu tun, als sei er Teil des Ermittlungsteams, oder bei der Wahrheit zu bleiben. Er entschied sich für Letzteres. »Ich bin *Policier*, aber ich bin aus persönlichen Gründen hier. Es geht um Gilbert Langlois, einen alten Bekannten Ihres Bruders. Kennen Sie den Mann?«

Marechals Miene blieb unbewegt. »Was ist mit ihm?«

»Er ist ermordet worden.«

Aufmerksam beobachtete Pierre die Reaktion seines Gegenübers.

Die Mundwinkel des Trüffelbauern zuckten. »Ich habe davon gelesen. In der Zeitung gab es einen Zeugenaufruf der Polizei.«

Pierre hatte Mühe, seine Überraschung zu verbergen. Davon hatte Luc ihm nichts erzählt. »Sein Tod scheint Sie nicht sonderlich zu berühren.«

»Warum sollte er? Ich kannte Langlois ja kaum.«

»Sie hatten keinen Kontakt?«

»Nein.«

Der Trüffelbauer verschränkte die Arme. Zusammen mit den düster zusammengezogenen Brauen bekam die Geste etwas Mahnendes.

Pierres Gedanken rasten. Das Gespräch drohte zu kippen. Gleich würde Frédéric Marechal ihn von seinem Grundstück jagen. Er hatte nur diese eine Chance, ihn dazu zu bewegen, seine Geschichte weiterzuerzählen. Was nur gelingen konnte, wenn er dem möglichen Täter Ermittlerwissen präsentierte und ihn damit vorwarnte. Aber er musste es riskieren, es blieb ihm gar nichts anderes übrig.

»Gilbert Langlois hat Ihren Hof observiert und Fotos davon gemacht. Haben Sie eine Idee, warum?«

Die Miene des Trüffelbauern war nun wieder regungslos. So als ginge ihn das Ganze nichts an. »Das ist mir neu.«

»Langlois hat seinen Lebensunterhalt damit verdient, andere zu erpressen, und ich glaube, dass auch Sie sein Opfer wurden. Jemand wollte die Beweise aus der Wohnung des Ermordeten entfernen, dabei ist dieses Foto heruntergefallen.« Pierre hielt seinem Gegenüber die Aufnahme auf seinem Mobiltelefon hin. »Das ist der Bruder Ihrer Frau, nicht wahr?«

»Ja.«

»Wie ist sein Name?«

»Aziz. Aziz Bensaid.« Frédéric Marechal sah ihn überrascht an. »Was soll dieses Foto denn aussagen? So eines können Sie auf meinem Hof täglich machen, wieso sollte man mich damit erpressen?«

»Sie haben recht«, musste Pierre zugeben, das war der Haken an der Sache. »Das Foto an sich scheint keine Brisanz zu haben. Aber es hing an Gilbert Langlois' Pinnwand. Dort, wo er auch andere Aufnahmen befestigt hatte, mit denen er etwas dokumentieren wollte. Manchmal schoss er die Bilder wohl nur auf Verdacht. Aber er biss sich fest. So lange, bis er etwas fand. Und dann schlug er zu.«

Er hielt inne und beobachtete die Mimik seines Gegenübers. Der Trüffelbauer sah jetzt auf die Uhr, offenbar in Gedanken schon bei seinem nächsten Termin. Dann glitt sein Blick über die Plantage mit den gleichmäßig gepflanzten Eichen bis zu dem Weg, der zurück zum Hof führte.

Er hatte die Sache mit der Pinnwand und den Fotos besonders betont, um eine Reaktion zu provozieren, die jedoch ausblieb. Vielleicht war Frédéric Marechal auch einfach nur ein guter Schauspieler.

»Ich habe mich gefragt«, fuhr Pierre fort, dabei wurde er energischer, »warum Langlois die Szene aufgenommen und an die Pinnwand gehängt hat. Und warum es dem Täter so wichtig war, das Bild von dort zu entfernen.«

»Ich habe keine Ahnung.« Unwirsch schnalzte Marechal mit der Zunge. Jetzt sah er ihn wieder an. »Was soll das alles? Ich dachte, Sie sind aus persönlichen Gründen hier?«

»Das stimmt«, sagte Pierre. »Aber ich bin auch Polizist. Und als solcher bitte ich Sie, mir meine Fragen zu beantworten.«

»Was passiert denn, wenn ich das nicht tue?« Die Augen des Trüffelbauern waren jetzt ganz dunkel.

»Dann komme ich wieder, mit meinen Kollegen, und die sind vielleicht nicht ganz so freundlich wie ich. Es wäre einfacher, Sie kooperieren. In Ihrem eigenen Interesse.«

Demonstrativ verschränkte Pierre die Arme. Es war ein Schuss ins Blaue. Möglich, dass die Erpressbarkeit des Trüffelbauern nichts weiter als haltlose Spekulation war. Wenn aber auch nur ein Hauch richtig war an seinen Vermutungen, dann hatte der Mann etwas zu verbergen und wollte gewiss keine weiteren Polizisten auf dem Hof haben.

Marechal schwieg tatsächlich mit ergebenem Blick und kaute auf der Unterlippe, offenbar unschlüssig, was er tun sollte. Sein Hund legte sich ihm zu Füßen, und er beugte sich hinab, um ihm das Fell zu kraulen. Endlich richtete er sich wieder auf.

»Erst zeigen Sie mir Ihren Dienstausweis«, sagte er tonlos.

Pierre kramte ihn aus der Jackentasche und hielt dem Trüffelbauern die Karte hin. Der studierte sie eingehend.

»Sie kommen aus Sainte-Valérie? Ist Langlois etwa dort ermordet worden?«

»In der Nähe, ja. Er ist im vergangenen Herbst hingezogen. Wussten Sie das nicht?«

Frédéric Marechal schüttelte den Kopf.

»Wo waren Sie am Mittwoch, dem achten März?«

»Da war ich in Sault«, kam es ohne Nachdenken, »gemeinsam mit meinem Schwager Aziz. Ich habe ganzjährig einen Stand auf dem Wochenmarkt, wir verkaufen dort unsere Trüffelprodukte. Den restlichen Tag haben wir mit dem Verpacken von Online-Bestellungen verbracht, dafür gibt es Zeugen.«

Das Alibi war ohne Überprüfung nicht viel wert. Pierre machte sich eine gedankliche Notiz. Er würde Luc bitten, das zu übernehmen. Gleiches galt für das Alibi von Aziz Bensaid, der schließlich die Hauptperson auf dem Bild war und vielleicht ganz eigene Motive hatte.

Abgesehen davon gab es eine weitere Person im Spiel, die ein wenig in den Hintergrund geraten war: der Bürgermeister von Sainte-Valérie, Frédéric Marechals möglicher Komplize.

»Wann haben Sie Ihren Bruder zuletzt gesehen?«, fragte er eindringlich.

»Maurice? Was hat der denn damit zu tun?« Der Trüffelbauer lachte auf, es klang regelrecht verbittert.

»Sagen Sie es mir.«

»Da sind Sie bei mir an der falschen Adresse, zu dem habe ich schon seit Jahren keinen Kontakt mehr.«

Es hatte glaubhaft geklungen, dennoch hakte Pierre nach. »Warum nicht?«

»Wir hatten eine heftige Auseinandersetzung, bei der es ziemlich ... nun ja ... ruppig zuging. Maurice schämt sich nämlich seiner ärmlichen Vergangenheit.«

»Ärmlich? Ihr Bruder hat mal etwas von einer Villa am *Cap Canaille* bei Cassis erwähnt.«

Frédéric Marechal lachte erneut auf, dieses Mal klang es wütend. »Ja, genau das meine ich. Maurice will Menschen wie seinem Schwiegervater und dessen hübscher Tochter gefallen. Er will dazugehören, Teil dieses exklusiven Zirkels der Hochwohlgeborenen sein. Er will nicht akzeptieren, dass er aus einer Familie von *Pieds Noirs* stammt, den Verstoßenen und Ausgegrenzten, wie er meint. Das stört ihn beim Glänzen.«

»Ihre Eltern waren Algerienfranzosen?« Jetzt war Pierre wirklich baff.

»Ja, so ist es. Maurice ist seine Herkunft peinlich. *Ich* bin ihm peinlich. Und das habe ich natürlich nicht auf mir sitzen lassen. Darum ist es in unserem Streit gegangen. So, jetzt wissen Sie es!«

Der Trüffelbauer sah an ihm vorbei, mit zusammengezogenen Brauen, als habe er nun wieder die Szene vor Augen, als es »ruppig zuging«. Die Kränkung war spürbar, und Pierre ließ den Gedanken an einen Zusammenschluss der Brüder schweren Herzens fallen. Was jedoch nichts daran änderte, dass er mehr über diesen Bruderzwist erfahren wollte.

»Warum sind Sie ihm peinlich?«, fragte er. »Sie haben Enormes geleistet mit dem Wiederaufbau des Hofs. Er könnte stolz auf Sie sein.«

Frédéric Marechal wirkte im ersten Moment überrascht, dann zuckte er mit den Schultern. »Weil ich nichts Schlimmes daran finde, der Sohn eines Bauern zu sein. Das ist Familientradition. Schon unsere Vorfahren, die vor gut hundertsiebzig Jahren nach Algerien gekommen sind, waren welche. Sie haben in Tiaret Weizenfelder angelegt, nachdem die Besatzungsarmee die einheimischen Bauern verdrängt hatte.« Er war sehr ernst geworden. »Der Blick auf unsere Ahnen ist nicht gerade schmeichelhaft, das gebe ich zu. Algerien ist damals nur mit Gewalt französisch geworden, es war ein grausamer Eroberungskrieg, der viele Jahrzehnte dauerte. Das Militär hat jeden vernichtet, der nicht wie ein Hund vor ihren Füßen kroch. Ganze Dörfer wurden geplündert, Frauen vergewaltigt, Land enteignet und neu verteilt. Die politische Ordnung wurde dem Pariser Innenministerium unterstellt. Während alle im Land lebenden Europäer der französischen Rechtsprechung unterstanden, gab es für die Algerier ein sogenanntes Eingeborenenstrafrecht, das völlig willkürlich eingesetzt wurde. Körperliche Züchtigung, Zwangsarbeit, Entzug von Besitz ... Meine Frau ist Algerierin, ihre Familie kann ein Lied davon singen.«

»Das ist ein sehr dunkles Kapitel in der Geschichte Frankreichs«, stimmte Pierre zu.

»Allerdings.« Der Trüffelbauer streckte sich und rieb sich den Nacken. »Ich könnte Ihnen noch viel mehr über die systematische Ausbeutung erzählen, über die Demütigungen und die zahllosen anderen Ungerechtigkeiten, die dazu geführt haben, dass die Algerier sich nach Unabhängigkeit sehnten, aber das führt jetzt zu weit. Mein Vater jedenfalls hat sich für all das geschämt, als wäre er, damals noch ein Kind, ein Verantwortlicher. Dass er nach dem Ende des Krieges mit seinen Eltern unter Lebensgefahr nach Frankreich fliehen musste, empfand er als gerechte Strafe, was zugegebenermaßen etwas Masochistisches hatte. Er war ein sehr schuldbehafteter Mann. Maurice konnte das nie ertragen. Das Elend, das uns anhaftete, war ihm zuwider.«

»Wenn die Geschichte von der Villa am *Cap Canaille* nicht stimmt, wo haben Sie dann nach dem Brand gelebt?«

»In einem Wohnblock von Carnoux-en-Provence.«

»Carnoux-en-Provence?« Pierre hatte noch nie von diesem Ort gehört.

»Eine Retortenstadt. Sie liegt rund sieben Kilometer vor Cassis im Landesinneren. Es war alles andere als luxuriös. Die Wohnung gehörte unseren Großeltern, es war unsere einzige Zuflucht. Fünf Personen auf fünfundvierzig Quadratmetern. Wir haben uns durchgeschlagen, mehr schlecht als recht.« Eine Haarsträhne fiel ihm ins Gesicht, und er schob sie zurück. »Maurice wollte immer etwas Besseres sein. Aber die Vergangenheit lässt sich nicht so einfach abstreifen wie ein alter Mantel. Man trägt sie immer mit sich, auch wenn man sie noch so gut mit einem neuen, hübscheren Mantel überdeckt.« Sein Blick wanderte über die Eichenplantage. »Ich weiß, wovon ich spreche. Man muss sich mit der Vergangenheit aussöhnen, um nach vorne schauen zu können.«

Pierre nickte, während er den Namen des Ortes stumm nachsprach.

Carnoux-en-Provence …

»Sehen Sie nur!«, rief der Trüffelbauer plötzlich. Er deutete auf einen Punkt hinter Pierre. »Ihre Ziege hat etwas gefunden.«

Er eilte zu Cosima, die mit den Hufen den Boden aufkratzte. Just in dem Moment, als die kleine Ziege die Zähnchen vorstreckte, lenkte Frédéric Marechal sie mit einem Getreidepellet ab. Dann fuhr er vorsichtig mit der Hacke in die aufgewühlte Erde.

»Unglaublich!«, rief er aus und hielt eine Trüffelknolle in die Höhe. »Das kann eigentlich nicht sein, so schnell lernen nicht einmal gut trainierte Hunde. Woher haben Sie die Ziege?«

»Sie war schon da, als ich den Hof gekauft habe.«

»Gratuliere. Wenn ich richtig liege, dann hat der Vorbesitzer sie bereits konditioniert.« Marechals Gesicht verzog sich unvermittelt zu einem Lachen. »Sie haben die Ziege mitgenommen, nur um einen Anlass zu haben, mir ein paar Fragen zu stellen? Das arme Tier, was für ein Aufwand.«

Nun musste auch Pierre schmunzeln. »Es hat auch was Gutes. Ohne den Ausflug wäre ihr besonderes Talent wohl nie entdeckt worden.«

»Das stimmt.« Der Trüffelbauer hielt ihm die schwarze Knolle hin. »Hier, nehmen Sie sie. Es ist schließlich Cosimas Fund.«

Pierre zögerte. Das Aroma drang ihm in die Nase, und das Wasser lief ihm im Mund zusammen. Aber er konnte den Trüffel nicht annehmen, nicht ohne eine Gegenleistung.

»Ich möchte dafür bezahlen«, sagte er fest. Und war dann doch froh, als Frédéric Marechal ihm einen besonders guten Preis nannte.

Als die Ziege wieder in den Wagen verfrachtet war, schrieb Pierre Charlotte rasch eine Nachricht.

Du glaubst nicht, was unsere Cosima für unentdeckte Fähigkeiten
hat. Sie hat doch tatsächlich einen Trüffel gefunden! Ich bringe ihn
später mit. Vielleicht hast du ja eine schöne Idee zur Verwendung.
Bisou, Pierre

Das kostbare Stück wickelte er in ein Papiertaschentuch und
legte es ins Handschuhfach, wo es nicht Gefahr lief, den
Wagengerüchen ausgesetzt zu sein. Dann setzte er sich hinters Lenkrad.

»Ich ahne übrigens, was Sie meinten, als Sie sagten, Sie hätten persönliche Gründe für Ihren Besuch«, bemerkte Marechal, der noch einmal an den Wagen trat, um Pierre zu verabschieden. »Es sind auch Fotos von Ihnen auf der Pinnwand,
habe ich recht? Und nun versuchen Sie, sich reinzuwaschen.«

Bevor Pierre seinem Schreck Ausdruck verleihen konnte,
trat der Trüffelbauer zurück, mit einem Blick, als könne er kein
Wässerchen trüben. Dann begrüßte er einen Kunden, der in
diesem Moment auf den Hof fuhr.

»*Touché*«, flüsterte Pierre, dem keine Gelegenheit mehr blieb,
darauf etwas zu entgegnen. Aber was hätte er dazu auch sagen
sollen?

15

Es war halb vier, als der Kastenwagen mit lautem Knattern und Röcheln vom Trüffelhof rollte. Pierre fuhr vorsichtig, um Cosima nicht zu sehr durchzuschütteln, doch die Ziege schien sich mit ihrer Situation abgefunden zu haben. Neugierig reckte sie den Kopf und betrachtete die vorbeiziehende graugrüne Garriguelandschaft, die vielen überholenden Autos, während sie die Erschütterungen der Straße heldenhaft ausbalancierte.

Pierre konzentrierte sich wieder auf die Fahrbahn. Mit den Gedanken war er noch immer bei Frédéric Marechals letztem Satz.

Er hatte vorwitzig geklungen, so als wäre er über die Pinnwand im Bilde. Ob er sich zu sicher fühlte, weil er nicht wusste, dass er, Pierre, die *Harragas* im Aufenthaltsraum gesehen hatte?

Wenn er noch Teil des Ermittlerteams wäre, dann wäre jetzt seine erste Handlung, den *Commissaire* vom Verdacht der Beschäftigung Illegaler zu informieren. Darüber hinaus gab es noch mehr Dinge auf dieser Trüffelfarm mit Online-Versand, die eine Überprüfung wert wären. Beispielsweise die Frage nach der Echtheit der verkauften Produkte.

Das Geschäft mit falschen Trüffeln war sehr lukrativ, die Nachfrage weit größer als das Angebot. Minderwertige Ware kam nicht nur aus China, dessen gummiartige Knollen den französischen Markt überschwemmten. Auch bulgarische Ware, die weder Geruch noch Geschmack hatte, wurde unter die hochwertigen Périgordtrüffel gemischt, und es fiel kaum auf, weil sie deren Duft annahmen.

Zwischen der Côte d'Azur und dem Mont Ventoux hatte sich längst eine gut organisierte mafiöse Struktur ausgebildet, die von dem kulinarischen Goldrausch profitierte. Die Polizei setzte dafür mittlerweile sogar eine Sonderkommission ein, die den Betrügern mit Gentests auf die Spur kommen sollte.

War auch Frédéric Marechal einer von diesen Betrügern? Gut möglich, dass das der Grund für Gilbert Langlois' Aufmerksamkeit gewesen war. So spekulativ war die Sache nicht. Schließlich hatte sein Besuch auf dem Hof nicht lange genug gedauert, um sich einen richtigen Überblick zu verschaffen.

Und welche Rolle spielte Aziz Bensaid?

Mit dem Trüffelbauern und seinem Schwager war die Zahl der möglichen Täter um zwei Personen gestiegen. Didier Carbonne, den die *Lieutenante* sogar über Nacht in Cavaillon behalten hatte, kam alleine aufgrund seiner zittrigen Hände als Mörder nicht infrage. Abgesehen davon traute er es dem Alten auch nicht zu, auf eine solch brutale Art zu töten.

Und dann gab es da noch die Personen auf der Liste aus der Geldkassette, von denen er nicht einen einzigen Namen kannte. Er wusste nur, dass Frédéric Marechal nicht darauf stand. Ebenso wenig wie sein Bruder Maurice.

Die holperige Straße mündete in eine frisch asphaltierte, jetzt fuhr der Wagen ohne Scheppern über das weite, bunt gesprenkelte Grün des Plateaus.

Pierres Gedanken wanderten zu der Unterhaltung auf der Plantage, er war regelrecht erschlagen von den Informationen, die aus Frédéric Marechal hervorgesprudelt waren.

Er hatte auf der Suche nach dem Täter ja mit so einigem gerechnet. Aber dass jetzt Maurice Marechals dramatische Kindheit vor ihm ausgebreitet lag, behagte ihm gar nicht.

Der arrogante Bürgermeister hatte als Waisenkind, das mit seinen Geschwistern in Armut bei den Großeltern aufgewachsen war und das verzweifelt versucht hatte, dem Elend mit Geschichten über eine gutbürgerliche Kindheit in einer Villa am Meer zu entfliehen, auf einmal eine sehr menschliche Seite bekommen.

»Ich kenne sein wahres Gesicht«, hatte Pierre gestern noch zu Robert Lechat gesagt. Dabei war das ein Irrtum. Was er zu kennen glaubte, war nur die Spitze des Eisberges. Hinter der Rüstung aus Selbstherrlichkeit steckte ein vom Tod der Eltern überraschter Junge, der sich weigerte zurückzublicken. Der sich stattdessen eine neue Welt erschuf, um die alte nicht mehr spüren zu müssen. Maurice Marechal hatte seine Vergangenheit mit einem Zuckerglanz überzogen, weil er die Realität nicht aushielt.

Nun denn, seine Bemühungen waren erfolgreich gewesen. Seine Frau Elodie hatte ihn in jene Welt katapultiert, der anzugehören er vorgegeben hatte. Und niemand würde je darauf kommen, dass es anders war, als von ihm dargestellt. Die Frage war nur, ob das Erreichte auch stabil und wetterfest war.

Pierre erinnerte sich an das, was Gisèle, die Empfangsdame der *mairie,* ihm am Telefon gesagt hatte. Monsieur Pannetier besitze einen gewissen Standesdünkel, der angeblich auch seiner Tochter anhing. Das hatte sich auf die Freundschaft mit Gilbert Langlois bezogen. Nun fragte sich Pierre, ob das nicht auch für Maurice Marechals Herkunft galt.

Auf einmal tat ihm der Bürgermeister leid. Es kam ganz unverhofft, damit hatte er nicht gerechnet. Aber plötzlich sah er die Zwänge, unter denen der Mann stand. All der Glanz, den er nach außen kehrte, all das zur Schau gestellte Familienglück. Die Pannetiers waren ein Steigbügel für sein neues Leben gewesen. Aber mit ihnen konnte Maurice Marechal nie er selbst sein. Sondern immer nur die Figur, die er darstellte.

Wahrscheinlich fiel es ihm nicht einmal auf.

Der Bürgermeister bot ein enormes Angriffspotenzial. Eigentlich unvorstellbar, dass jemand wie Gilbert Langlois ihn vom Haken gelassen hatte. Ausgerechnet die Person, die ihr Versprechen, ihn auf den Posten des *Chef de police municipale* zu hieven, nicht eingelöst hatte.

Commissaire Lechat hatte ihm berichtet, dass die ehemaligen Kollegen Langlois den Spitznamen Pitbull gegeben hatten, weil er nie lockerließ. Der Mann habe nur noch eines im Sinn gehabt: sich an Maurice Marechal zu rächen. Ebenso, wie an ihm, seinem ärgsten Kontrahenten.

Pierre blies die Luft aus. So interessant dieser Gedanke auch war, er lief ins Leere. Der Bürgermeister konnte nicht der Mörder gewesen sein und er hatte sich auch nicht mit seinem Bruder Frédéric zusammengetan, so viel stand fest. So sehr er sich auch dagegen sträuben mochte. Es war, wie es war, und er würde wohl weiter mit ihm als Vorgesetzten auskommen müssen. Besser, er fand sich damit ab.

Eine Sache interessierte ihn aber doch noch, eine allerletzte. Und er kannte nur eine Person, die ihm darauf eine Antwort geben konnte.

Als die Straße in gerader Linie über das Plateau führte, vorbei an erblühendem Raps und grünenden Lavendelbüschen, rief Pierre Gisèle an. Die Empfangsdame war sofort am Apparat.

»Monsieur Durand, wie geht es Ihnen? Genießen Sie Ihre freie Zeit?«

»Danke, aber ich würde lieber normal arbeiten.«

»Sie müssen das positiv sehen. So haben Sie und Ihre Charlotte mehr Zeit für die Hochzeitsvorbereitungen. Wann ist es denn eigentlich so weit? Ich habe noch gar keine Einladung erhalten.« Es klang ein bisschen vorwurfsvoll.

»Anfang Mai. Ich glaube, am fünften oder sechsten. Sie sind natürlich eingeladen, die Karten gehen demnächst raus.«

»Na, da bin ich aber froh.« Gisèle lachte und wirkte tatsächlich erleichtert. »Ich dachte, Sie haben mich vergessen. Wissen Sie denn schon, wo Sie feiern?«

»Nein«, sagte Pierre gedehnt.

»Eigenartig, das passt gar nicht zu Charlotte. Sie plant ja gerne lange im Voraus. Ist etwas dazwischengekommen?«

»Wir haben noch nicht endgültig entschieden, wo wir feiern.«

»Na, dann wird es aber Zeit. Im Mai kommen ja wieder die Touristen, und da sind die Restaurants schnell mal ausgebucht.«

Pierre atmete laut aus. »Danke für den Hinweis, aber deshalb rufe ich nicht an. Ich musste an Ihre Worte von neulich denken, als Sie erwähnten, dass Elodie Marechal eine geborene Pannetier sei. Sie sagten, die Familie habe … Standesdünkel.«

»So ist es. Das äußere Erscheinungsbild ist ihnen sehr wichtig.«

»Ich habe gerade erfahren«, sagte Pierre, »dass die Familie unseres Bürgermeisters vor dem Algerienkrieg in Tiaret gelebt hat und aufs französische Festland fliehen musste. Und dass er nach einem Hausbrand in ärmlichen Verhältnissen aufgewachsen ist. Das widerspricht seiner eigenen Darstellung. Glauben Sie, dass eine Enthüllung dieser Tatsache für die Pannetiers ein Problem sein könnte?«

»Die Marechals stammen aus Algerien?«

Sie schwieg lange. Gerade, als Pierre dachte, die Verbindung sei unterbrochen, fuhr sie fort.

»Nein, ich kann mir nicht vorstellen, dass das ein Problem wäre. Obwohl Thierry Pannetier nicht besonders gut auf die *Pieds Noirs* zu sprechen ist.«

»Warum das?«

»Wir haben uns mal lange darüber unterhalten. Es gibt unter den Opfern des Algerienkrieges einen Streit um den Gedenktag. Die Veteranen feiern ihn am neunzehnten März, also übermorgen. An dem Tag wurde neunzehnhundertzweiundsechzig der Waffenstillstand verkündet, nach fast acht Jahre dauerndem Kampf der Algerier um die Unabhängigkeit. Monsieur Pannetier ist das Andenken daran wichtig, er ist damals als junger Wehrpflichtiger eingezogen worden und hat, wie man hört, Schlimmes erlebt. Die *Pieds Noirs* hingegen torpedieren das Gedenken. Für sie hat das Leid mit dem Waffenstillstand erst so richtig angefangen.«

»Thierry Pannetier war im Algerienkrieg?«, rief Pierre erstaunt aus. Er erinnerte sich an das Hochzeitsbild, das im Hause der Marechals stand. Pannetier als stolzer Schwiegervater, sichtlich älter als seine Frau. Er musste jetzt Ende siebzig, Anfang achtzig sein.

»So, wie die meisten Franzosen in seinem Alter«, lautete Gisèles Antwort. »Es war ja damals verboten, den Dienst zu verweigern. In fast allen Familien gibt es einen ehemaligen Wehrpflichtigen oder Berufssoldaten, der in Algerien gedient hat. Nur reden die wenigsten darüber. Im Gegensatz zur Résistance. Da wollte auf einmal jeder im Widerstand gegen die deutsche Wehrmacht gewesen sein.«

Pierre nickte. Er selbst hatte nur wenige Berührungspunkte mit dieser Vergangenheit. Sein Vater war damals noch zu jung gewesen, um eingezogen zu werden. Aber er hätte sicher eine Möglichkeit gefunden, dieser Pflicht zu entgehen, wie viele Pariser Intellektuelle jener Zeit. Obwohl man damals als Kriegsdienstverweigerer vor Gericht gestellt worden war.

Der Algerienkrieg lebte in Pierres Erinnerungen vor allem als Foto der Friedensbewegung. Sein Vater als Jugendlicher mit glatt zurückgekämmtem Haar, der am 8. Februar 1962 mit zwanzigtausend anderen Kriegsgegnern für ein Ende der Kampfhandlungen auf die Straße gegangen war. Eine Demonstration, die auf Anordnung des Polizeipräfekten gewaltsam beendet wurde. Ebenso wie die friedliche Demonstration der in den Vorstädten lebenden Algerier vier Monate zuvor, die hunderte Opfer forderte und als Massaker von Paris in die Geschichte eingehen sollte.

Pierre dachte an die Diskussionen um das koloniale Erbe, die die Nation mehr als sechzig Jahre danach noch immer spalteten. Der Krieg um die Unabhängigkeit hatte Hunderttausende Menschenleben auf algerischer und mehrere Zehntausend auf französischer Seite gefordert, wobei die erfassten Zahlen stark schwankten. Es war wichtig, endlich darüber zu reden.

Jahrzehntelang hatte man all das totgeschwiegen, weil die Politik den Schleier des Vergessens über das unrühmliche Ende von Frankreichs mehr als hundertzwanzigjähriger kolonialer Vergangenheit breiten wollte.

Der Krieg galt als nicht existent, historische Realitäten wurden verleugnet. Den Einsatz der Soldaten nannte man »Maßnahmen zur Aufrechterhaltung der Ordnung«, Algerien sei lediglich befriedet worden, hieß es. Bis die Nationalversammlung 1999 in einem einhelligen Votum dafür gestimmt hatte, das Kind beim Namen zu nennen. In der Hoffnung, die Angelegenheit endlich abzuschließen, damit die gärende Wunde verheilen konnte.

»Maurice Marechal wollte das alles hinter sich lassen«, sagte Pierre in die entstandene Stille hinein.

»Was ihm nicht zu verdenken ist. Das Thema ist hoch emotional. Aber um noch einmal auf Ihre Frage zurückzukommen: Selbst wenn Thierry Pannetier die Sache mit der algerischen Herkunft doch nicht auf die leichte Schulter nehmen würde, von seiner Frau hätte unser Bürgermeister gewiss nichts zu befürchten. Elodie Marechal ist eine äußerst angenehme Person.«

»Madame Marechal erzählte mir, dass sie Madame Levy im Burgmuseum hilft«, sagte Pierre. »Was genau macht sie denn dort?« Die Frage brannte ihm schon die ganze Zeit auf der Zunge.

»Sie engagiert sich ehrenamtlich, wussten Sie das nicht? Als Präsidentin des Freundeskreises der Burg beaufsichtigt sie ein Projekt, bei dem die unterirdischen Gewölbe freigelegt werden sollen. Sie planen sogar ein Café mit Aussicht. Der Antrag ist vergangene Woche im Gemeinderat durchgegangen.« Die Empfangsdame klang jetzt richtiggehend begeistert. »Die Finanzierung steht. Madame Marechal tritt damit ganz in die Fußstapfen ihres Vaters.«

»Danke, Gisèle« sagte Pierre. »Sie haben mir sehr geholfen.«

»Immer gerne. Und wenn Sie mehr über Monsieur Pannetier erfahren wollen, fragen Sie einfach Didier Carbonne.«

»Unseren Uhrmacher? Was hat der denn mit ihm zu tun?«

»Er ist ebenfalls Algerienveteran und Mitglied des Verbandes, der FNACA. Die beiden kennen sich recht gut. Monsieur Pannetier war früher einer von Didier Carbonnes besten Kunden. Er hat etliche Uhren bei ihm gekauft.«

Carbonne und Pannetier?

Pierre bedankte sich und legte auf. Er wusste nicht, wie er diese unerwartete Information einordnen sollte.

Ein Hinweisschild tauchte vor ihm auf, noch drei Kilometer bis Mazan. Pierre sah auf die Uhr, es war zwanzig vor vier. Er hatte Hunger und konnte etwas zu essen vertragen. Und wenn er schon einmal da war, konnte er sich auch gleich ein Bild von Gilbert Langlois' damaligen Leben machen. Für einen Moment durfte er Cosima sicher alleine lassen.

Allerdings müsste er dazu wissen, wo genau der ehemalige Polizist gewohnt hatte.

Kurzentschlossen wählte er die Nummer der Polizeiwache.

Penelopes fröhliche Stimme drang durch den Hörer. »Na, Pierre, genießt du deinen freien Tag?«

Er seufzte. Das waren in etwa die Worte, mit denen Gisèle ihn zuvor begrüßt hatte. Fehlte nur, dass sie ihn ebenfalls nach den Hochzeitsvorbereitungen fragte.

»Ähm, danke«, kam er ihr zuvor. »Und bevor du weiterfragst: Ja, du bist auch eingeladen und nein, Charlotte und ich wissen noch nicht, wo wir feiern.«

Eine kurze Stille trat ein. »Fein, ich freue mich. Rufst du deshalb an?«

»Nein«, Pierre räusperte sich. »Ist Luc da?«

»Der bespricht sich gerade mit *Lieutenante* Fenech. Kann ich dir vielleicht weiterhelfen?«

Pierre unterdrückte ein Seufzen. Wie gerne wäre er jetzt auch im Team. »Könntest du bitte die Adresse herausfinden, unter der Langlois in Mazan vor seinem Umzug nach Sainte-Valérie gemeldet war?«

»Ich dachte, du bist raus?«

»Bin ich auch«, sagte er hastig. »Es interessiert mich trotzdem.«

»Warum wundert mich das nicht?« Aus ihrer Stimme klang ein Lächeln. Im Hintergrund ertönte das Klackern der Tastatur. »Bleibst du dran?«

»Klar.«

Pierre aktivierte den Lautsprecher seines Mobiltelefons und legte es in die Schale der Mittelkonsole, während er den Wagen behutsam durch die Kurven steuerte.

Im Rückspiegel sah er den Kopf der Ziege hin und her schwingen, als bewegte sie ihn im Takt einer Melodie. Cosima wirkte irgendwie glücklich, fand er.

Plötzlich bemerkte Pierre, dass hinter ihm ein Wagen fuhr, der konstant einen Abstand von mehreren hundert Metern hielt. Immer gerade so in Sichtweite. Er warf einen Blick auf den Tacho, siebzig Kilometer pro Stunde. Welcher Idiot passte sich diesem Schneckentempo an?

Pierre gab Gas. Der Wagen ebenfalls. Er verlangsamte das Tempo auf sechzig, der Abstand blieb derselbe.

Ihm fiel das Auto ein, das ihm bereits bei der Trüffelfarm aufgefallen war. Ein dunkelgrüner Renault Megane, der das Tempo verlangsamt hatte, als er die Lagerhalle passierte, um gleich darauf wieder zu beschleunigen. Hatte sich etwa jemand auf seine Spur gesetzt?

Jetzt gabelte sich die Straße. Links ging es nach Mazan, rechts in Richtung Luberon. Kurzentschlossen schlug Pierre den rechten Weg ein. Nach hundert Metern bremste er abrupt ab und lenkte den Wagen auf einen Feldweg, sodass der überrumpelte Verfolger ihn auf der Hauptstraße passierte. Es war derselbe dunkelgrüne Wagen! Im Vorbeifahren hatte Pierre die Schirmmütze des Fahrers erkannt.

»Was zur Hölle ...?«

Sein Herz begann zu rasen, trommelte heftig gegen die Brust. Es konnte nur bedeuten, dass er jemandem mit seinen Fragen auf die Füße getreten war. Nur wem? Frédéric Marechal?

Hastig schaltete Pierre in den Rückwärtsgang und setzte rasant zurück, wobei das Telefon von der Mittelkonsole in den Fußraum rutschte, mitsamt dem Futterbeutel, der Plastikschale und der Wasserflasche.

Cosima kreischte entsetzt auf, ein heller Ton, den er noch nie zuvor von einer Ziege gehört hatte. Es klang wie eine Kreissäge, die gerade einen Ast durchtrennt.

»Entschuldige bitte, ich habe dich ganz vergessen«, murmelte er ihr über die Schulter zu.

Erde flog auf, etwas Hartes schlug gegen die Karosserie, der

Wagen kam heftig ins Schlingern. Es dauerte, bis die Räder endlich wieder auf der Straße waren, wo Pierre mit unvermindertem Tempo rückwärts raste, sodass der Motor laut aufjaulte.

Auf Höhe der Kreuzung blieb er stehen, mitten auf der Fahrspur, wo ein Lastwagen ihn hupend überholte.

Auch aus dem Fußraum kam jetzt ein Schrei, Penelope rief seinen Namen, dann noch einmal.

»Pierre, was ist denn passiert? Ist alles in Ordnung? Melde dich bitte.« Noch nie hatte sie so besorgt geklungen.

Rasch vergewisserte er sich, dass die Ziege wieder sicher stand und der Verfolger entschwunden war, dann bog er ganz sanft in den linken Weg ein.

»Ja«, antwortete er endlich und versuchte, seiner Stimme Festigkeit zu verleihen. »Alles in Ordnung.«

»Es klang, als hättest du jemanden überfahren. Was war das nur für ein seltsames Kreischen?«

»Das war Cosima. Ich bin wohl etwas zu hektisch abgebogen. Sie hat sich nur erschrocken.«

»Du fährst deine Ziege spazieren?«

»Ihr war langweilig.« Er würde ihr die Umstände ein anderes Mal erklären.

»Na, Langeweile sollte ab jetzt kein Thema mehr sein«, kommentierte Penelope trocken. »Also, pass auf. Ich habe die Adresse. Das Haus liegt in der *Rue Bernus,* an der Ecke zur *Rue Pendante.* Du kannst es nicht verfehlen.«

»Danke. Kannst du bitte jetzt auflegen? Mein Telefon liegt im Fußraum, und ich komme gerade nicht ran …«

Sie kicherte. »Aye, aye, Chef. *Bon après-midi.«* Dann knackte es in der Leitung.

Kurz hinter dem Ortsschild warf Pierre wieder einen Blick in den Rückspiegel. Der dunkelgrüne Renault Megane war noch immer nicht zu sehen. Dafür begann Cosima jetzt wieder den Kopf in einem imaginären Takt zu wippen, mit gebleckten Zähnen, als würde sie lachen.

»Das hat dir wohl auch noch Spaß gemacht?«, fragte er, und die Ziege antwortete mit einem fröhlichen Keckern.

Das Geräusch einer eintreffenden Nachricht nahm Pierres Aufmerksamkeit gefangen. Er wartete, bis er an einer Ampel zum Stehen kam, dann angelte er das Telefon vom Boden. Die Nachricht war von Charlotte.

Ich habe schon eine Idee, was wir mit dem Trüffel machen. Du wirst es lieben.

Das glaube ich gerne, dachte Pierre. Er konnte es kaum erwarten, nach Hause zu kommen.

16

Mazan war, anders als Pierre erwartet hatte, keine ausgesprochen touristische Stadt. Eine Ringstraße umgab den Ortskern. Flankiert von farbig gestrichenen zwei- und dreistöckigen Häusern, die sich in einer schier endlosen Schlange aneinanderreihten. Dazwischen ein kleiner Supermarkt, ein Tabakgeschäft mit Lotterieannahme, ein Optiker, eine Apotheke, ein asiatisches Lokal mit aufdringlicher Leuchtreklame. Geschäfte des täglichen Bedarfs. Alles für das normale Leben. Nichts für provencehungrige Touristen auf der Suche nach hübschen Fotomotiven und Souvenirs.

Pierre stellte den Kastenwagen neben einem großen Sandplatz am *Boulevard de la Tourmeille* ab, schräg gegenüber einem Restaurant mit Terrasse, das sehr ansprechend aussah, aber zu seinem Leidwesen geschlossen hatte. Ein Blick auf die Uhr zeigte ihm, dass er sich jetzt, um kurz vor vier, außerhalb der Zeit befand, in der Restaurants die Küche geöffnet hielten. Hier, wo keine hungrigen Touristen zu den unmöglichsten Tageszeiten einkehrten, weil ihnen zwischen Besichtigungen von Sehenswürdigkeiten und Shoppingtouren plötzlich einfiel, dass sie Hunger hatten. Er musste seinen Appetit wohl oder übel mit einem süßen Teil aus der Bäckerei stillen, an der er eben vorbeigefahren war. Später, nach seinem Erkundungsgang. Doch zuallererst galt es, seine tierische Beifahrerin zu versorgen.

Pierre nahm den Futterbeutel vom Beifahrersitz und stieg aus. Er kannte die Ziege gut genug, um zu wissen, dass sie bestechlich war.

Vorsichtig öffnete er die Hecktür und hielt Cosima, die mit ausgestrecktem Hals die neue Umgebung begutachtete, ein paar Getreidepellets hin, ehe er den Heuhaufen auffüllte, der bereits ordentlich dezimiert war. Die Ziege stürzte sich auf das frische Futter. So, als wäre nichts geschehen. Erleichtert strich er ihr über den Kopf und füllte dann etwas Wasser in die Schale.

»Ich bin bald zurück, meine Hübsche. Benimm dich anständig, ja?«

Pierre verschloss den Wagen, und als er durch die Heckscheibe beobachtete, dass Cosimas Aufmerksamkeit unverändert der Nahrungsaufnahme galt, versuchte er sich mithilfe der Kartenapp seines Smartphones zu orientieren.

Langlois' ehemalige Wohnung lag inmitten der Altstadt. Pierre sah sich noch einmal nach dem dunkelgrünen Renault Megane um und bog, als er ihn nirgends entdeckte, in die *Rue Bernus* ein, die vom Ring ins Zentrum führte. Ging vorbei an einem eleganten Hotel, dem *Le Château de Mazan*, das – wie der Blick ins Entrée verriet – ausgesprochen geschmackvoll eingerichtet war.

Wie ein prachtvoller Fremdkörper, dachte er, während er der immer enger werdenden Gasse folgte. Hier waren nun auch keine Geschäfte mehr. Nur noch Wohnhäuser, an deren Dächern Stromdrähte angebracht waren, die den Himmel teilten. Ein beschaulicher Ort, gepflegte Fassaden neben alten verrottenden. Dazwischen Steinbänke und Mülltonnen.

Die Gasse war nun so schmal, dass kaum noch ein Auto hindurchpasste, und er wunderte sich über ein zweiflügliges Garagentor, in das selbst ein Kleinwagen nur mit viel Rangieren hineinzubugsieren war.

Hinter einem engen Fußweg, der warum auch immer einen richtigen Straßennamen besaß, lag die ehemalige Wohnung von Gilbert Langlois. Das rostbraun verputzte Haus war von alten Holzbalken durchzogen, hinter einer Mauer schimmerte das Grün eines Gartens.

Pierre blieb stehen.

Ihm fiel auf, wie wenig man vom Verkehr der großen Straße mitbekam. Nur das Gezwitscher von Vögeln war zu hören. Irgendwo sang ein Kind. Schön war es hier. Eine kleine Oase inmitten der Altstadt. Und mit Sicherheit hatte Gilbert Langlois hier mehr Platz gehabt als in seiner neuen Wohnung in Sainte-Valérie.

Er klingelte. Schritte waren zu hören, ein Schlüssel drehte sich im Schloss, dann schwang das Tor auf. Eine Frau Mitte sechzig mit sonnenzerfurchtem Gesicht sah ihn fragend an.

»Ja?«

»Entschuldigen Sie, wohnt hier nicht Gilbert Langlois?«, spielte Pierre den Unwissenden.

»Nein. Schon lange nicht mehr. Wir haben das Haus im Herbst gekauft.«

»Von ihm?«

»Von seinem Vermieter.«

»Haben Sie Monsieur Langlois kennengelernt?«

Die Frau schüttelte den Kopf.

»Kennen Sie zufällig Freunde oder Kollegen von ihm? Vielleicht einen gewissen …« Er überlegte, dann erinnerte er sich an den Namen von Langlois' ehemaligem Vorgesetzten. »Einen gewissen Romain Martinez?«

Wieder ein Kopfschütteln. »Wir kommen aus Carpentras. *Désolée.*« Damit schloss sie das Tor.

Murrend setzte Pierre seinen Weg fort in Richtung der Bäckerei, die er vorhin gesehen hatte, als er die Altstadt auf der

Ringstraße umfuhr. Er hatte sich mehr Einblicke in Langlois' hiesiges Leben erwartet, es frustrierte ihn. Immerhin hatte er erfahren, dass der ehemalige Polizist seine Zelte offenbar nicht freiwillig abgebrochen hatte, zumindest, was seine Wohnsituation betraf. Vielleicht war das die Initialzündung gewesen, nach Sainte-Valérie zu ziehen, in die Nähe seines vermeintlichen Freundes Maurice Marechal, obwohl der angestrebte Posten längst vergeben war.

Nach einem Blick auf die Kartenapp bog Pierre in den schmalen Fußweg ein, den er vorhin passiert hatte. An dessen Ende brach der Weg unvermittelt auf, und Pierre fand sich vor einem Museum wieder, dessen grün lasiertes Eisentor verschlossen war.

Eine wohltuende Ruhe hing über dem Platz. Wenige hundert Meter davon entfernt ragte die Kirche auf, das Zentrum der Stadt. Ein heller Steinbau mit Fensterrosette über dem Portal. Dicke Mauern wie bei einer Festung, Rundbögen und ein pockennarbiger Glockenturm.

An einer Hotelmauer eine Straße weiter lehnten Fahrräder, bereit für eine Radtour zum Mont Ventoux. Von den Besitzern keine Spur. Mazan schien nur eine Station für Ausflüge in die Umgebung zu sein. Kein Ort, um zu bleiben.

Anders als in Sainte-Valérie, wo die Gäste auch am Abend noch durch die Gassen schlenderten.

Auf einmal wurde Pierre bewusst, wie touristisch das kleine Bergdorf doch war. Und wie sehr sich das Leben der Bewohner um die Besucher drehte, sobald die Saison begann.

Das Geschäft für Haushaltsartikel und Tischwäsche stellte Lavendelsäckchen, provenzalisch bedruckte Geschirrtücher und kleine Dosen vor die Tür, in denen metallene Zikaden darauf warteten, beim Heben des Deckels ein Konzert anzustimmen. In Oudards Krämerladen waren Stapel mit Lavendelhonig und Feigenmarmelade aufgetürmt, und vor dem Blumenladen von Madame Orset prangten in einer hölzernen Schublade arrangierte Lavendelbüsche, obwohl es rund um Sainte-Valérie kaum mehr als drei Lavendelfelder gab, Kilometer entfernt von den violetten Ebenen vor Sault oder dem Plateau de Valensole.

Den Touristen schien dies zu reichen. Anfang Juli, wenn der Lavendel am strahlendsten leuchtete, hockten sie vor den langen Reihen an der *Abbaye de Sénanque,* in dem Feld hinter der Brücke in Richtung Oppède und dem an der D36 nach Bonnieux. Scheinbar achtlos streiften sie durch die Reihen, die ausgestreckte Hand an den Blüten für ein ikonisches Foto, das auf Instagram viele Likes versprach. Frauen, die mit wagenradgroßen Sommerhüten, weißen Schirmchen und Blumenkleidern posierten. Die Männer breitbeinig, die Arme weit von sich gestreckt, als gehöre ihnen das Feld.

Es war die Provence, die sie ersehnten, wenn sie in den Süden fuhren, und Pierre musste zugeben, dass auch ihm etwas fehlen würde, ohne diese farbenfrohe Hintergrundmusik.

Dieser Ort hier war anders.

Wenn Mazan ein Lied wäre, dann wäre es schnörkellos, ehrlich, mit drei oder vier verstaubten Instrumenten, eines davon schnarrend. Eine Melodie ohne Höhen, gleichförmig und ohne Pomp. Auch für einen aufstrebenden Mann wie Maurice Marechal konnte diese Stadt nur eine Durchgangsstation sein, schoss es Pierre durch den Kopf. Ein kurzer Halt auf der Suche nach einer Zukunft, in der er sich entfalten und glänzen wollte.

Er blieb stehen und dachte nach. Ihn ließ die Frage nicht los, warum sich Gilbert Langlois offenbar nur an ihm derart festgebissen hatte und nicht an dem Bürgermeister, der mindestens ebenso viel Schuld an der Arbeitslosigkeit des ehemaligen Polizisten hatte wie er. Marechal sei zu schwach gewesen, hatte Langlois mal getönt, eine jämmerliche Figur, die vor dem Präfekten eingeknickt war, obwohl er es eigentlich nicht gemusst hätte.

Es war für ihn schlicht unvorstellbar, dass da nicht auch Bilder vom Bürgermeister an der Pinnwand hingen.

Pierre sah an den schmucklosen Häusern der Straße entlang, die er nun erreicht hatte. Über eine Parkbucht hinweg auf den leeren Spielplatz, der die steinernen Reihen aufbrach.

War er nun selbst zu einem Pitbull geworden, weil er der Sache unbedingt nachgehen wollte? Oder war er noch immer befangen, wie ihm inzwischen schon drei Leute attestiert hatten: Maurice Marechal, der *Commissaire* und sogar Madame Duprais.

»Ausgerechnet Madame Duprais«, stieß er hervor.

Er schüttelte den Kopf. Es war albern, darüber überhaupt nachzudenken. Er hatte einen Fall aufzuklären, parallel zu einem Team, das stur geradeaus lief und dabei das Unkraut am Wegesrand ignorierte. Wenn es eine offene Frage gab, dann musste man ihr auch nachgehen.

Entschlossen zog er sein Notizheft hervor, in das er die Adresse von Marechals ehemaliger Kanzlei geschrieben hatte. Sie lag ganz in der Nähe. Es schadete gewiss nicht, sich auch diesen Ort einmal anzusehen.

Nach einer weiteren Biegung erreichte Pierre das Gebäude. Es war ein sandfarben getünchtes Haus mit abgeschlagenen Ecken und einem grün gestrichenen Eingang, an dem namenlose Klingelschilder angebracht waren.

Pierre trat einen Schritt zurück und blickte an dem Gebäude hoch. Die grauen Läden waren verschlossen. Nichts deutete darauf hin, dass es gewerblich vermietet war.

Es passte so gar nicht zu dem Bild des erfolgreichen Anwaltes, das er zuvor von Maurice Marechal gehabt hatte. Inzwischen erahnte er jedoch, wie sehr dieser darum hatte kämpfen müssen, aus der Armut bis hierher aufzusteigen.

»Kann ich Ihnen weiterhelfen?«, erschallte eine tiefe männliche Stimme über ihm.

Pierre sah nach oben. An einem der Fenster im zweiten Stock des gegenüberliegenden Hauses lehnte ein adretter Mann um die siebzig in kariertem Oberhemd und mit gezwirbeltem Schnurrbart, der ihn unverhohlen beobachtete wie ein Oberstudienrat einen unaufmerksamen Schüler. Pierre hob grüßend die Hand.

»Das können Sie, Monsieur«, rief er dem Mann zu. »Gab es in diesem Gebäude früher einmal eine Anwaltskanzlei?«

»Das ist lange her. Jetzt ist dort eine Kreditberatungsstelle. Alles ganz diskret, Termine nur nach Vereinbarung. Aber es geht kaum noch jemand hin, weil die Zinsen ständig steigen. In diesen Zeiten kann es sich niemand mehr leisten, Schulden zu machen.«

»Da haben Sie wohl recht«, sagte Pierre. Er hatte Glück, der Mann schien gesprächig. »Kennen Sie den Anwalt, der hier früher gearbeitet hat? Sein Name ist Maurice Marechal.«

Der Mann nickte. »Selbstverständlich kenne ich den.« Er stützte die Ellenbogen auf den Fensterrahmen und legte den Kopf auf die gefalteten Hände, als bereite er sich auf eine längere Unterhaltung vor. »Aus dem ist etwas Großes geworden, er ist jetzt Bürgermeister von Sainte-Valérie.«

»Überrascht Sie das?«

»Nicht im Mindesten. Ein junger Kerl war er damals, noch grün hinter den Ohren. Immer anständig und höflich, wenn man ihn auf der Straße traf. Er hat versucht, sich einen Namen in der Stadt zu machen, aber es ist ihm nicht so recht gelungen.«

»War er denn kein guter Jurist?«

»Oh doch«, kam es ohne zu zögern. »Ein großartiger sogar und sehr klug. Ich habe ihn damals für meine Scheidung konsultiert. Er hat mir eine Menge Ärger erspart. Bloß sind die Leute hier eigen, sie glauben, sie bräuchten keinen Anwalt für Familienstreitigkeiten. Und schon gar nicht einen für Kinderrechte. So etwas regelt man untereinander, bei einem Pastis oder einem guten Glas Rotwein.«

»Er war mit einem Polizisten aus dem Ort befreundet, er heißt Gilbert Langlois. Kennen Sie den zufällig auch?«

»Woher denn? Mazan hat rund sechstausend Einwohner, da ist es ein wenig viel verlangt, jeden Namen zu kennen. Vor allem nicht den eines *Policiers*. Ich bin ein anständiger Bürger und hatte in all den Jahren keinen Kontakt zur Polizei.«

Pierre nickte. »Wussten Sie, dass Maurice Marechal auf einer Trüffelfarm in der Nähe von Mazan aufgewachsen ist?«

»Wirklich? Na ja, wundern tut es mich nicht.«

»Wie meinen Sie das?«

»Na, die Trüffelfarm war mir natürlich ein Begriff. Aber er hat behauptet, das seien nur entfernte Verwandte. Er stamme aus gutem Hause und sei an der Küste aufgewachsen. Ich habe es ihm abgenommen, warum hätte ich auch daran zweifeln sollen? Er war immer so eloquent und ausgesprochen gut angezogen. Aber dann hat er mir einmal von seiner Kindheit erzählt. Von dem großen Anwesen am *Cap Canaille*. Er sagte, es sei eine wunderschöne Villa gewesen. Mitten im Paradies. Das hat mich gelinde gesagt irritiert. Waren Sie schon mal dort?«

»In Cassis?«, fragte Pierre.

»Nein, ich meine am *Cap Canaille*. So heißt die Steilküste zwischen Cassis und La Ciotat. Von den hohen weißen Kalkfelsen aus hat man einen atemberaubenden Blick über das Meer und die vorgelagerten Felseninseln bis hin zu den Calanques. Man fährt die *Route des Crêtes*, eine kurvenreiche Straße, entlang der Klippen. Vom Parkplatz an den *Falaises Soubeyranes* hat man die schönste Aussicht auf die *Île de Riou,* die größte Insel des Archipels.« Der Blick des Mannes glitt in die Ferne. Er schien gedanklich jetzt direkt vor Ort zu sein. »Es liegt ein besonderer Zauber über der Szenerie. Das Licht, das sich auf dem Wasser bricht, ist dort strahlender, als käme es aus einer anderen Welt. Es weitet das Herz, wissen Sie? Man wird ganz demütig angesichts der Schönheit und Weite der Natur. Ein Spektakel sondergleichen. Man kommt als anderer Mensch zurück.«

»Das klingt wundervoll«, sagte Pierre. »Nur warum hat Sie das irritiert?«

Der Mann sah ihn verschwörerisch an. »Waren Sie schon einmal dort?«, wiederholte er.

»Nein.«

»Dann will ich Ihnen erklären, was ich meine. Das *Cap Canaille* ist ein Naturschutzgebiet, also ein Ort, den man nicht bebauen darf. Es gibt da nur den *Sémaphore du Bec de l'Aigle,* das ist ein Militärstützpunkt kurz vor La Ciotat. Ich habe mich gefragt, wo dieses sagenhafte Anwesen wohl liegen mag. Ich dachte, dass er sich vielleicht nur unglücklich ausgedrückt hat und eines der Häuser auf der Anhöhe bei Cassis meinte, kurz vor Beginn der Steilküste.« Er schüttelte den Kopf. »Stattdessen hat er also seine Kindheit vor den Toren von Mazan verbracht.«

»Zumindest bis zum Brand der Trüffelfarm. Die jetzige ist neu erbaut.«

Der Mann hob die Schultern. »Davon weiß ich nichts, das war wohl vor meiner Zeit hier.«

»Kennen Sie auch seine Frau Elodie?«

»Selbstverständlich. Eine hübsche junge Dame, genauso klug wie er. Allerdings hat sie Haare auf den Zähnen.«

»Wie bitte?« Es war, als spräche er von einer anderen Person. »Da staunen Sie, nicht wahr? Sie wirkt so zart und zerbrechlich. Aber ich habe auch andere Seiten von ihr kennengelernt. Sie hat Marechal ganz schön Feuer unterm Hintern gemacht, wenn Sie wissen, was ich meine. Das ist ein sehr anspruchsvolles Persönchen. Ich bin sicher, sie hat ihn zu dem gemacht, was er heute ist. Der Bürgermeister von Sainte-Valérie.« Der Mann richtete sich auf. Das Interesse an einer Unterhaltung schien erlahmt. »So, ich muss mal wieder rein, *au revoir*, einen schönen Tag noch, Monsieur. War nett, mit Ihnen zu plaudern.« Damit verschwand er im Haus.

Pierre blieb stehen und wandte sich wieder in Richtung der ehemaligen Kanzlei.

Auf einmal hatte er das Gefühl, sich im Kreis zu drehen. Als fahre er die ganze Zeit in derselben Spur, die immer nur noch tiefer wurde statt breiter. Ja, er hatte bereits viel herausgefunden. Jedoch blieben andere, vielleicht wichtigere Dinge vor ihm verborgen.

Er wüsste zu gerne, wer noch auf der Liste in Gilbert Langlois' Geldkassette stand und ob es weitere Verdächtige gab, von denen ihm noch niemand erzählt hatte. Er musste sich besser aufstellen, den ganzen Fall betrachten, in all seiner Komplexität.

Mit beiden Händen strich Pierre sich übers Haar. Alleine kam er nicht weiter. Er brauchte dringend jemanden, mit dem er sich austauschen konnte.

Und er wusste auch schon, mit wem.

17

»*Brigadier* Chevallier, kommen Sie jetzt endlich?«

»Sofort.« Luc nickte der *Lieutenante* zu. »Ich muss nur rasch eine Nachricht auf meiner Mobilbox abhören.«

Er war nicht rangegangen, als er Pierres Nummer auf dem Display gesehen hatte, es war ihm verboten, mit seinem Chef zu kommunizieren. Doch als er merkte, dass Pierre ihm eine Nachricht hinterlassen hatte, war er neugierig geworden. Es könnte wichtig sein.

Luc hob das Telefon ans Ohr und lauschte Pierres Stimme. Er komme gerade von dem Trüffelhof von Maurice Marechals Bruder. Er habe interessante Dinge herausgefunden und müsse sich dringend mit ihm unterhalten. Ob er Zeit habe, ihn zurückzurufen.

Pierre hatte wirklich Nerven! Während hier die Lutzi abging, schaukelte er in aller Ruhe mit Carbonnes Kastenwagen durch die schöne Landschaft und besuchte Trüffelplantagen.

Kann gerade nicht, tippte er. *Konnten Langlois' Mobiltelefon über die Seriennummer orten. Melde mich später.*

Luc schob das Telefon zurück in die Jackentasche, befestigte den Bügel seines Kopfhörers am rechten Ohr und setzte den Helm auf. Dann betätigte er den Kickstarter seiner Maschine und folgte *Lieutenante* Fenech, die den Wagen der *police nationale* durch die Gassen lenkte, als wäre sie damit verwachsen.

Dabei gab sie so kräftig Gas, dass Spaziergänger und Flanierende hastig beiseite sprangen.

Eine taffe Person, dachte Luc anerkennend. Er mochte Frauen, die rasant fuhren. Auch wenn die *Lieutenante* ansonsten nicht seinem Typ entsprach, burschikos wie sie war, so hatte die militärische Art, wie sie ihn herumkommandierte, durchaus etwas Erregendes. Noch erregender jedoch war die Aussicht auf die Aufgabe, die nun vor ihm lag, und während er durch das Stadttor brauste, spürte er eine nervöse Anspannung, die sich als Knoten im Magen bemerkbar machte.

Die Zielperson, die für Langlois' Mobiltelefon inzwischen eine neue SIM-Karte benutzte, sollte gestellt werden.

Luc hätte sich ausschütten können vor Lachen, als *Commissaire* Lechat ihnen die Mitteilung machte. Es gab anscheinend noch immer Menschen, die glaubten, mit einem neuen Handyanbieter durch die Polizei nicht ortbar zu sein.

Der Mann gehörte zum Team der Waldarbeiter, die bei der Gemeinde fest angestellt waren. Yanis Vallon, er hatte den Namen noch nie gehört, wohl auch, weil der Verdächtige nicht in Sainte-Valérie wohnte. Er war wie aus dem Nichts aufgetaucht, als wäre er vom Himmel gefallen und direkt auf dem Präsentierteller der Ermittler gelandet.

Aber so war es manchmal, wenn es einen Mord aufzuklären gab. Eine klitzekleine, völlig unverhoffte Spur, die zwischen all den akribisch verfolgten zum Mörder führte. Weit abseits jeglicher Spekulationen. Vielleicht, so dachte Luc, war der Fall damit schneller gelöst als erwartet. Und er, der ewige Assistent, war ganz vorne dabei.

Bald ließen sie Sainte-Valérie in nördlicher Richtung hinter sich und nahmen die Straße nach Murs, wo Yanis Vallon angeblich wohnte.

Luc legte sich schwungvoll in die engen Kurven, die hier, in dem noch bewohnten Teil der Gemeinde, von hüfthohen Steinmauern begrenzt waren, den Polizeiwagen vor ihm fest im Blick. Er konnte nur hoffen, dass ihnen auf der Strecke kein Fahrzeug entgegenkam. Sein Motorrad schlingerte, kam an einer sandigen Stelle sogar ein wenig ins Rutschen, und er lenkte heftig gegen, damit das nagelneue Gefährt nicht an den Bruchsteinen entlangschrammte.

Luc wurde warm. Eine Schweißperle tropfte ihm in den Nacken.

Er musste ganz schön Gas geben, um *Lieutenante* Fenech nicht aus den Augen zu verlieren. Sie schien es auf einen Wettkampf anzulegen, doch er wollte sich vor der Kollegin keine Blöße geben. Er würde ihr schon zeigen, was er als frisch gebackener *Policier motocycliste* draufhatte.

Endlich ließen sie die begrenzenden Mauern hinter sich. Brausten an immergrünen Garrigue-Landschaften vorbei, an Sträuchern und Kräutern, blühendem Ginster, niedrigen Kiefern und krüppelwüchsigen Eichen, deren Zweige bis auf die Straße ragten.

Als sie schließlich in die *Route de Murs* einbogen und die Straße breiter wurde, blies Luc erleichtert die Luft aus. Mit dem Ausatmen entspannte sich auch sein Magen.

Jetzt hielt er das Motorrad mühelos hinter dem Auto der *police nationale,* und er begann, die Fahrt, den Druck des Luftzuges an seinen Flanken zu genießen. Vor ihm tauchte jetzt das *Plateau de Vaucluse* mit dem Schachbrettmuster seiner Felder auf, rechts die in bläulichen Dunst getauchten Provenzalischen Alpen. Wie schön es hier ist, dachte er ergriffen.

Fast hätte er nicht bemerkt, dass *Lieutenante* Fenech das Tempo rausnahm, und er musste heftig bremsen, damit er nicht auffuhr.

»*Brigadier* Chevallier«, drang ihre Stimme über Funk an sein Ohr. »Alles im Griff?«

»Natürlich. Warum haben Sie das Tempo verlangsamt?«

»Wir sind bald da. Ich werden Ihnen jetzt Anweisungen geben und möchte, dass Sie sich daran halten.«

»Verstanden.«

»Gut.« Es rauschte und knackte, dann war ihre Stimme wieder klar zu hören. »Wir sind nicht alleine vor Ort. Mehrere Kollegen haben sich unauffällig um das Haus der Zielperson verteilt. Wir werden gleich ein wenig für Aufmerksamkeit sorgen. Wenn ich das Blaulicht anschalte, bitte ich Sie, es mir gleichzutun. Aber die Sirene starte ich alleine.«

»Aber dann ist Vallon doch vorgewarnt.«

Sie schnalzte mit der Zunge. »Das ist ja auch unsere Absicht. Das Haus, in dem die Zielperson wohnt, hat einen Hinterausgang. Wenn er flieht, ist das quasi ein Schuldeingeständnis.«

»Ah«, sagte Luc. »Verstehe.«

Es knackte im Kopfhörer. *Lieutenante* Fenech hatte die Verbindung unterbrochen.

Die Straße führte jetzt in Kurven hinab auf die Ebene, sie passierten Felder und kahle Waldstücke. Über ihnen der blaue Himmel, durchzogen von weißen Wolkenschichten, die sich träge über der Landschaft verteilten.

Kaum, dass sie die ersten Häuser von Murs erreichten, drehte sich das blaue Licht auf dem Dach des Polizeiwagens vor ihm. Die Nervosität im Magen brach sich pulsierend Bahn, als hätte sie nur ein Nickerchen gehalten. Diesmal fühlte es sich an, als trete ihm jemand direkt in den Solarplexus.

Luc betätigte den Schalter für das Blaulicht, das seine Hände an den Griffen umtanzte, während sie die Hauptstraße von Murs mit ihren niedrigen Steinbauten entlangrasten.

Der Ort wirkte wie ausgestorben. So als hielten die Bewohner noch immer Winterschlaf, der ganze Aufwand lockte nicht einen Rentner ans Fenster. Vielleicht hätten sie doch mit Sirenengeheul kommen sollen.

Sie hatten beinahe das Ende von Murs erreicht, als *Lieutenante* Fenech die Sirene für drei kurze Töne an- und sofort wieder ausschaltete. Dann riss sie den Wagen nach rechts auf eine abschüssige Straße und brachte ihn quer vor dem Eingang eines Hauses mit schwarz gerußten Steinen zum Stehen.

Mit dynamischem Schwung stieg sie aus und sah zu Luc, der jetzt neben ihr hielt und das Motorrad abstellte. Aus dem Augenwinkel spähte er nach den angekündigten Kollegen, doch es war niemand da.

»Was nun?«, fragte er und sah zweifelnd auf das Haus, das in dem blau flackernden Licht gespenstisch verwaist wirkte.

»Vielleicht nehmen Sie als Erstes Ihren Helm ab«, feixte sie. »Und dann geben Sie mir Rückendeckung.«

Luc grinste vielsagend. Damit kannte er sich aus. »Bei der hübschen Rückenansicht mache ich das sogar mit Vergnügen.«

Fenech starrte ihn an. »Das ist nicht der Zeitpunkt für sexistische Scherze. Wo ist Ihre Waffe?«

Luc nahm seine halb automatische Glock 17 aus dem Halfter und folgte der *Lieutenante,* die nun den Türklopfer betätigte, der schwer und dröhnend auf das Holz fiel.

»Monsieur Vallon, öffnen Sie, Polizei.« Es geschah nichts. »Wenn Sie nicht sofort aufmachen, trete ich die Tür ein!«

Plötzlich wurden Stimmen laut, sie kamen aus dem Bereich hinter dem Haus. Man hörte ein Schlagen, dann ein Brüllen. Kurz darauf traten zwei Beamte in Zivil über einen Seitenweg nach vorne, zwischen ihnen ein junger Mann Mitte zwanzig mit dunklem, langem Haar, der versuchte, sich aus ihrem Griff zu winden. Keine Minute später hatten die Beamten seine Handgelenke fixiert und den Waldarbeiter auf den Rücksitz des Polizeiwagens verfrachtet. Einer von ihnen hielt triumphierend das Mobiltelefon in die Höhe und ließ es schließlich in einen Plastikbeutel gleiten.

»Was soll das?«, rief Yanis Vallon. »Ich habe nichts Schlimmes getan!«

Lieutenante Fenech beugte sich zu ihm hinab. »Und warum haben Sie uns dann nicht die Tür geöffnet?«

»Weil ich in Panik geraten bin. Sie kommen hier mit Blaulicht an, als wäre ich ein Schwerverbrecher.«

»Nach Ihrem Fluchtversuch müssen wir davon ausgehen, dass Sie einer sind.«

»Ich kann mir schon vorstellen, warum Sie hier sind. Aber ich habe den Mann nicht getötet. Ich kenne ihn überhaupt nicht. Bevor seine Leiche aufgetaucht ist, habe ich seinen Namen nie gehört.«

»Woher haben Sie dann sein Telefon?«

»Ich habe es gefunden, während der Arbeit im Wald.«

»Wann war das?«

»Am Dienstag, nachdem unser Trupp mit den Aufräumarbeiten begonnen hat.«

»Wo genau hat das Telefon gelegen?«

»Das weiß ich doch heute nicht mehr, irgendwo auf dem Waldboden.«

»Es lag nicht zufälligerweise an der Stelle, wo der Bach parallel zum Wanderweg verläuft?«

»Da war ich überhaupt nicht. Wir haben am öffentlichen Parkplatz begonnen und uns allmählich vorgearbeitet. Das Gebiet ist ziemlich groß. Und es waren eine Menge abgerissener Zweige und Äste, die es wegzuräumen gab.«

»Ich glaube, er sagt die Wahrheit«, meinte Luc. »Ich habe vorhin mit dem Forstleiter gesprochen. Er hat sich am Donnerstag ein Bild von der Lage gemacht und dann entschieden, die starken Regenfälle abzuwarten, um die Arbeiter wegen der unpassierbaren Wege nicht zu gefährden. Erst am Dienstag, also sechs Tage nach der Tat, haben die Aufräumarbeiten begonnen. Sie haben beim öffentlichen Parkplatz angefangen.«

»Ja, so war es.« Vallon schluchzte auf. »Das ist ein teures Ding, das konnte ich doch nicht einfach liegen lassen. Ja, ich habe es eingesteckt, aber das wird ja wohl nicht so schlimm sein, dass Sie mich gleich verhaften.«

Lieutenante Fenech schnalzte mit der Zunge. »Sie sehen ja, dass es reicht. Sie hätten das Telefon in der *mairie* von Sainte-Valérie oder bei der *police municipale* abgeben müssen. Eine Fundunterschlagung ist sehr wohl eine Strafsache. Und wer weiß? Es wurde schon für viel weniger gemordet als für ein so teures Telefon.«

»Das ist eine verdammte Unterstellung!«

»Warten wir es ab. Wir verhaften Sie jetzt erst mal wegen der Fundunterschlagung und Widerstands gegen die Staatsgewalt. Es steht Ihnen frei, einen Anwalt hinzuzuziehen.«

Die *Lieutenante* nickte ihrem Kollegen in Zivil zu, der sich neben den Waldarbeiter in den Fond des Wagens setzte.

Ein weiterer Beamter kam aus dem Haus. »Wir haben einen Laptop gefunden«, sagte er. »Ich bin gespannt, ob der auch von dem Mordopfer stammt.«

»Das ist meiner«, rief Vallon aus dem Fond, und seine Stimme klang verzweifelt. »Das kann ich beweisen. Ihr verdammten … Ihr werdet mir doch jetzt nichts unterschieben wollen bloß wegen dieses Telefons.«

Der Beamte zuckte nur mit den Schultern. »Wir warten jetzt erst einmal auf das Ergebnis der Durchsuchung. Das Telefon schicken wir in die Kriminaltechnik. Mal sehen, ob noch Daten zu retten sind. Ich bin da allerdings skeptisch.«

Lieutenante Fenech nickte. Ihr Blick glitt zu Luc, der noch immer seine Dienstwaffe in der Hand hielt. »Was ist, wollen Sie die Glock nicht wieder ins Holster stecken? Bevor Sie hier noch was anrichten.« Damit öffnete sie die Fahrertür.

Luc tat, wie ihm befohlen. Er betrachtete den jungen Mann, der den Kopf erschöpft zurückgelegt hatte und nun so hemmungslos weinte, dass ihm Rotz und Tränen über das Gesicht liefen. Ihm kamen plötzlich Zweifel an dessen Schuld, auch wenn er nicht wusste, woran er das festmachen sollte. Vielleicht ging ihm das alles auch einfach zu glatt.

Er klopfte an die Scheibe auf der Fahrerseite und beugte sich vor, nachdem die *Lieutenante* sie heruntergelassen hatte.

»Meinen Sie wirklich, dass das der Mörder ist?«

»Ticken Sie noch richtig?«, fauchte Fenech und wies mit einem Nicken nach hinten. »Sie glauben doch wohl nicht, dass ich das jetzt mit Ihnen ausdiskutiere. Einfach mal die Klappe halten. Ein bisschen Mitdenken wäre nicht verkehrt.«

Luc presste die Lippen aufeinander und richtete sich auf. »Das war gerade eine Beleidigung.«

»Ihre Anmache vorhin war auch eine. Jetzt sind wir quitt.« Sie lächelte süffisant. *»Au revoir, Brigadier* Chevallier.«

»Wohin fahren Sie? Zur Dienststelle in Cavaillon? Soll ich hinterherkommen?«

»Nein. Ich habe momentan keine Verwendung für Sie.« Sie betätigte den Fensterheber. »Am besten«, sagte sie, während die Scheibe langsam wieder hinaufglitt, »Sie fahren zurück zur Wache und warten dort auf weitere Anweisungen.«

Dann gab sie Gas.

»Na großartig«, sagte Luc lakonisch und zog hastig den Fuß zurück, damit er nicht vom Vorderrad überrollt wurde.

Mit gerunzelter Stirn sah er dem Wagen nach, dann setzte er den Helm auf und schwang sich aufs Motorrad. Grummelnd. Die Aktion hatte er sich irgendwie anders vorgestellt.

Luc verband den Kopfhörer mit dem Smartphone und wählte *Mistral* von Rodriguez Jr. aus, drehte die Musik auf, laut und dröhnend.

Lieutenante Fenech konnte sich gehackt legen.

18

Pierre setzte sich auf einen Stuhl vor der vergitterten Bar und biss in das *brioche au praliné*, das er sich in der Bäckerei nebenan gekauft hatte. Er war sehr zufrieden mit seiner Wahl. Das buttrig-saftige Gebäck mit der Schokoladenfüllung und der Zuckerglasur war genau das Richtige, um seine Laune zu heben. Jetzt fehlte eigentlich nur noch eine Tasse gesüßter *café noir*, dann wäre seine Welt zumindest einigermaßen wieder in Ordnung.

Er fragte sich, ob die Ortung von Gilbert Langlois' Telefon, von der Luc ihm geschrieben hatte, erfolgreich ausgegangen war. Während er ungeduldig auf eine weitere Nachricht seines Assistenten wartete, fühlte er sich, als wohne er dieser unerwarteten Entwicklung vom Zuschauerraum aus bei. So als säße er vor einem verschlossenen Vorhang, hinter dem das Theaterstück bereits begonnen hatte.

Das Schlagen der Kirchturmglocke ließ Pierre zusammenschrecken, er sah auf die Uhr. Es war halb fünf. Cosima war nun schon seit mehr als einer halben Stunde alleine, es war höchste Zeit, zum Auto zurückzukehren. Er steckte sich den Rest der *brioche* in den Mund und beschleunigte den Schritt, als sein Telefon klingelte. Es war Luc. Er nahm den Anruf sofort entgegen.

»Gut, dass du zurückrufst.«

»Es ging nicht früher«, kam die Antwort. »Hier war echt die

Hölle los. Erst die ganzen Befragungen und dann sogar eine Festnahme. Wir haben es tatsächlich geschafft.« Er holte kurz Luft und beendete hastig den Satz. »Wir haben das Mobiltelefon von Langlois.«

Das war definitiv eine große Neuigkeit. »Erzähl!«

Gebannt lauschte Pierre dem Bericht seines Assistenten, der von der Festnahme des Waldarbeiters berichtete und von der Hoffnung, dass die Kollegen von der Kriminaltechnik die Daten des Mobiltelefons wiederherstellen könnten.

»Ein Waldarbeiter«, wiederholte Pierre etwas ratlos, weil diese Information nicht in seine bisherigen Überlegungen passte. Dabei zerknüllte er die Bäckereitüte, als sei sie einer dieser Antistressbälle. »Hält der *Commissaire* den Mann für den Täter?«

»Ich habe nicht mit Lechat gesprochen, er ist doch zurzeit anderweitig beschäftigt. Nur mit *Lieutenante* Fenech, aber die wollte sich nicht weiter dazu äußern.« Es klang höchst frustriert. »Ich bin jetzt auf der Wache und warte auf weitere Anweisungen. Und, wie war dein Tag?«

»Interessant.« Ja, das traf es wohl am besten. »Es ist viel passiert, und ich habe ein paar dringende Fragen … Vielleicht wäre es doch besser, dass wir uns treffen, statt die Sache am Telefon zu besprechen.«

»Gute Idee, *Chef.* Was hältst du davon, wenn wir im *Chez Albert* zu Abend essen?«

»Das geht leider nicht«, antwortete Pierre. »Ich bin mit Charlotte verabredet.«

»Dann komm doch in die Wache. Ist sowieso besser wegen der neuen Stellwand. Da ist alles draufgepinnt, was wir für die Besprechung brauchen.«

»Grundgütiger!«, entfuhr es Pierre. Sein Assistent schien alle Vorbehalte zur Weitergabe von ermittlungsrelevanten

Informationen aufgegeben zu haben. Vielleicht hatte er auch schlicht vergessen, dass er noch immer zum Kreis der Verdächtigen gehörte. Bei Luc war so etwas durchaus möglich. »Na ja, eigentlich darfst du nicht einmal mit mir telefonieren.«

»Ich weiß«, stieß Luc aus, und es klang, als wolle er jemanden anspucken. »Fenech kann mir den Buckel herunterrutschen. Du kommst hierher. Und wenn sie sich beschweren will, soll sie ihren Kram eben alleine machen. Wann kannst du da sein?«

»Um sechs … Nein, besser um halb sieben«, sagte Pierre und schluckte seine Einwände herunter. Zwar wollte er Luc nicht in Schwierigkeiten bringen, aber päpstlicher als der Papst war er nun auch nicht. Sie konnten ja die Vorhänge zuziehen, sodass niemand ihn von draußen sah.

»Alles klar, bis nachher.«

»Ach, eine Sache noch«, schob Pierre nach. Die Frage brannte ihm nun doch zu sehr auf der Seele, als dass sie bis zum Abend warten konnte. »Welche konkreten Tatverdächtigen sind nach der Befragung der Dorfbewohner eigentlich übrig geblieben?«

»Willst du das wirklich wissen?« Luc seufzte schwer. »Nicht ein Einziger.«

Versöhnt von der Aussicht auf das Treffen bog Pierre in den *Boulevard de la Tournelle* ein, wo er Carbonnes alten Citroën geparkt hatte, und erstarrte.

Eine füllige Gemeindepolizistin stand neben dem Kastenwagen und begutachtete ihn ausgiebig, den grün-weißen Strafzettelblock bereits in der Hand.

Was, wenn der haltlose Zustand der Rostlaube der Grund für die Erpressung Carbonnes gewesen war? Oder die gewiss nicht ganz echte Plakette der *contrôle technique*?

Er erinnerte sich plötzlich, wie freigiebig der Uhrmacher die

Rückgabe verlängert hatte, kaum dass *Lieutenante* Fenech den Hof betreten hatte. »Eine Woche, zwei, vollkommen egal.« Er hatte es geahnt, aber den Gedanken weit von sich geschoben, weil er sonst ohne Fortbewegungsmittel dagestanden hätte.

Pierre stöhnte auf. Er musste etwas tun, bevor sich die Polizistin auch noch mit den Wagenpapieren beschäftigte.

Großen Schrittes hielt er auf die Kollegin zu.

»Ist etwas mit dem Wagen, *Madame le policier*?«

»Sind Sie der Besitzer?«

»Ich habe ihn nur geliehen.«

»Und ist die Ziege dort drinnen auch nur geliehen?«

»Das ist meine«, sagte Pierre. »Es ist ja nicht verboten, eine Ziege zu transportieren. Ich habe mir nur kurz etwas zu essen geholt und fahre sofort weiter.«

Er hob die zerknüllte Tüte zum Beweis, dann öffnete er die Fahrertür und schwang sich hinters Steuer. Gerade wollte er die Tür zuziehen, als die Polizistin ihren Körper dazwischenschob.

»Moment mal! Ich will mir noch die Fahrzeugpapiere ansehen. Es hat nicht den Anschein, als wäre der Wagen fahrtüchtig.«

So ein Mist, dachte Pierre. Er beugte sich zum Handschuhfach, wo Carbonne die *carte grise* aufbewahrte. Man konnte nur hoffen, dass die Papiere halbwegs ordnungsgemäß geführt waren. Intensiver Trüffelgeruch strömte ihm entgegen, er nahm das Dokument an sich und schloss hastig die Klappe.

Als Pierre sich wieder aufrichtete, bemerkte er aus dem Augenwinkel ein Fahrzeug, das auf dem schräg gegenüberliegenden Parkstreifen abgestellt war. Ein dunkelgrüner Renault Megane. Er schnellte hoch.

Tatsächlich, es war dasselbe Auto, das ihn vorhin verfolgt hatte. Hinter dem Steuer saß der Mann mit der Schirmmütze und dem Wollschal und hielt sich eine Zeitung vors Gesicht. Gerade so, dass er über den Rand hinwegspähen konnte. Die Sonnenbrille hatte er abgenommen.

»Einen Augenblick«, murmelte Pierre und ließ die *carte grise* auf den Beifahrersitz fallen. Er schälte sich aus dem Wagen und drängte sich an der Polizistin vorbei, rannte auf den Megane zu. Versuchte, als der Fahrer hastig die Zeitung weglegte, einen Blick auf dessen Gesicht zu erhaschen.

Doch die Schirmmütze, die dem Mann bis über die Augenbrauen ging, und der bis zur Nasenspitze ragende Schal, machten es ihm unmöglich.

»Warten Sie!«, rief Pierre mit erhobener Hand, als der Mann den Motor startete und abrupt anfuhr. »Ich muss mit Ihnen reden. Wer schickt Sie? Frédéric Marechal?«

Das Auto beschleunigte weiter. Direkt auf ihn zu. In letzter Sekunde rettete Pierre sich mit einem Sprung zur Seite, wobei er von der Motorhaube erfasst wurde und unsanft auf der Straße landete.

Noch während er sich aufrappelte, sah Pierre dem sich rasch entfernenden Wagen nach. Er versuchte, das Kennzeichen zu entziffern. Doch alles, was er noch zu erahnen glaubte, bevor der Wagen aus seinem Sichtfeld verschwand, war die Plakette des *Départements* Vaucluse.

»*Zut alors!* So ein verdammter Mist.«

Er rannte zurück zum Kastenwagen, wo sich die Polizistin vor der offenen Fahrertür positioniert hatte und jetzt in ein Mikrofon sprach, das am Kragen ihrer Jacke befestigt war.

»Lassen Sie mich durch«, rief Pierre aufgebracht. »Ich muss die Verfolgung aufnehmen.«

»Sie werden nichts dergleichen tun«, sagte die Polizistin streng. Ihre Hand tastete nach dem Holster, aus dem der gelbe Griff eines Tasers ragte.

Mit gestrecktem Arm zeigte Pierre in Richtung der Straße, über die das Auto verschwunden war. »Wollen Sie den Kerl etwa laufen lassen?«

»Den holen Sie sowieso nicht mehr ein.«

Pierre schnaubte, aber er gab sich geschlagen, als zwei weitere Polizisten über den Platz gerannt kamen und sich breitbeinig vor ihm aufstellten.

»So, mein Freund«, sagte der ältere der beiden, ein Mann mit grau meliertem Bart und dunkel gerahmter Brille. »Was ist hier los? Meine Kollegin sagte, Sie wollten sich einer Polizeikontrolle entziehen? Was ist mit dem Wagen?«

»Es geht doch nicht um diesen verdammten Wagen«, echauffierte sich Pierre. »Jemand hat mich auf dem Weg nach Mazan verfolgt. Und gerade, als Ihre Kollegin mich nach den Fahrzeugpapieren fragte, habe ich den Kerl wiedergesehen. Der Mann hat mich fast umgefahren.«

»Warum sollte er das tun?«

»Vielleicht, weil ich jemandem zu nahe getreten bin?« Er senkte die Stimme und reichte dem Polizisten seinen Dienstausweis. »Ich bin ein Kollege und ermittle verdeckt.«

»Pierre Durand aus Sainte-Valérie?« Der Mann zog die Brauen hoch, ein Schmunzeln auf den Lippen. »Dann sind Sie der *Chef de police municipale,* der unserem ehemaligen Kollegen, Gott hab ihn selig, den Aufstieg vermiest hat.« Er gab ihm die Hand. »Romain Martinez, *Chef de police* von Mazan.«

»Freut mich.« Pierre betrachtete sein Gegenüber. Martinez hatte ein freundliches Gesicht, überzogen von Lachfältchen. »Bei Ihnen ist er ja offenbar auch nicht weit gekommen. Es hieß, Sie hätten gestritten.«

»Und ob. In Mazan halte eben ich den Stuhl besetzt, da hilft auch kein Sägen. Das hat ihn frustriert.« Er zeigte auf den Kastenwagen. »Ist das etwa Ihr Dienstfahrzeug?« Der *Policier* lachte laut, und als wollte Cosima einstimmen, erklang aus dem Fond ein herzliches Meckern.

Pierre hob den Finger an die Lippen. »Wie gesagt, ich ermittele verdeckt.«

»Dann sind Sie«, Martinez zog Pierre unter den skeptischen Blicken der Gemeindepolizistin ein Stück beiseite, bis sie außer Hörweite waren, »also Teil des Ermittlerteams zum Mord an Gilbert Langlois? Mazan liegt in unserem Zuständigkeitsbereich, und ich will hier keine Überschneidungen riskieren. Ist denn die *police nationale* in Carpentras über Ihren Einsatz informiert?«

Pierre beschloss, die Antwort wolkig zu formulieren.

»*Commissaire* Lechat aus Cavaillon steht in Kontakt mit den Kollegen«, raunte er. Das war nicht einmal gelogen. »Je weniger Leute davon erfahren, desto besser für die Ermittlungen.«

»Es ist Ihnen offenbar nicht gelungen, den Kreis klein zu halten«, unkte Martinez. »Haben Sie eine Idee, wer das eben gewesen sein könnte?«

»Keine Ahnung. Leider habe ich das Kennzeichen nicht erkannt, nur die Plakette des *Départements* Vaucluse.«

»Dieser Bereich umfasst ganze drei *Arrondissements:* Carpentras, Apt und Avignon. Das hilft uns nicht weiter.«

»Ich weiß. Der Wagen verfolgt mich seit dem Trüffelhof von Frédéric Marechal.«

»Seit ...« Der *policier* starrte ihn entgeistert an. »Und Sie sind sicher, dass Ihr Einsatz mit dem Kommissariat in Carpentras abgestimmt ist?«

Pierre nickte, und plötzlich ahnte er, in was er da hineingeraten war. Offenbar wurde Frédéric Marechals Trüffelhof bereits observiert. War der Verfolger einer von ihnen? Er fragte sich, wie viel der *Chef de police municipale* von Mazan darüber wusste.

»Im Mordfall an Ihrem ehemaligen Kollegen gibt es einige Überschneidungen«, erklärte Pierre vorsichtig, er musste jetzt genau aufpassen, was er sagte. »Gilbert Langlois hatte den Hof ebenfalls observiert. Ich vermute, dass sein Augenmerk auf den Mitarbeitern lag. Was meinen Sie?«

»Das kann ich mir nicht vorstellen.« Martinez schürzte die Lippen. »Alle, die dort arbeiten, gehören zur Familie von Marechals Frau Kheira. Und die sind in Ordnung.«

»Sonst niemand?«

»Nein. Das wüsste ich, wir helfen ja regelmäßig bei der Kontrolle der Arbeitspapiere.«

»Was ist dann im Augenmerk der Kollegen aus Carpentras?«

»Ach Gott, wenn ich das so genau wüsste. Die sagen uns ja auch nicht alles, da müssen Sie Ihren *Commissaire* fragen, vielleicht hat der nähere Informationen.«

Pierre dachte an Frédéric Marechals Schwager Aziz, der auf dem Foto vor der Lagerhalle zu sehen war. An dessen Vater Salah, der das linke Bein beim Gehen nachzog. An die ältere Frau im Versandraum, die auf den Jungen aufgepasst hatte und offenbar Frédérics Schwiegermutter war. »Die Familie von Marechals Frau … Kennen Sie die gut?«

Martinez nickte. »Allerdings. Die Bensaids leben seit den Siebzigerjahren auf dem Hof. Die haben schon für Jacques gearbeitet.«

»Jacques ist der Name von Frédérics Vater?«

»Ja.«

Pierre fiel auf, dass der Hund des Trüffelbauern eine Koseform des Namens trug: Jacky. Ein Detail, das ihn traurig stimmte. »Tragisch, das mit dem Brand.«

»Allerdings«, bestätigte Martinez mit sichtlicher Betroffenheit. »Eine wirklich furchtbare Geschichte. Ich kann mich noch sehr genau daran erinnern. Das war neunzehnhundertachtundneunzig. Ich bin damals gerade in den Dienst bei der Polizei eingetreten und war dabei, als der Fall untersucht wurde. Das Haus war bis auf die Grundmauern abgebrannt. Man hat nur das Lagerhaus retten können, in dem die Familie Bensaid lebte.«

»Waren die Bensaids denn vor Ort, als das Feuer ausbrach?«

»Nein. Sie waren auf einem Ehemaligentreffen im Camp von Rivesaltes, als das Unglück geschah. Das liegt bei Perpignan. Dort lebten viele *Harkis,* die damals auf französischer Seite kämpften und mit ihren Familien aus Algerien fliehen mussten. Die Bensaids waren eine davon. Als sie zur Trüffelfarm zurückkamen, hatte die Feuerwehr den Brand bereits gelöscht.«

»Es heißt, es sei eine brennende Zigarette gewesen.«

Martinez starrte an Pierre vorbei ins Leere. »Ja, so schien es. Eine Verkettung unglücklicher Umstände. Eine im Bett gerauchte Zigarette, zu viel Alkohol, um rechtzeitig aufzuwachen. Dazu ein trockener Sommer, das Feuer konnte sich extrem schnell ausbreiten ...«

Er hatte es heruntergerattert, als zitiere er einen Polizeibericht.

»Klingt nicht, als seien Sie davon überzeugt.«

»Nun ja.« Martinez wiegte den Kopf und sah Pierre direkt an. »Die Leute waren damals nicht gerade begeistert, als die Marechals die Bensaids zu sich holten, nachdem das Auffangzentrum für Franzosen nordafrikanischer Abstammung geschlossen wurde. Die meisten wollten keine Ausländer hier. Das war damals die gängige Meinung. Was unter anderem daran gelegen haben mag, dass die *Harkis,* die man über Jahre weggesperrt hat, in den Lagern mit Aufständen auf ihr Schicksal aufmerksam machten. Die Proteste waren teils gewaltsam, das hat die Einwohner verschreckt. Die *Harkis* waren die Wilden vom *outre-mer,* die Analphabeten ohne Manieren und

Kinderstube, die man lieber vor den Augen der eigenen Kinder verbarg. Dass viele von ihnen im Zweiten Weltkrieg mit der französischen Armee gegen die Deutschen gekämpft hatten, machte für die meisten keinen Unterschied.«

»Wieso hat man dann nicht das Lagerhaus angezündet?«

»Dafür hätten die Brandstifter wissen müssen, dass die Bensaids dort wohnten und nicht im Haus. Aber wahrscheinlich haben Sie recht. Es war nur so ein Gedanke.« Martinez warf einen Blick auf die Uhr. »Kann ich Ihnen sonst noch irgendwie helfen?«

Pierre überlegte. »Ja, eine Frage habe ich noch. Ich weiß, Sie haben sich schon mit *Commissaire* Lechat darüber ausgetauscht, aber vielleicht ist Ihnen ja doch noch jemand eingefallen, der ein Interesse daran haben könnte, Gilbert Langlois zu ermorden. Eventuell jemand aus Mazan.«

»Aus Mazan? Nein.« Martinez sah erneut an ihm vorbei, als läge irgendwo hinter Pierre die Antwort. Dann nickte er langsam und bedächtig und wandte sich ihm wieder zu. »Aber da wir gerade von der Familie Marechal sprechen. Mir fällt ein, dass Gilbert Langlois vor einigen Wochen bei mir angerufen hat. Er wusste, dass ich immer einen guten Draht zu Frédérics Schwester Caroline hatte, und wollte wissen, wie sie jetzt mit Nachnamen heißt und wo sie wohnt.«

»Langlois hat Sie angerufen?« Pierre hielt die Luft an.

Es war verrückt. Offenbar hatte Gilbert Langlois auch noch Maurice Marechals Schwester im Visier gehabt. Selbst, wenn der Bürgermeister nicht der Mörder gewesen war, so schien er doch irgendeine Rolle in dem Fall zu spielen. Fast klang es wie in einem Mafiafilm, in dem der Gangster das Opfer bedrohte, seiner Familie zu schaden, wenn er ihm nicht den gewünschten Dienst leistete. Hatte Langlois sich damit den Posten als *Chef de police municipale* erpressen wollen? Er konnte es sich kaum vorstellen, so viel Aufwand für einen Job, aber es sah ganz danach aus.

Martinez zwinkerte. »Doch, darüber habe ich mich auch gewundert. Wir sind ja nicht gerade in Freundschaft auseinandergegangen. Offenbar war ich der Einzige, der seine Frage einigermaßen zu beantworten wusste. Hilft Ihnen das weiter?«

»Ja, sehr. Können Sie mir denn auch sagen, wie ich Caroline erreiche?«

»Ihre Nummer habe ich nicht, aber soweit ich weiß, lebt sie noch immer in Carnoux-en-Provence, wo sie nach dem Brand aufgewachsen ist. Sie hat jung geheiratet und heißt jetzt ... Ich glaube, es war Payou oder Poirot. Richten Sie ihr bitte meine allerbesten Grüße aus.«

»Das mache ich«, sagte Pierre. Er nahm sein Notizbuch aus der Jacke und trug den Namen ein. »Danke, Sie haben mir sehr geholfen.«

»Gerne.«

Martinez begleitete ihn noch zu dem Kastenwagen, wo jetzt nur noch die Kollegin auf sie wartete, und hob die Hand zum Gruß, als Pierre sich auf den Fahrersitz schwang und den Motor startete.

»Momentchen mal, nicht so schnell.« Die Beamtin streckte die Hand aus. »Sie wollten mir noch die Fahrzeugpapiere zeigen.«

Pierre nahm die *carte grise* vom Beifahrersitz und reichte sie der Frau. Die nickte nur und hielt sie ihrem Vorgesetzten hin.

»Haben Sie mal einen Blick darauf geworfen?«, fragte Martinez, als er Pierre die Fahrzeugpapiere zurückgab.

»Nein.«

Der *Policier* beugte sich zu ihm hinab. »Der Behördenstempel ist offenbar gefälscht«, raunte er in jovialem Tonfall. »Den Wagen ziehen Sie bitte schleunigst aus dem Verkehr, sobald

Sie zu Hause sind. Verdeckte Ermittlung hin oder her. Mit so einer Rostlaube dürften die Kollegen aus Cavaillon Sie eigentlich nicht auf die Straße lassen.«

»Verstanden«, sagte Pierre und nickte dem Kollegen freundlich zu. Dann drehte er den Schlüssel, bis der Kastenwagen ein blubberndes Geräusch von sich gab, als sei er beleidigt, weil man ihn aus dem Schlaf gerissen hatte.

Er würde Didier Carbonne bei nächster Gelegenheit die Hammelbeine lang ziehen.

19

Pierre hatte den Kastenwagen auf dem Hof seines ehemaligen Bauernhauses geparkt und Cosima ins Freigehege gelassen, wo ihre Tochter Lilou sie bereits sehnsüchtig erwartete. Er hatte ihr dabei zugesehen, wie sie freudig Bocksprünge machte, als sei sie voll Adrenalin nach einer waghalsigen Achterbahnfahrt. Dann war er ins Haus gegangen, hatte sich eine Presskanne mit gesüßtem *café noir* gemacht und beim Trinken den Namen von Maurice Marechals Schwester in den Browser seines Mobiltelefons eingegeben.

Erst Caroline Poirot, dann Caroline Payou und schließlich Caroline Payot.

Der letzte Name passte. Er fand ihre Daten, sie lebte tatsächlich noch immer in Carnoux-en-Provence, und wählte ihre Nummer. Nach mehrmaligem Klingeln sprang der Anrufbeantworter an, und Pierre legte wieder auf, ohne etwas zu sagen. Er würde es später noch einmal versuchen, ein persönliches Gespräch erschien ihm wesentlich Erfolg versprechender als eine wortreiche Nachricht.

Nach einem Blick auf die Uhr eilte er nach draußen und schwang sich auf sein altes Fahrrad. Es war gleich halb sieben, er war spät dran und sollte sich beeilen.

Pierre wollte gerade den Bach überqueren, als ihm der Trüffel einfiel, der noch immer im Handschuhfach des Kastenwagens lag. Er kehrte um, stellte ihn – nachdem er noch einmal den köstlichen Duft inhaliert hatte – in einer Frischhaltedose in den Kühlschrank und legte einen Zettel für Charlotte auf den Tisch, damit sie die Kostbarkeit gleich fand.

Bin gegen acht zurück, schrieb er darunter. *Bis nachher,* ma douce.

Es begann bereits zu dämmern, als Pierre die *Domaine des Grès* passierte und den Weg einschlug, der über die Felder bis nach Sainte-Valérie führte. Die kalte Abendluft strich ihm über die Wangen, deren Glühen sich mit der Steigung hinauf zum Dorf intensivierte. Auf halber Höhe fiel ihm das Auto ein, das ihn den Tag über verfolgt hatte, der dunkelgrüne Renault Megane. Es war davon auszugehen, dass es sich um einen der Kollegen aus Carpentras gehandelt hatte, die den Trüffelhof observierten. Und daher unwahrscheinlich, dass der Mann ihm bis nach Sainte-Valérie nachgefahren war. Trotzdem drehte er sich um.

Sicherheitshalber.

Wer sagte ihm denn, dass in dem Auto nicht Langlois' Mörder saß? Bisher hatten sie nur wenige Tatverdächtige beisammen, und bis auf den Trüffelbauern gab es niemanden, der wirklich infrage kam. Von dem Waldarbeiter mal abgesehen, aber der war ja verhaftet worden und hätte ihm daher schlecht mit dem Renault Megane folgen können.

Gut möglich also, dass sie jemanden übersehen hatten, der unter dem Radar segelte und nun verhindern wollte, dass man ihn enttarnte.

Der Feldweg hinter ihm war leer. Er war gut einsehbar, er würde es mitbekommen, wenn ihm jemand nachfuhr. Was man von dem Kiefernwäldchen, das vor ihm lag, nicht behaupten konnte.

Pierre starrte in das Dickicht der immergrünen Nadelbäume, welche im Dämmerlicht graue Schatten warfen, die sich stetig bewegten.

Er hielt an. Es ging ein leichter Wind, es war also vollkommen natürlich, dass die Zweige in Bewegung waren. Das taten sie auch sonst, wenn er hier durchfuhr. Manchmal durchquerte er das Wäldchen sogar zu Fuß. Und nie, wirklich nie, hatte er sich dabei derart unwohl gefühlt.

Er sah auf die Armbanduhr. Es war schon weit nach sechs, Luc wartete gewiss ungeduldig.

Pierre sehnte sich nach seiner Dienstwaffe, die gut verschlossen im Tresor der Polizeiwache lag. Dann schüttelte er den Kopf.

Wer sagte ihm denn, dass tatsächlich jemand im Schatten der Bäume auf ihn wartete? Woher sollte der Verfolger denn ahnen, dass er ausgerechnet diesen Weg nahm? Andererseits war dies die kürzeste Strecke zwischen seinem Hof und dem Dorf, und er wählte ihn jedes Mal, wenn er kein Auto hatte. Es brauchte nicht viel Fantasie, um das herauszufinden.

»Du wirst mich nicht überrumpeln«, sagte Pierre laut.

Seine Stimme klang seltsam dünn in der Dämmerung des beginnenden Abends. Irgendwo knackte es, ein Vogel stob kreischend auf.

Pierres Puls stieg an.

Er versuchte abzuschätzen, wie lange er wohl brauchte, um das Kiefernwäldchen zu durchqueren. Es waren etwa sechshundert Meter uneinsehbares Gelände, die er in weniger als drei Minuten zurücklegen könnte. Wenn er ordentlich in die Pedale trat, sogar in einer.

Er holte tief Luft und fuhr los. Das Fahrrad gewann allmählich an Geschwindigkeit. Pierre kämpfte gegen die unverminderte Steigung, beschleunigte weiter, als er in das Waldstück eintauchte, während ihm das Herz vor Anstrengung in der Brust tanzte. Als schlage ein Meißel von innen dagegen.

Es war kühler zwischen den Bäumen und auch dunkler. Pierre war jetzt vollkommen konzentriert. Seine Augen durchspähten das Dickicht, die Nerven waren angespannt, die Muskeln bereit zum Kampf. Er raste durch einen Tunnel aus Zweigen, dessen lichtes Ende allmählich näher kam. Schneller als gedacht erreichte er endlich die andere Seite des Waldes.

Verschwitzt und erleichtert verlangsamte er das Tempo und blickte über die Schulter. Wie friedlich das Wäldchen doch dalag …

Gut, dass ihn niemand beobachtet hatte.

Ein Moment wie dieser wäre dazu geeignet, Madame Duprais wie aus dem Nichts auftauchen zu lassen, damit sie ihm mit krähender Stimme eine ihrer despektierlichen Fragen stellte. Vor seinem inneren Auge ploppte ihr Gesicht auf, umrahmt von rostroten Krisellöckchen, die Knopfäuglein neugierig funkelnd. Ob Monsieur Durand für die Tour de France trainiere. Oder ob der *Chef de police municipale* von Sainte-Valérie etwa Angst habe.

So war es zumindest in vielen anderen Fällen gewesen. Nicht dieses Mal. Und darüber war Pierre mehr als erleichtert.

Als Pierre das Fahrrad ein Stück abseits der Wache auf der *Place du Village* abstellte, war er noch immer außer Atem. Zum wiederholten Mal schwor er sich, endlich etwas für seine Kondition zu tun. Joggen zu gehen, wie *Commissaire* Lechat, oder öfter mit dem Fahrrad zur Arbeit zu fahren. Das würde auch seinem nicht mehr ganz so kleinen Bauchansatz zugutekommen, den er dringend vor der Hochzeit reduzieren sollte.

Nur noch sieben Wochen … Eigentlich war es ein Wunder, dass Charlotte nach wie vor so gelassen war. Er befürchtete, dass sich das schon bald änderte. Er hatte bereits Bekanntschaft mit ihrem emotionalen Anteil gemacht, der durchaus eruptiv sein konnte. Quasi direkt aus der Gelassenheit heraus. Aber noch war davon nichts zu spüren. Glücklicherweise.

Es lag an ihm, sich zu entscheiden und einen Schritt in ihre Richtung zu machen, doch gerade jetzt waren seine Gedanken zu sehr abgelenkt. Er brauchte Ruhe, um sich darüber klar zu werden, warum er ihren Wünschen partout nicht nachgeben wollte.

Während Pierre wartete, bis sein Atem wieder gleichmäßiger ging, sah er einen älteren Herrn mit gepflegtem grauem Vollbart aus der Kirche treten und die Stufen hinunter auf den Platz eilen. Er kam ihm irgendwie bekannt vor. Der Mann war groß und schlank und wirkte sehr agil. Die Art, wie er lief, die raumgreifenden Schritte, hatten etwas Militärisches.

Dann wusste er, wen er da vor sich hatte.

»Monsieur?«, rief er aus. »Monsieur Pannetier, warten Sie.«

Der Mann drehte sich zu ihm um. Mit gerunzelter Stirn, als überlege er, ob er ihn kenne.

»Guten Abend«, sagte Pierre, als er vor ihm zu Stehen kam, »Mein Name ist Durand, *Chef de police municipale* von Sainte-Valérie.«

»*Bonsoir, Monsieur le policier.*« Pannetier blickte ihn erwartungsvoll an.

»Ich …«

Pierre war nicht vorbereitet auf diese unverhoffte Begegnung. In seinem Kopf ballten sich die Fragen und verhedderten sich wie die Fäden eines Wollknäuels, das zu Boden gefallen war und nun munter weiterrollte. Er überlegte, wie er sie am besten formulieren sollte, damit nicht der Verdacht aufkam, dass er unerlaubt ermittelte. Die vordringlichste Frage, ob Gilbert Langlois auch Monsieur Pannetier ins Visier genommen hatte, ebenso wie Maurice Marechals Geschwister, war unter diesen Umständen tabu.

»Ja?« Die Stirn runzelte sich noch ein bisschen mehr.

»Der Besuch Ihrer Tochter«, purzelten die Worte endlich aus Pierre heraus, »am Mittwoch vor einer Woche. Was hat sie Ihnen eigentlich vorbeigebracht?«

»Warum fragen Sie das?«

»Die Sache spukt mir schon die ganze Zeit im Kopf herum. Ich weiß, es geht mich vielleicht nichts an, aber Elodie hatte mir von ihrem Besuch erzählt, und da habe ich mich gefragt …«

Lieber Himmel, dachte Pierre, das war so ziemlich der schlimmste Beginn einer inoffiziellen Befragung, den er je vollbracht hatte. Und tatsächlich wirkte das Lächeln, das Thierry Pannetier ihm nun schenkte, leicht säuerlich.

»Das werde ich Ihnen sicher nicht erzählen«, sagte er mit ausgesuchter Höflichkeit. »Denn ich weiß von meinem Schwiegersohn, dass Sie nicht befugt sind, mir diese Frage zu stellen.«

»Haben Sie denn etwas zu verbergen?«

»Nein! Wie kommen Sie darauf?«

»Weil es eigentlich eine ganz unverfängliche Frage ist«, sagte Pierre. »Genauso gut hätte ich mich danach erkundigen können, ob Sie froh sind, dass der Regen endlich nachgelassen hat, oder«, er zögerte, »ob Sie Gilbert Langlois mochten. Er hat ja nicht so ganz in Ihre Welt gepasst, nicht wahr?«

»Du lieber Himmel, wer hat den schon gemocht?«, rief Pannetier, es brach regelrecht aus ihm heraus. »Der war genauso schrecklich wie sein Vater.«

»Sie haben seinen Vater gekannt?«

»Ich merke schon«, lächelte Pannetier, wieder gefasst. »Sie können nicht aus Ihrer Haut. Es ist kein Geheimnis, wenn ich Ihnen verrate, dass ich immer der Meinung gewesen bin, dass Gilbert Langlois kein guter Umgang war. Das habe ich meinem Schwiegersohn auch gesagt, als er diesen ungehobelten

Kerl nach Sainte-Valérie zu holen beabsichtigte. Aber er wollte ja nicht hören.«

»Meine Rede«, sagte Pierre. Auf einmal war Pannetier ihm geradezu sympathisch. »Hatten Sie je mit ihm persönlich zu tun?«

»Nein, das nun auch wieder nicht. Aber die Geschichten über ihn reichen mir.« Pannetier zuckte zusammen, als die Kirchturmuhr mit tönenden Glockenschlägen die volle Stunde ankündigte. »Es war wirklich nett, mit Ihnen zu plaudern, ich muss dringend los. Meine Tochter, Sie verstehen …«

»Natürlich. *Bonne soirée.*«

Pierre trat zurück und blickte Pannetier nach, wie er im Schein der pünktlich um sieben Uhr aufglimmenden Straßenlampen in eine Gasse tauchte und schließlich aus seinem Blickfeld verschwand.

In seiner Tasche brummte das Telefon, es war Luc.

Pierre schrak zusammen. Er sollte längst in der Wache sein.

20

Ein heller Lichtschein fiel auf das Pflaster vor der Wache. Luc stand bereits im Türspalt und erwartete ihn.

Pierre fiel auf, dass sein Assistent noch immer den Motorradblouson trug, der den Oberkörper sichtlich aufpolsterte. Immerhin hatte er den Reißverschluss geöffnet, sodass es sogar ganz lässig aussah.

»Gut, dass du endlich da bist«, sagte Luc. »Komm rein, wir haben schon alles vorbereitet.«

In einer schnellen Drehbewegung überblickte Pierre die menschenleere Gasse, dann folgte er seinem Assistenten ins Innere.

Auf dem Besprechungstisch lagen bedruckte Zettel, ein Stapel Karteikarten, farbige Pinnnadeln und bunte Stifte. Daneben – mit dem Rücken zum Eingang – stand die neue mobile Stellwand, von der Luc ihm erzählt hatte. Darauf waren der Plan des Waldes angebracht, ein Zeitungsausschnitt, mehrere Listen und Fotos mit Namenskarten.

Pierre erkannte Didier Carbonne, den Mechaniker Stephane Poncet, den Gastronomen Albert Piquet, den Bauunternehmer Alain Partouche und weitere Dorfbewohner, die er gar nicht als tatverdächtig registriert hatte.

Dazu ein junger Mann mit langen dunklen Haaren, den er nicht kannte.

Penelope nahm gerade einen großformatigen Ausdruck ab,

auf dem die Collage seines eigenen, dartpfeilübersäten Konterfeis abgebildet war, wofür Pierre ihr sehr dankbar war.

»Möchtest du etwas trinken?«, fragte sie, und er bat sie um einen *café noir* und ein Glas Wasser.

Dann trat er zu den Fenstern links und rechts der Eingangstür und zog die Vorhänge zu. Das hatte er noch nie getan, daher fiel ihm auch erst jetzt auf, dass es eher Vorhangschals waren, die sich nicht vollständig schließen ließen. Es sollte reichen, dachte er, und ging zurück zu Stellwand und Tisch.

Offenbar wollte Luc ihn tatsächlich vorbehaltlos in sämtliche Ermittlungsschritte einbeziehen. Es rührte Pierre mehr, als er zugeben wollte. Obwohl ihm, als er am Besprechungstisch Platz nahm, nun doch etwas mulmig zumute war, derart offensiv gegen die Anweisungen des *Commissaires* und der *Lieutenante* zu verstoßen. Eine weitere Suspendierung konnte er sich schlicht nicht leisten. Abgesehen davon hätte dann auch Gilbert Langlois sein Ziel erreicht, ohne dafür einen Finger krümmen zu müssen. Pierre stellte sich vor, wie der ehemalige Polizist den Kopf aus der Höllentür steckte und sich krumm und scheckig lachte.

»Willkommen zurück im Team«, erklärte Luc, der seinen Blick richtig gedeutet hatte und sich nun ebenfalls setzte. »Keine Sorge, nach allem, was wir wissen, besteht ganz offiziell kein Grund mehr, dich als tatverdächtig zu führen.«

Pierre richtete sich kerzengerade auf. Er konnte nicht glauben, was er da hörte. »Warum denn das?«

»Auf den Zeitungsaufruf hin haben sich zwei Zeugen gemeldet. Beides Jäger, die am Mittwochnachmittag gegen halb vier gemeinsam durch den Wald gelaufen sind, um ihre Wildkamera zu holen. Sie hatten Sorge, das Gerät würde von den heftigen Regengüssen beschädigt. Die beiden sind denselben Weg entlanggegangen, den auch die Wanderinnen aus der Bourgogne acht Tage später genommen haben, nur kamen die Jäger aus nördlicher Richtung. Sie haben ebenfalls den Parka im Bach liegen sehen. Nur haben sie dem Ganzen keine Bedeutung zugemessen, es kommt ja häufiger vor, dass Leute ihren Müll in der Landschaft entsorgen. Außerdem wollten sie so schnell wie möglich wieder ins Trockene.«

»Halb vier!« Pierre lachte befreit auf. Das war wirklich eine gute Nachricht. Die zeitliche Lücke zwischen sechs und zwanzig nach sieben, als Charlotte ihre Freundin Anouk vom Bahnhof abgeholt hatte, war damit irrelevant. Bis zum Feierabend hatte er ja ein durchgängiges Alibi. »Weiß der *Commissaire* schon davon?«

Sein Assistent zuckte mit den Schultern. »Ich habe den Bericht online auf die Teamplattform gestellt.«

»Es wäre einfacher gewesen, du hättest ihn angerufen.«

»Nicht nötig«, winkte Luc ab. In seiner Stimme schwang ein kaum zu überhörender Widerwille mit. »Momentan ist die *Lieutenante* für den Fall zuständig, und die soll sich das mal schön selbst raussuchen.«

Pierre runzelte die Stirn, sagte aber nichts. Offenbar waren sein Assistent und Fenech heftig aneinandergeraten. Dankbar sah er zu Penelope, die gerade einen *café noir* vor ihm abstellte und ihnen Wasser eingoss, bevor auch sie mit einem Schreibblock in der Hand Platz nahm.

»Also.« Luc rieb sich die Hände. »Wir haben einiges zu besprechen. Wo fangen wir an?«

Pierre tat einen Löffel Zucker in den Kaffee und rührte bedächtig um, bevor er einen Schluck trank. Es tat gut, wieder hier zu sein, er genoss es und wollte den Moment auskosten, bevor er antwortete.

»Erzähl mir von den Befragungen«, sagte er schließlich, es war sein dringendstes Anliegen.

»Die waren leider nicht so ergiebig.« Luc schob eine Namensliste über den Tisch, es war dieselbe, die auch an der Stellwand hing. »Das hier ist eine Kopie der Liste, die in der Geldkassette in Langlois' Wohnung lag. Wir haben alle darauf verzeichneten Personen verhört, aber niemand hat zugegeben, erpresst worden zu sein. Sie behaupteten einhellig, sie könnten sich beim besten Willen nicht vorstellen, wie sie auf diese Liste gelangt seien, es müsse sich um eine Verwechslung handeln. Wir hatten keine Chance, es ist schließlich nur eine Namensliste, und es gibt keine stichhaltigen Beweise für eine Erpressung, die sind ja allesamt verschwunden. Und das wussten die Leute auch.«

»Von wem?«

»Ich nehme an, von Didier Carbonne. Der ist ja nach seiner Verhaftung direkt auf den Bouleplatz gerannt und hat sich über die dämliche Polizei ausgelassen. Außerdem hat er jedem, der es hören wollte, eröffnet, dass Gilbert Langlois der anonyme Erpresser war.«

»Gehört der Uhrmacher etwa noch immer zu den Tatverdächtigen?«, fragte Pierre mit Blick auf die Stellwand.

»Wenn es nach der *Lieutenante* geht, schon.« Luc strubbelte sich mit beiden Händen durch das kurze Haar, als brauche er eine Massage, um seine Gedanken zu ordnen. »Jedenfalls war Stéphane Poncet an dem Tag ebenfalls auf dem Bouleplatz«, fuhr er fort. »Und der hat dann, wie mir später ein Dorfbewohner berichtete, gleich weitergetragen, dass niemand, der erpresst worden ist, befürchten müsse, dass der Grund dafür herauskäme. Es gebe ja keine Beweise, der Mörder habe sie dankenswerterweise gleich mit entfernt.« Luc hob die Schultern. Dabei konnte er sich ein Grinsen nicht verkneifen, es war keine Frage, auf wessen Seite er stand. »Die Nachricht ist natürlich wie ein Lauffeuer durch den Ort gegangen. Und als wir dann bei den Leuten ankamen, die auf der Liste standen, wollte niemand etwas von einer Erpressung wissen.«

»Kein Wunder, dass *Lieutenante* Fenech eine Verschwörung wittert«, feixte Pierre. »Wahrscheinlich dachte sie, Carbonne selbst hätte die Beweise entfernt.«

»Sie denkt, du steckst dahinter.«

»Aber dann wären doch keine Bilder von mir in Langlois' Wohnung gewesen«, entgegnete Pierre verwundert. »Die hätte ich als Allererstes abgemacht.«

Luc schüttelte lachend den Kopf. »Die *Lieutenante* glaubt, dass sich die Spuren vor seiner Tür auch anders erklären lassen. Es sei nicht zwangsläufig ein Beweis dafür, dass jemand in der Wohnung war.«

Eine enorm hartnäckige Frau, dachte Pierre, aber das Thema war ja nun mit den Aussagen der beiden Jäger endgültig vom Tisch. Er zog die Liste zu sich heran.

»Serge Oudard fünfhundert Euro«, las er staunend. »Albert Piquet tausendvierhundert, Stéphane Poncet achthundert …«

Es folgten die englische Tierärztin Sarah Williams, die auch Pierres Ziegen betreute, Bauunternehmer Alain Partouche, der Züchter Arthur Joffroy, Gärtner Patrick Flamant und Thomas Bussan, der eine Confiserie in der *Rue du Portail* besaß.

Gilbert Langlois war tatsächlich ein guter Polizist, dachte Pierre, wenn er derart brisante Dinge herausgefunden hat, dass die Opfer bereit waren, so viel Geld zu zahlen.

Acht Namen …

Pierre sah auf. »Und alle haben sie nachprüfbare Alibis für die Tatzeit?«

»Alle«, bestätigte Luc. »Partouche, Joffroy, Flamant und Bussan saßen beim Mittagessen im Restaurant von Albert, der wiederum die Gäste begrüßte. Unser Mechaniker hatte sich für ein Schläfchen hingelegt, wurde aber vom Paketboten geweckt, der das bezeugen konnte. Oudard war mit seiner Frau und einer Aushilfe im Krämerladen, um eine Getränkelieferung auszupacken und einzusortieren, und die Tierärztin hatte in Apt einen Notfall zu versorgen.«

»Sind das alle Namen von der Liste?«

»Ja. Stimmt etwas nicht damit?«

»Einer fehlt«, stellte Pierre fest. »Der von Didier Carbonne, dem Erpressungsopfer, wegen dem Langlois in den Wald gefahren war. Das ist bedeutsam. Ist irgendjemand darauf eingegangen?«

»Nein …« Luc war sichtlich irritiert. »Warum sollte das bedeutsam sein?«

»Weil Langlois nur diejenigen aufschrieb, von denen er das Geld bereits erhalten hatte. Darum stehen die Summen hinter den Namen. Wenn wir davon ausgehen, dass Langlois seine Opfer nicht mehrfach erpresst hat, dann helfen uns die Personen auf der Liste bei der Suche nach dem Mörder nur bedingt weiter. Wichtiger sind diejenigen, die noch nicht draufstehen. Was ist mit dem Waldarbeiter, hat der ein Alibi?«

»Yanis Vallon? Nein. Er sagt, er sei den ganzen Tag zu Hause gewesen. Er gehört ebenfalls zu den Tatverdächtigen.«

»Konnten die Kriminaltechniker eigentlich die Bilder von Gilbert Langlois' Mobiltelefon wiederherstellen oder haben einen Zugang zu seiner Cloud bekommen?«

»Bislang nicht«, bemerkte Penelope. »Und es ist sehr unwahrscheinlich, dass ihnen das noch gelingt. Aber dieser Vallon hat das Smartphone entsperrt, als es noch funktionstüchtig war, so viel ist sicher. Vielleicht hat er vor dem Löschen die Fotos durchgescrollt? Aus reiner Neugierde.«

Luc sah sie fragend an. »Wie soll er das Teil denn entsperrt haben ohne Code? Der wird es einfach nur zurückgesetzt haben.«

»Das funktioniert nicht bei diesem Modell. Es gibt eine Aktivierungssperre, die an das Passwort der Apple-ID gekoppelt ist. Ohne die kann man das System nicht neu aufspielen und das Telefon benutzen, und das hat er ja offensichtlich getan. Dafür braucht es einen Löschvorgang. Und den kann man nur starten, wenn man die Zugangsdaten hat. Oder wenn man einen illegalen Unlocker drauflädt, der die Sperre umgeht.«

Pierre hörte ihr aufmerksam zu. Er spürte, dass dies ein Weg zur Lösung sein könnte.

»Es gibt da noch etwas, das für den Fall bedeutsam ist.« Penelope erhob sich und ging zur Stellwand. »Wir haben hier eine Karte von dem Waldgebiet. Die rote Nadel kennzeichnet den Tatort, die gelbe den Holzstapel, an dem Langlois' Wagen geparkt war. Etwa fünfzehn Gehminuten vom Tatort entfernt befindet sich der Parkplatz. Vallon hat das Telefon in diesem Umkreis hier unter dem Laub gefunden. Die ungefähre Stelle ist mit einem weißen Pin gekennzeichnet. Es ist also davon auszugehen, dass der Mörder das Telefon direkt nach der Tat eingesteckt und auf dem Weg zum Parkplatz verloren hat. Das schließt übrigens auch aus, dass er zu Fuß oder mit dem Fahrrad gekommen ist, denn dann hätte er den kürzeren Weg an der Straße entlang genommen.«

Luc verschränkte die Arme. »Und? Was sagt das aus?«

»Na, das ist doch eindeutig!«, rief sie. »Der Täter muss sein Fahrzeug mindestens vierzig Minuten auf dem Parkplatz abgestellt haben, wenn man die Tat einberechnet. Wahrscheinlich sogar länger. Er hat offensichtlich das Risiko in Kauf genommen, dass jemand den Wagen bemerkt. Oder er hat die Konsequenzen nicht bedacht. Was wiederum für eine hohe Emotionalität spräche. Einen fehlenden Plan.«

Pierre nickte. Penelope war klug. In ihr steckte mehr als

eine Schreibkraft. Er fragte sich, ob sie wohl schon mal daran gedacht hatte, eine Ausbildung zur Polizistin zu machen. Er würde sie bei Gelegenheit darauf ansprechen.

Luc rieb sich mit beiden Händen über das Gesicht. »Ich komme da allmählich nicht mehr mit. Wofür soll das alles gut sein?«

»Es bedeutet, dass jemand richtig ausgetickt ist«, sagte Penelope und setzte sich wieder an ihren Platz. »Der Täter hat sehr spontan gehandelt, verstehst du? Im Affekt.«

Luc lehnte sich mit einem Stöhnen zurück. »Dann bleibt niemand mehr übrig, der die Tat begangen haben könnte. Nicht einmal die Verschwörung, die die *Lieutenante* vermutet, passt da noch rein.«

»Das tut sie doch sowieso nicht«, feixte Penelope. »Wegen der Alibis.«

»Aber der Täter existiert«, sagte Pierre. »Wir haben ihn nur noch nicht erkannt. Oder etwas übersehen.«

Das war sein Stichwort. Zeit, von seinen eigenen Ermittlungen zu berichten. In wenigen Worten fasste er zusammen, was er im Laufe des Tages in Erfahrung gebracht hatte. Er berichtete von seinem Besuch auf dem Trüffelhof von Frédéric Marechal, von den Männern im Aufenthaltsraum, offenbar *Harragas,* und von dem Schwager Aziz Bensaid, der mit ihnen in Streit geraten war. Außerdem von der Begegnung mit seinem Kollegen in Mazan, der ihm erzählt hatte, dass Gilbert Langlois ihn wegen der Schwester des Bürgermeisters kontaktiert hatte, und zu guter Letzt von der algerischen Vergangenheit der Familie Marechal.

»Gilbert Langlois hat sich ganz offensichtlich für Maurice Marechals Geschwister interessiert«, schloss er.

»Oder für seine Vergangenheit«, sagte Penelope und holte das Foto mit dem Gabelstapler von der Stellwand. »Wenn ich es richtig verstanden habe, dann hat eine Familie von *Harkis* auf dem Trüffelhof gewohnt und gearbeitet, die in einem Flüchtlingslager lebten, bevor sie nach Mazan kamen. Dieser Mann hier …« Sie tippte mit dem Finger auf das Foto. »Der gehört doch zur Familie Bensaid, oder etwa nicht?«

Pierre nickte. Irgendwie schien Maurice Marechal im Mittelpunkt zu stehen, ohne der Mörder zu sein. So, als habe Gilbert Langlois die ganze Zeit um ihn gekreist wie eine Spinne um ein Insekt.

»Offenbar hatte der ehemalige Polizist zwei Kategorien von Opfern«, sagte er. »Die einen haben ihm sein regelmäßiges Einkommen gesichert. Und die anderen …« Er sah zur Stellwand, an der jetzt weder er selbst hing noch jemand aus der Familie Marechal. »Die anderen haben womöglich seiner Rache gedient.«

Ein langes Schweigen trat ein, in dem jeder seinen Gedanken nachhing.

»Ich wusste gar nicht, dass die Familie unseres Bürgermeisters aus *Pieds Noirs* besteht«, sagte Penelope schließlich. Sie beugte sich vor, die Ellenbogen aufgestützt.

»Sein Bruder Frédéric meinte, es sei ihm unangenehm«, erklärte Pierre. »Es hat wohl etwas mit der kolonialen Vergangenheit zu tun.«

Luc zog die Brauen zusammen. »Das verstehe ich nicht. Er kann schließlich nichts für die Taten seiner Vorfahren. Außerdem waren ja auch nicht alle *Pieds Noirs* brutale Kolonialisten. Denkt nur mal an Yves Saint-Laurent, der in Oran geboren wurde, oder an Albert Camus aus Algier. Oder an die fabelhafte Nicole Garcia, die eine Rolle in einem der vielen Louis-de-Funès-Filme innehatte. Und sie spielt die Anne Pellegrini in dem Netflix-Kracher *Lupin*.«

»Woher weißt du das?«, fragte Penelope.

»Ich habe gerade eine Reportage über die *Pieds Noirs* gesehen. Die meisten waren einfache Leute. Arbeiter, Handwerker, Angestellte, Lehrer. Viele lebten mit der arabischen Bevölkerung in friedlicher Koexistenz und Freundschaft, bevor der Krieg begann.«

»Das mag sein.« Pierre wiegte den Kopf. »Aber das sehen längst nicht alle so. Manche nennen sie abfällig *nostalgériens,* weil sie noch immer an der verlorenen Heimat hängen, auch die jüngeren Generationen, obwohl die das Land ihrer Eltern nur vom Hörensagen kennen.«

»Außerdem wählen viele Algerienfranzosen ganz weit rechts«, ergänzte Penelope, noch immer nach vorne gebeugt. »Von ihnen hat der *Rassemblement National* die allermeisten Stimmen, in Perpignan stellt die Partei sogar den Bürgermeister. So etwas ist natürlich Gift für die Eitelkeit von *Monsieur le maire* Marechal. Da ist er in der Familie Pannetier mit ihren generösen Burgherren als Vorfahren weit besser aufgehoben.«

Pierre nickte. »Und trotzdem: Niemand würde ihm einen Strick draus drehen, wenn das ans Tageslicht käme. Für eine Racheaktion wäre das gänzlich ungeeignet.«

»Vielleicht«, spekulierte Luc, »hat ja Marechals Großvater eine unrühmliche Vergangenheit bei der geheimen Terrororganisation des französischen Militärs, der OAS. Das ist so, wie früher bei den Deutschen nach dem Zweiten Weltkrieg. Da wollte auch niemand eine Nazigröße in der Familie gehabt haben. So eine Vergangenheit könnte sehr wohl Wellen schlagen.«

Penelope nickte. »Es gibt ein staatliches Archiv für Militärgeschichte. Dort lagern auch alte Personalakten. Soll ich mal nachsehen, ob ich etwas dazu finde?«

»Mach das«, sagte Pierre, obwohl er nicht sicher war, ob diese Information sie zum Täter führen würde. »Ich werde jetzt

Commissaire Lechat anrufen. So können wir nicht weitermachen. Ich will zurück ins Ermittlerteam und da ...«

Eine Bewegung, die sich in seinem Display spiegelte, ließ ihn innehalten. Er schwenkte das Telefon vorsichtig hin und her. Jetzt erkannte er den Umriss eines Mannes, der im Dunkel des seitlichen Fenstervorsprunges vor der Wache verharrte und zwischen dem Spalt in den Vorhängen hindurchlinste. Pierre konnte die tief ins Gesicht gezogene Schirmmütze erahnen, den bis zur Nase reichenden Schal.

Er atmete tief durch. Sein Bauchgefühl hatte ihm recht gegeben. Die Observierung hatte nicht Frédéric Marechals Trüffelhof gegolten. Sondern ihm.

»Ich bitte euch, verhaltet euch vollkommen normal«, flüsterte Pierre, der das Telefon sinken ließ. »Tut so, als wärt ihr noch voll und ganz in die Ermittlungen vertieft. Auf keinen Fall dreht ihr euch um oder guckt aus dem Fenster. Ich werde jetzt gleich in mein Büro gehen und über den Hinterhof auf die Straße laufen.«

Penelope nickte. Dann tippte sie auf eine Karteikarte, als liege all ihr Interesse auf dem Papier. »Wer ist da draußen?«, wisperte sie.

»Das weiß ich noch nicht. Aber ich werde seit meinem Besuch auf dem Trüffelhof verfolgt. Und ich will endlich wissen, von wem.«

»Es ist ein Risiko, den Kerl alleine zu stellen«, wandte Luc ein. »Wir sollten Verstärkung rufen.«

»Das dauert zu lange. Aber ich habe da eine Idee.« Pierre nahm seine leere Tasse und blickte in die Runde. »Möchte noch jemand einen Kaffee?«, fragte er in normaler Stimmlage.

»Nein, danke«, rief Luc, lauter als notwendig, und beugte sich mit demonstrativ gerunzelter Stirn über Penelopes Karteikarte.

Pierre ging in Richtung der Kaffeeküche, die vom Fenster aus nicht einsehbar war, und an ihr vorbei in sein Büro, wo er nach einem Paar Handschellen griff. Dann entriegelte er das Gitter vor seinem Fenster und kletterte ins Freie.

21

Ein scharfer Nachtwind blies ihm entgegen, und Pierre fror in seinem Pullover, als er über den Hinterhof eilte und über die Mauer auf den rückwärtigen Platz des *Chez Albert* kletterte.

Er stolperte an den Mülltonnen vorbei, fast wäre er über eine Kiste mit leeren Flaschen gefallen. Dann riss er die Tür zur Restaurantküche auf. Dichter Kochdunst schlug ihm entgegen, ein köstlicher Bratengeruch durchzog den kleinen Raum. Weder der Spüler noch die beiden Küchenhilfen schienen ihn zu bemerken. Es herrschte betriebsame Hektik, jeder war ganz auf sein Tun konzentriert. Nur Albert, der gerade dabei war, einen Fisch zu filetieren, sah überrascht auf.

»Was willst du denn hier?«, blaffte er. »Hier ist kein Zutritt für Gäste.« Dann bemerkte er Pierres Gesichtsausdruck. »Ist etwas passiert?«

»Ein Mann steht im Dunkeln vor der Wache, er verfolgt mich schon den ganzen Tag. Ich will ihn endlich stellen und brauche dafür deine Hilfe. Wie viele Leute kannst du entbehren?«

Alberts Hand schloss sich fest um das Filetiermesser. Sein Gesicht hatte jetzt einen entschlossenen Ausdruck. »Wie viele brauchst du?«

»Etwa vier. Wir müssen die *Rue des Oiseaux* von beiden Seiten absichern. Auch die Gassen, die zur *Rue de la Citadelle* führen, damit er nicht in Richtung der Burg abhauen kann.«

»Alles klar.« Albert wischte sich die freie Hand an der Schürze ab. »Ich kümmere mich drum.«

»Ich warte vor dem Restaurant. Beeil dich!« Damit trat Pierre ins Freie.

Die Nacht war klar, vereinzelte Wolken zogen über den hohen Sternenhimmel. Aus einem Schornstein stieg heller Rauch auf, es roch nach Holzöfen und wärmendem Kaminfeuer. Pierre hatte die Hände in die Taschen seiner Hose geschoben und starrte auf den Eingang des Restaurants. Zitternd vor Kälte und Ungeduld.

»Verdammt«, murmelte er. »Wie lange dauert das denn?«

Er hätte es alleine versuchen sollen. So wurde der Kerl womöglich misstrauisch und verließ seinen Posten.

Ein eng umschlungenes Paar strebte auf den Eingang des *Chez Albert* zu. Sie lachten, Atemwölkchen trieben durch die kalte Luft, als endlich die Tür aufschwang. Die beiden traten zurück, um Albert und drei Männer durchzulassen. Pierre erkannte den kräftig gebauten Spüler und zwei nicht minder muskulöse Kellner, die sich nun vor ihm aufstellten und mit hochkonzentrierten Gesichtern seinen Anweisungen lauschten.

»Möglicherweise befindet er sich inzwischen auf dem Rückzug«, schloss Pierre. »Es wird jeder Mann aufgehalten, der versucht, die Sperre zu durchbrechen, okay?«

»Alles klar.« Albert nickte. »Los, schnappen wir ihn uns.«

Wie dunkle Schatten eilten die Männer über die *Place du Village*, jeder in seine Richtung, und verteilten sich auf die vereinbarten Positionen.

Pierre nahm den direkten Weg über die *Rue des Oiseaux*. Er wartete kurz, bis er sicher sein konnte, dass alle auf ihren Posten waren, dann betrat er die Gasse.

Das Licht der Straßenlampen beleuchtete das Steinpflaster, als Pierre sich im Schutz der Hausfassaden vorarbeitete.

Von hier war die Polizeiwache nur etwa fünfzig Meter entfernt. Bald entdeckte er auch die Gestalt, die sich noch immer in die Fensternische drückte, als wäre sie ein Teil davon.

Es muss ein sehr schlanker Mann sein, dachte Pierre, er selbst würde nie derart mit der Mauer verschmelzen.

Von südlicher Seite näherte sich einer der Kellner, er trat viel zu laut auf, weshalb der Unbekannte den Kopf hob. Jetzt stellte sich der Ankömmling breitbeinig auf und verschränkte die Arme, die Brust gereckt, als wolle er einen Bulldozer am Durchkommen hindern.

Pierre fluchte leise und presste sich in einen Hauseingang, ohne den Blick von der Zielperson zu wenden. Sein Herz begann wild zu klopfen, als er sah, wie der Unbekannte einen Schritt zurück machte, sich plötzlich in seine Richtung drehte und losrannte.

Gleich war er bei ihm.

Mit einem Sprung hechtete Pierre vor und riss den Mann zu Boden. Das Pflaster war hart, und er stöhnte auf, als sie ineinander verkeilt aufkamen. Im nächsten Moment traf ihn ein Schlag an der Schläfe. Ein höllischer Schmerz durchzog seinen Kopf. Den zweiten Hieb wehrte er ab. Er ließ die geballte Faust vorschnellen, sie landete in der Magengrube des Gegners, der laut und hell aufstöhnte wie ein Jugendlicher kurz nach dem Stimmbruch. Doch als Pierre versuchte, ihm den rechten Arm rücklings in Richtung Schulter zu beugen, entwand er sich dem Griff und sprang auf. Sein ehemaliger Verfolger war, das erkannte Pierre rasch, trotz seiner jugendlichen Statur stark, ein Gegner auf Augenhöhe. Jetzt machte er einen Schritt von Pierre weg, doch der bot seine letzten Kräfte auf und wuchtete sich mit dem vollen Gewicht seines Körpers gegen den Mann, brachte ihn wieder zu Fall und begrub ihn unter sich.

Pierre stieß ein zufriedenes Keuchen aus. Manchmal waren ein paar zusätzliche Pfunde durchaus von Vorteil. Wenn der Kerl nur nicht so zappeln würde.

In der Gasse waren eilige Schritte zu hören, ein Rufen, es kam von Luc. Doch Albert war schneller.

»Schluss jetzt!«, brüllte der Gastronom mit seiner sonoren Stimme und baute sich vor dem Fremden auf. »Stillhalten, sonst ramme ich dir mein Filetiermesser zwischen die Rippen.«

Pierre bemerkte, wie sein Gegner zusammenschrak, ein kurzes Zucken nur, doch es reichte, um dessen Arm nach hinten zu reißen und die Handschellen um das Handgelenk einrasten zu lassen. Dann klickte auch die zweite Seite.

»Sind Sie verrückt geworden?«, schrie der Mann mit sehr jung klingender Stimme. »Machen Sie mich sofort los, sonst lasse ich Sie wegen Übergriffs auf einen Polizeibeamten verhaften.«

Die Stimme kam Pierre bekannt vor. Er riss dem Kerl die Kappe vom Kopf und zog ihm den Schal ab.

Ein blasses Gesicht mit Schwanenhals. Es war der junge *Gardien*, Fabien Charpentier, der die *Lieutenante* heute Morgen zum Verhör begleitet hatte.

»Sie?«, entfuhr es Pierre überrascht. »Was zum Teufel machen Sie denn hier?«

»Nach was sieht es denn aus?« Der *Policier* riss an den Handschellen. »Nun machen Sie mich endlich los, ich habe nichts Unrechtes getan.«

»Nichts Unrechtes?« Pierre stieg die Zornesröte ins Gesicht. »Sie verfolgen mich schon seit heute Morgen. Recht dilettantisch, wie ich anmerken darf. Sie hätten mich in Mazan fast überfahren. Warum tun Sie das? Ich habe schon gedacht, mich verfolgt der Mörder.«

Der junge Mann starrte ihn grimmig an und zog die Nase hoch, ohne den Rotz auszuspucken. »Ich folge nur den Anweisungen.«

»Was für Anweisungen sollen das sein?«

»Sie zu beschatten.«

Pierre schnaubte. »Und wer hat Ihnen den Befehl dazu gegeben? *Commissaire* Lechat?«

»Nein. Es war *Lieutenante* Fenech.«

Er hatte die Nase voll. Endgültig. Und Pierre sah es auch nicht ein, die Sache mit der *Lieutenante* zu diskutieren, sondern mit demjenigen, der das Ganze verbockt hatte. Nachdem er sich bei Albert und seinen Männern bedankt und die Beaufsichtigung des Häftlings Luc überlassen hatte, marschierte er direkt in sein Büro, schloss die Tür und wählte die Mobilnummer von *Commissaire* Lechat.

»Ja?«

Es hatte beiläufig geklungen. Im Hintergrund war das Klingen von Gläsern zu hören, klassische Musik, angeregte Gespräche.

»Robert, was hast du dir nur dabei gedacht?«

»Pierre?« Eine kurze Pause. Dann lachte der *Commissaire* leise. »Was ist los? Du klingst wie eine enttäuschte Ehefrau.«

»Mir ist nicht nach Scherzen zumute. Wie konntest du zulassen, dass man mich beschattet?«

»Wovon redest du?«

»Ich habe gerade einen *Gardien* überwältigt, der mich seit heute Morgen verfolgt, sein Name ist Fabien Charpentier. Er hat mich sogar heute in Mazan angefahren, als ich versucht habe, ihn aufzuhalten. Er behauptet, *Lieutenante* Fenech habe ihn beauftragt.«

»Die *Lieutenante* …« Lechat verstummte. Die Hintergrundgeräusche ebbten ab, man hörte eine Tür, dann war die Musik nur noch ein sanftes Plätschern. »Davon habe ich nichts gewusst.«

»Sie wird das ja wohl kaum ohne dein Wissen angeordnet haben.«

»Doch, das hat sie.« Robert Lechat klang jetzt ebenfalls aufgebracht. »Fenech hat dich wohl für den Mörder gehalten. Wo bist du gerade?«

»Auf der Wache. Der *Gardien* sitzt bestens gesichert im Vorraum. Wir werden ihm die Handschellen nicht abnehmen, bevor du höchstpersönlich hier in Sainte-Valérie auftauchst und die Sache offiziell aus dem Weg räumst.«

»Pierre, ich kann hier nicht weg.« Ein tiefes Einatmen. »Es ist ein wichtiger offizieller Anlass, die gesamte Belegschaft des Rathauses ist vor Ort, da darf ich nicht fehlen.«

»Und was soll ich jetzt mit dem Kerl machen?«

»Gib ihn mir mal, ich rede mit ihm. Und nimm ihm in Gottes Namen die Handschellen ab.« Der *Commissaire* stockte. »Was machst du überhaupt auf der Wache? Du hast dort nichts zu suchen.«

Pierre atmete tief ein und wieder aus, um seine noch immer vorhandene Wut aus der Stimme zu nehmen. Dann stellte er sich ans Fenster und sah über den dunklen Hof. »Die Tatzeit ist aufgrund einer neuen Zeugenaussage eingegrenzt worden«, sagte er ganz ruhig »Mein Alibi ist ohne Zweifel ausreichend. Es gibt keinen Grund mehr, mich von den Ermittlungen fernzuhalten. Ich will wieder mitmachen, ohne Wenn und Aber.«

Lechat seufzte. »Ich werde das mit der Ermittlungsrichterin besprechen«, sagte er nach einer kleinen Pause. »Gibst du mir jetzt bitte mal den jungen Kollegen? Ich müsste längst wieder drinnen sein.«

»Eine Sache noch«, hielt Pierre ihn auf. »Was weißt du über

das Mobiltelefon des Opfers? Konnte die Kriminaltechnik die Bilder wiederherstellen?«

»Das … kann ich dir nicht sagen. Nicht, bevor ich das Okay von offizieller Seite habe.«

Das durfte doch nicht wahr sein! Pierre konzentrierte sich erneut ganz auf seinen Atem. Er musste unter allen Umständen ruhig bleiben. »Bitte, Robert. Es geht um mehr als um irgendwelche *règlements.* Und das weißt du auch. Während du mit einem anderen Fall beschäftigt bist und zu offiziellen Empfängen ins Rathaus gehst, setzt deine Stellvertreterin einen Beschatter auf mich an und schleift einen ehemaligen Uhrmacher zum Verhör, dessen Hände so stark zittern, dass er niemals ein Messer sicher führen könnte.«

»*Lieutenante* Feneche ist eine gute Polizistin, du tust ihr Unrecht.«

»Und trotzdem verlieren sich sämtliche Ermittlungen im Nichts. Die Zeit drängt. Es gibt Hinweise darauf, dass Gilbert Langlois versucht hat, in der Vergangenheit von Maurice Marechals Familie zu wühlen. Ich will wissen, was da los war.«

»Pierre, der Bürgermeister ist raus.«

»Ich weiß. Trotzdem scheint Langlois' Fokus auf Marechals Umfeld gelegen zu haben, vielleicht sogar auf ihm selbst. Es gibt eine sehr konkrete Spur zu seinem Bruder Frédéric, dessen Alibi überprüft werden muss.« Pierre berichtete kurz von seiner Beobachtung und dem Verdacht der Beschäftigung illegaler Arbeiter. »Außerdem«, schloss er, »hat sich Langlois nach Marechals Schwester Caroline erkundigt. Wenn wir den Täter finden wollen, dann müssen wir uns fragen, warum Langlois sich so für die beiden Geschwister des Bürgermeisters interessiert hat.«

»*Bon.* Du hast recht.« Lechart seufzte erneut. »Ich werde dich jetzt nicht fragen, woher du das alles weißt. Aber es scheint mir dringend geboten, dass wir uns zusammensetzen, um uns auszutauschen. Alle, inklusive der Kollegin Fenech. Nachdem ich mit der Ermittlungsrichterin gesprochen habe.« Den letzten Satz hatte er Wort für Wort betont. »Und was Langlois' Mobiltelefon angeht: Ich habe vorhin von der Kriminaltechnik erfahren, dass die Bilder unwiederbringlich verloren sind. Yanis Vallon hat das Telefon auf die Werkseinstellungen zurückgesetzt, bevor er es neu konfigurierte. Dabei hat er eine Anwendung benutzt, die die Sperre aushebelt. Da kommt nun einiges auf ihn zu. Auf die unbefugte Überwindung einer Zugangssicherung stehen bis zu drei Jahre.«

Es war genau so, wie Penelope vermutet hatte. »Mit dem möglichen Strafmaß könnten wir ihn ködern«, sagte Pierre. »Vallon hatte Zugriff auf die Daten. Möglicherweise hat er sich die Bilder vor dem Löschen angesehen. Sie sind vielleicht unsere einzige Chance, den Täter zu finden.«

»Ich werde *Lieutenante* Fenech bitten, das zu überprüfen.«

»Mach das.« Pierres Stimme bekam einen Anflug von Sarkasmus. Den konnte und wollte er nicht zurückhalten. »Und richte ihr einen schönen Gruß von mir aus.«

22

Luc hatte ihm angeboten, ihn mit dem Motorrad nach Hause zu fahren. Der Nachtwind strich eisig über Pierres Hände, als er sich an den seitlichen Griffen der Sitzbank festhielt. Doch es störte ihn nicht. Er genoss die Fahrt an den vom Mondlicht beleuchteten Feldern vorbei, den historischen Steinhütten. Den Blick über das dunkle Calavon-Tal bis zu den Hängen des Luberon, wo aus den Dörfern ferne Lichtpunkte glommen wie ein Meer aus Kerzen.

Als sie den Hof erreichten, war es fast neun. Die unteren Fenster des ehemaligen Bauernhauses waren hell erleuchtet, und als Pierre vom Motorrad stieg, sah er Charlotte im Wohnzimmer vor dem Kamin sitzen, ein Buch in der Hand. Sofort hatte er ein schlechtes Gewissen. Er hatte sich für acht Uhr angekündigt. Vielleicht hätte er ihr rechtzeitig Bescheid geben sollen, dass es später wurde.

Vom Knattern des Motorrades aus der Lektüre gerissen, blickte sie auf. Einen Moment später stand sie in der Tür. Nichts an ihrem Gesichtsausdruck ließ erahnen, dass sie verärgert war. Eher wirkte sie besorgt.

»Hallo Luc. Schickes Motorrad.«

Der Angesprochene strahlte. »Nicht wahr? Du solltest mal sehen, wie es sich in die Kurven legt. Wie eine gelenkige Frau.«

»Gibt es einen Grund, warum du Pierre begleitest?«, fragte sie vorsichtig, und ihr Blick blieb an der Stelle in Pierres

Gesicht hängen, an dem ihn *Gardien* Charpentiers Faust getroffen hatte.

»Alles in Ordnung«, sagte Pierre rasch und rieb mit der Hand über die Schläfe. Der Schmerz war bereits so gut wie verklungen. »Ich bin raus aus dem Kreis der Tatverdächtigen. Wir haben noch zusammengesessen und über den Fall geredet. Luc hat mich nach Hause gebracht, weil es mit dem Fahrrad zu lange gedauert hätte.«

Er knuffte seinen Assistenten bedeutungsvoll in die Seite und hoffte, dass der jetzt nicht von dem *Gardien* und der Prügelei anfing.

Aber Lucs Konzentration galt längst einem anderen Thema. Schnuppernd hob er die Nase. »Hm, das riecht aber gut. Was gibt es denn?«

»Getrüffelter Sellerie-Kartoffel-Stampf mit Seezunge.« Charlotte lachte, als sie sein verzücktes Gesicht sah. »Möchtest du mitessen? Ich habe noch ein weiteres Fischfilet in der Kühlung.«

Luc nickte heftig. »Klar! Ehrlich gesagt habe ich darauf gehofft, dass du was Leckeres gekocht hast. Seit ich nicht mehr mit Florence zusammen bin, gibt es bei mir nur noch Junkfood.«

Während Charlotte in die Küche ging, deckte Pierre den Esstisch im Wohnzimmer, entkorkte den Weißwein – eine Cuvée aus Viognier und Roussanne – und feuerte den Kamin neu an. Dann wählte er eine ruhige Musik aus, entspannter Sound zwischen Jazz und modernem Soul.

»Ich bin wirklich gerne hier«, sagte Luc, der sich auf das cremefarbene Sofa gesetzt hatte, die Arme ruhten weit ausgestreckt auf der Rückenlehne. »Bei euch ist es so heimelig.«

Pierre konnte dem nur zustimmen. Der Umbau hatte sich gelohnt, ebenso die vielen Nerven, die er in der Zeit der Renovierung verloren hatte.

Als er das Haus vor drei Jahren zum allerersten Mal betreten hatte, da war es baufällig gewesen. Der hohe, vom Dachboden befreite Wohnraum mit den dicken Holzbalken war ein Fall für den Statiker. Und aus den Leitungen in Bad und Küche trat brackiges Wasser, weshalb die Rohre saniert werden mussten. Doch die Natursteinmauern, der offene Kamin, die zurückgezogene Lage reichten aus, um sich in den ehemaligen Bauernhof samt seiner Bewohnerin, der Ziege Cosima, zu verlieben.

Es hatte Monate gedauert, bis das Haus bezugsfertig war. Was auch an dem örtlichen Bauunternehmer Alain Partouche gelegen hatte, der sich lieber mit der Sanierung der Burg beschäftigte. Ohne die tatkräftige Hilfe der Dorfbewohner hätte Pierre das Projekt niemals geschafft. Und ohne Charlotte, die ihm während der Renovierung eine große Hilfe gewesen war.

Die erhaltenswerten Dinge – der alte Waschtisch im Bad, das schmiedeeiserne Geländer an der Treppe ins Obergeschoss, der gemusterte Fliesenboden im Flur und der gusseiserne Herd der Küche – hatte sie aufarbeiten lassen, um ein Ambiente zu erschaffen, in dem trotz Modernisierung der typisch provenzalische Charme nicht verloren ging.

Sie hatte die Farben aller Wände ausgesucht – im Wohnzimmer dominierte ein pastelliges Beige – und sie mit platingrauen und cremefarbenen Stoffen kombiniert, passend zu den Holztönen der Möbel. Als Charlotte einzog, hatte sie ihre provenzalisch gemusterten Kissen mitgebracht, die als Farbkleckse auf Sofa und Sessel verteilt waren. Und überall standen warmes Licht verströmende Lampen und Kerzen.

»Seid ihr so weit?«, fragte Charlotte in diesem Moment und betrat den Raum, wobei sie drei Teller gleichzeitig balancierte.

»Das duftet ja hervorragend!«, rief Luc aus. Er schwang sich vom Sofa und nahm am Tisch Platz. Neugierig senkte er die

Nase über den Teller, den Charlotte vor ihm abstellte. »Dieser intensive, moschusartige Geruch, die filigrane Maserung … Sag bloß, das ist ein echter Périgordtrüffel.«

»Ja. Pierre hat ihn von der Trüffelfarm mitgebracht. Hat er dir nicht davon erzählt?«

»Nein. Aber als hätte ich es geahnt …«

»Den Trüffel hat Cosima gefunden«, erklärte Pierre.

Dann berichtete er von ihrem unverhofften Talent und der skurrilen Fahrt durch das *Comtat Venaissin*, die die Ziege am Ende offenbar mehr genossen hatte als er selbst, bis sich Luc und Charlotte die Bäuche hielten vor Lachen.

Schließlich prosteten sie sich zu und widmeten sich dem Essen.

Das Aroma des Trüffels hing schwer im Raum, und Pierre lief das Wasser im Mund zusammen. Er bemerkte feine, dunkle Stückchen im Kartoffel-Sellerie-Stampf und dünne Scheiben, die aufgehobelt waren. Auch die Seezunge sah fantastisch aus mit ihrem Mantel aus halbierten Kirschtomaten, Kerbel, Petersilie und Dill.

Eine Weile aßen sie schweigend. Der Fisch in Kombination mit dem Stampf schmeckte einfach wundervoll, und das Gemüse war knackfrisch, obwohl es aufgewärmt worden war. Dankbar lächelte er Charlotte zu.

»Kulinarisch das oberste Regal«, entfuhr es auch Luc. »Verrätst du mir das Rezept? Vielleicht kann ich es ja mal nachkochen?«

Pierre runzelte die Stirn, enthielt sich aber jeden Kommentars. Lucs Kochkünste bewegten sich auf einem ähnlichen Niveau wie die seinen, nämlich ziemlich weit unten.

»Ach, das ist eigentlich schnell gemacht«, erklärte Charlotte, und ihre Augen strahlten. Sie war ganz in ihrem Element. »Du kochst Sellerie und Kartoffeln in mit Thymianzweigen versehenem Wasser. Das weiche Gemüse wird nach dem Abgießen gestampft und mit Salz, Pfeffer und einer Prise Muskatnuss gewürzt. Als Nächstes erwärmst du den fein gehobelten und klein geschnittenen Trüffel in Nussbutter, dabei kann sich das Aroma am besten entfalten.«

»Nussbutter …«, wiederholte Luc, und man merkte ihm seine Ratlosigkeit an.

»Das ist der Name für gebräunte Butter«, antwortete Charlotte geduldig, immerhin hatte sie schon Carbonne als Kochschüler gehabt. »Man erhält sie, indem man ein Butterstück so lange unter Rühren in einem Topf erhitzt, bis sich die Molke trennt und auf den Boden sinkt. Wenn die flüssige Butter dann bräunt, gießt man sie durch ein mit Küchenpapier ausgelegtes Sieb.«

»Und da kommt dann der Trüffel rein?«

»Genau. Ideal sind bei dieser Sorte Temperaturen zwischen vierzig und fünfzig Grad, nie darüber. Du musst aufpassen, dass die Butter nicht zu heiß ist, weil der Trüffel sonst sein Aroma verliert.«

»Aha.« Luc nickte ernsthaft, als habe er jeden Schritt verstanden. »Das muss ich unbedingt mal ausprobieren. Aber so viel guten Trüffel werde ich mir wohl im Leben nicht leisten können. Der hat doch sicher ein halbes Vermögen gekostet.«

»Zwanzig Euro«, antwortete Pierre.

Sein Assistent hob staunend die Brauen. »So wenig?« Er näherte sich schnuppernd dem Teller. »Scheint mir ein echter zu sein. Und der ist mindestens das Dreifache wert.«

»Der Trüffelbauer wollte ihn mir sogar erst schenken.«

Luc riss die Augen auf. »Eine versuchte Bestechung, wie? Bestimmt wegen dieser maghrebinischen Leute, die du in dem Raum gesehen hast. Könnte doch sein, dass der Kerl etwas zu verbergen hat, bei so viel geschenktem Trüffel. Der hatte doch mindestens vierzig Gramm.«

»Achtundvierzig«, korrigierte ihn Charlotte.

»Siehst du? Das Ganze stinkt zum Himmel. Wer weiß, vielleicht dealt er ja mit Trüffelkopien? Das ist ein lukratives Geschäft.«

Pierre nickte. Dasselbe hatte er auch gedacht. Er hob das Weinglas, um die Farbe des Inhalts zu prüfen. Ein sattes Strohgelb, beinahe bernsteinfarben. Pierre senkte die Nase, atmete das Aroma von Steinobst ein, verbunden mit einer Holznote. Dann prostete er den anderen zu und trank einen Schluck. Genoss den Geschmack von Barrique, den langen Abgang.

»Wusstet ihr«, fuhr Luc fort, nachdem er eine Weile schweigsam und überaus geräuschvoll gegessen hatte, »dass der Périgordtrüffel weniger mit der Provinz zu tun hat, als der Name weismacht?« Er beantwortete seine Frage gleich selbst. »Kultiviert und verwendet wird er dort zwar seit Jahrhunderten, aber ebenso lange kennt man ihn in der Provence und in der *Drôme Provençale*. Bei uns gibt es sogar reichere Vorkommen als im Périgord, nur heißt er hier schlicht und ergreifend *truffe noir.* Oder schwarzer Diamant. Wir Provenzalen denken da weltumspannender. Schließlich gibt es diesen besonderen Trüffel auch woanders. In Italien oder Spanien beispielsweise.«

»Sogar in Australien«, erzählte Charlotte, die gerade einen Rest Kartoffel-Sellerie-Stampf auf ihre Gabel schob. »Man kann ihn hervorragend kultivieren.«

Luc sah sie ungläubig an. »Davon habe ich noch nie gehört.«

Charlotte lächelte. »Auf den australischen Plantagen verwenden sie französische Eichen und Haselnussbäume, die mit dem *Tuber Melanosporum* geimpft wurden. Sie wachsen auf einer exakten Nachbildung unseres heimischen Bodens. Die besten kommen aus Manjimup südlich von Perth.«

»Du scherzt.«

»Nein, ganz im Gegenteil. Australien ist gefragter denn je. Es gibt inzwischen rund dreihundert *truffières* mit einer Ernte von etwa zwanzig Tonnen jährlich. Damit haben sie Frankreich als Produktionsland überholt. Während unsere Plantagen zunehmend unter den Folgen des Klimawandels leiden, werden die australischen Périgordtrüffel in die ganze Welt verkauft. Wegen der geografischen Lage sogar im Sommer.«

Luc kratzte mit der Gabel ein letztes Stück vom inzwischen leer gegessenen Teller und verdrehte verzückt die Augen. »An diesen hier kommt keine andere Sorte heran«, sagte er und steckte ihn in den Mund. »Weder der erdige Winter- noch der pilzige Burgundertrüffel. Und am allerwenigsten der Sommertrüffel. Der ist mir persönlich viel zu mild im Geschmack. Da hat man beinahe das Gefühl, eine Haselnuss zu kauen.« Er sah bedauernd auf seinen Teller, nahm schließlich einen Finger und fuhr damit über die Fläche, um den Rest der Sauce aufzunehmen. »Ich meine, wenn wir von Trüffeln reden, also vom echten Genuss, dann gibt es nur diesen hier, den Périgordtrüffel. Und den weißen Albatrüffel aus Italien. Nichts anderes.« Er schleckte den Finger ab. »Sagt mal, wollt ihr dieses Gericht nicht auch auf eurer Hochzeit servieren? Vielleicht liefert Australien diese Sorte ja auch schon im Mai. Apropos, wo feiert ihr eigentlich?«

Charlotte und Pierre warfen sich einen vielsagenden Blick zu, aber sie schwiegen beide.

Luc sah von einem zum anderen. »Und?«

Ein leidiges Thema. Pierre hatte nicht die Absicht, es vor seinem Assistenten auszubreiten. »Das wissen wir noch nicht.«

»Wie, das wisst ihr noch nicht?«

»Ich würde gerne in der *Domaine des Grès* feiern«, erklärte Charlotte knapp und ohne eine Miene zu verziehen. »Die Reservierung läuft am Montag aus.«

»Und ich«, ergänzte Pierre, »plädiere für ein Barbecue auf unserem Hof.«

Luc nickte bedeutungsvoll, er schien die Dimension dieser Entscheidung zu erahnen.

»Alles klar«, sagte er schließlich. »Dann bin ich ja mal gespannt, worauf ihr euch einigt.« Er legte die Serviette beiseite und seufzte. »Das war köstlich, vielen Dank. Ich denke, ich fahre jetzt mal wieder. Es ist spät geworden.«

Während Pierre seinem Assistenten nachsah, der sich auf das Motorrad schwang und in der Nacht verschwand, lehnte sich Charlotte gegen ihn und schlang die Arme um seine Taille.

»Und?«, flüsterte sie. »Was machen wir nun mit unserer Hochzeitsfeier?«

Pierre drehte sich zu ihr um und gab ihr einen Kuss. »Einer von uns muss sich bewegen.«

»Richtig. Nur ich bin es nicht.« Charlotte wartete ein paar Augenblicke, und als er nicht darauf antwortete, löste sie sich von ihm und lächelte ihn müde an. »Hilfst du mir beim Abräumen?«

»Aber sicher.«

Pierre folgte ihr zum Esstisch, wo er die Teller zusammenstellte und das Besteck obenauf legte, bevor er den Stapel in die Küche trug. Froh, dass die Frage des Veranstaltungsortes damit erneut vertagt war.

23

Das Klingeln des Telefons riss ihn aus seinen Träumen. Weil durch die Fensterläden noch kein Licht drang, brauchte Pierre einen Moment, bis er erkannte, wo er war. Schlaftrunken tastete er nach dem Handy auf dem Nachttisch. Wie spät mochte es wohl sein?

Neben ihm bewegte sich Charlotte. Doch bevor er den Anruf entgegennehmen konnte, erstarb das Klingeln und Pierres Kopf sank zurück in die Kissen, ohne dass er einen Blick auf das Display gerichtet hätte.

Während er ein wenig vor sich hindämmerte, erinnerte er sich daran, dass es gestern spät geworden war.

Nachdem Charlotte schlafen gegangen war, hatte er noch im Wohnzimmer gesessen und im Licht des flackernden Kaminfeuers einige Gläser Weißwein getrunken. Dabei grübelte er über den Fall, der sich stark verheddert hatte und aus unzähligen Informationen und möglichen Motiven zu bestehen schien, die kein schlüssiges Gesamtbild ergaben.

Er hoffte, dass sich dies ändern würde, sobald Robert Lechat mit den Kollegen in Carpentras und er selbst mit Caroline Payot gesprochen hatten. Und er nahm sich vor, gleich am Morgen bei ihr anzurufen.

Dann wanderten seine Gedanken wieder zu dem Tag im Mai, der einer der schönsten in seinem und Charlottes Leben werden sollte.

Sein Blick fiel auf ein Foto, das gerahmt auf dem Beistelltisch neben dem Sofa stand. Und das sie beide auf der Terrasse des *Château des Vignes* zeigte, wenige Tage bevor er ihr den Antrag gemacht hatte.

Er nahm es in die Hand und betrachtete es lange.

Das war sie also, seine Zukünftige: Charlotte Berg, ehemalige Chefköchin der *Domaine des Grès,* die zielstrebig aus den verstaubten Räumen einer ehemaligen Weinhandlung die *Épicerie to go* gemacht hatte, deren mit Blumenranken bedruckte Tüten inzwischen zum Dorfbild gehörten. Gefüllt mit ihren modernen Interpretationen klassischer Rezepte. Alles Manufakturarbeit, eine saisonal wechselnde Karte. Keine Geburtstagsfeier, kein Firmenjubiläum, für das sie nicht das Catering übernahm. Bodenständige Erziehung, eine strahlende, perfektionistische und gleichsam begeisterungsfähige Frau.

Sie war nicht nur überaus hübsch, sondern auch enorm erfolgreich, zweifellos.

Daneben er, Pierre Durand, ehemaliger *Commissaire* aus Paris. Aus wohlhabendem Hause, aufgewachsen mit einem Vater, der nach dem unerwarteten Tod der Mutter seine verloren geglaubte Jugend wiederentdeckt hatte. Weshalb er selbst ausgezogen war, kaum, dass er auf eigenen Beinen stehen konnte. Derzeit Dorfpolizist mit Bauchansatz, aber immerhin noch einigermaßen vollem Haar, der sein Erspartes in einen ehemaligen Bauernhof gesteckt hatte, dessen laufende Kosten ihm immer wieder schlaflose Nächte bereiteten.

Vor zwei Jahren hätte er erneut *Commissaire* werden können, doch er hatte Robert Lechat den Vortritt gelassen, weil er seinen Job in Sainte-Valérie und das beschauliche Dorfleben zu sehr liebte. Und nun saß er da: mit einem lächerlich geringen Gehalt und – seit Maurice Marechal Bürgermeister geworden war – einem Vorgesetzten, der immer mal wieder darüber nachsann, wie er seinen *Chef de police municipale* am elegantesten loswerden könnte.

Es war eine unsichere Zukunft, während Charlottes wie auf Samt gebettet war.

Als Pierre um zwei Uhr nachts die Treppe ins Obergeschoss hinaufstieg, wurde ihm klar, dass Charlotte mit ihrer Einschätzung recht hatte. Seine Weigerung, in der *Domaine des Grès* zu feiern, hatte überhaupt nichts mit der Feier an sich zu tun. Es war sein Stolz, der an ihm nagte und der sich tief in sein Herz gefressen hatte.

Charlotte verdiente gut. Weit besser als er, vielleicht sogar das Doppelte. Und das war wohl das allergrößte Problem an ihrem Plan.

Er war noch immer von alten Rollenvorstellungen geprägt, so unmodern sie auch sein mochten. Aber er konnte nicht aus seiner Haut. So sehr er sie auch liebte, er würde niemals zulassen, dass sie die Hochzeitsfeier aus eigener Tasche bezahlte.

Im Schlafzimmer brannte noch Licht, aber Charlotte atmete schon tief und ruhig. Neben ihr auf dem Nachttisch lag die vorläufige Liste der Hochzeitsgäste. Auf der Kommode stapelten sich die Einladungskarten, die noch auf das Inlet mit dem Veranstaltungsort warteten, und die Briefumschläge, die beschriftet werden wollten.

Pierre hatte ihr Gesicht betrachtet, den leicht geöffneten Mund. Dann hatte er das Licht gelöscht und sich zu ihr gelegt. Eng an ihren Körper gepresst, war er sofort eingeschlafen.

Wieder ging das Telefon. Pierre schrak auf und angelte es vom Nachttisch.

»Wer ist das?«, murmelte Charlotte. Im Licht des hellen Displays waren von ihrem Kopf nur die kastanienbraunen Locken zu sehen, die sich wie eine Kaskade über das Laken verteilten. Ihre Hand glitt unter die Bettdecke, bewegte sich tastend bis zu seinem Oberarm, wo sie matt liegenblieb. »Lass es doch einfach klingeln, es ist schließlich Samstag, ich muss erst um zehn im Laden sein.«

»Das geht nicht, es könnte wichtig sein«, murmelte Pierre und spähte auf den Bildschirm. Es war Robert Lechat. Sofort war er hellwach. »Ja?«

»Guten Morgen, Pierre. Na, schon munter?«

»Geht so. Wie spät ist es?«

»Halb acht.«

Pierre verdrehte die Augen. Robert Lechat war bekennender Frühaufsteher, selbst am Wochenende. Wahrscheinlich war er vor dem Anruf sogar noch joggen gewesen. »Was gibt's denn?«

»Ich habe *Lieutenante* Fenech nach den Bildern auf Langlois' Mobiltelefon gefragt. Sie sagt, Yanis Vallon habe sich auf dem Telefon gar nichts angesehen. Es hätte ihn nicht interessiert.«

»Können wir ihm das glauben?«

»Uns bleibt nichts anderes übrig. Ich habe mit Fenech auch über die Beschattung gesprochen. Sie hat zugegeben, damit über das Ziel hinausgeschossen zu sein. Der Verdacht aber sei begründet gewesen. Sie habe dich gebeten, Sainte-Valérie nicht zu verlassen, was du vehement abgelehnt hättest. Sie wollte kein Risiko eingehen, was ich gut nachvollziehen kann. Allerdings hätte sie das mit mir absprechen müssen. Sie kommt heute um neun Uhr in die Wache, um sich mit dir darüber auszutauschen und alle Missverständnisse aus dem Weg zu räumen. Ich bin leider noch in dem anderen Fall gebunden, also bitte ich dich, ihr alles zu erzählen, was du herausgefunden hast. Ganz im Sinne einer guten Zusammenarbeit, denn«, er machte eine bedeutungsvolle Pause, »ich konnte die Ermittlungsrichterin davon überzeugen, dass deine Mitarbeit für den Fall unerlässlich ist.«

»Wirklich?« Pierre hatte es so laut gerufen, dass nun Charlottes verwundertes Gesicht unter dem Lockenberg erschien.

»Du hast die Ermittlungsrichterin doch nicht etwa aus dem Bett geklingelt?«

»Nein. Sie war gestern ebenfalls auf der Veranstaltung. Wir haben das sozusagen auf dem kleinen Dienstweg geklärt.«

»Großartig, ich danke dir.«

»Keine Ursache.«

Jetzt konnte Pierre nicht schnell genug aufstehen. Er beendete das Telefonat und öffnete das Fenster. Dann stieß er die Läden weit auf. Dunstiges Morgenlicht trieb durch den Raum. Er atmete die kühle Luft tief ein und drehte sich zu Charlotte.

»Ich bin wieder offiziell Teil des Ermittlungsteams«, sagte er. Dann gab er ihr einen Kuss und eilte hinaus.

Zwanzig Minuten später betrat er frisch geduscht die Küche und machte sich einen Kaffee. Um halb neun rief er bei Caroline Payot an. Eine ausgeschlafene Frau meldete sich, und er stellte sich vor.

»Ich soll Sie sehr herzlich von Romain Martinez grüßen«, sagte er, in der Hoffnung, dies wäre ein guter Gesprächsanfang. »Wir ermitteln im Mordfall Gilbert Langlois, und der Kollege meinte, Sie könnten uns dabei helfen.«

Es war tatsächlich ein guter Gesprächsanfang.

»Romain Martinez«, sagte sie versonnen. »Das ist ja eine Überraschung. Was kann ich für Sie tun?«

»Das würde ich gerne persönlich mit Ihnen besprechen.«

Caroline Payot erklärte ihm, dass sie in der Tourismusinformation von Carnoux-en-Provence arbeite und um halb eins Mittagspause habe. Sie schlug vor, sich im Restaurant der *Hostellerie La Crémaillère* zu treffen. Das liege im Zentrum, direkt neben der *mairie,* dort esse sie samstags immer zu Mittag, ob es ihm recht sei.

Das war es.

Beschwingt trat Pierre auf den Hof. Dort fiel ihm ein, dass er ja gar kein Auto hatte und sein Fahrrad noch immer angeschlossen auf der *Place du Village* stand. Ihm blieb also nichts anderes übrig als der Gang durch die Felder, die grau und neblig vor ihm lagen. Er schlenderte gemächlich, genoss den unverhofften Spaziergang, der ihn erneut durch das Wäldchen führte. Pierre lachte über seine gestrige Angst. Aber als sein Telefon unverhofft die Stille zerriss, gerade, als er am dunkelsten Stück angelangt war, zuckte er doch zusammen.

»Guten Morgen, Pierre. Hier ist Penelope.«

»Bist du etwa auch so eine Frühaufsteherin wie unser *Commissaire*?«

»Ja. Der frühe Vogel … Na, du weißt schon. Ich bin seit sieben am Computer.«

»Arbeitest du in der Wache?«

»Nein, von zu Hause aus. Ich sitze hier in Jogginghose, wenn du es genau wissen willst. So habe ich zumindest halbwegs ein Gefühl von Wochenende.« Sie lachte. »Und du? Dem Geräusch deiner Schritte zufolge bist du auch schon unterwegs.«

»Ich bin auf dem Weg ins Dorf. Ein Treffen mit *Lieutenante* Fenech, ich gehöre wieder zum Team.«

»Gratuliere. Dann kriecht sie jetzt also zu Kreuze?«

»Das will ich mal hoffen. Also, was ist der Grund für deinen Anruf? Hast du schon eine Antwort vom Militärarchiv?«

»Noch nicht, dafür ist es viel zu früh am Tag. Aber ich habe mir die Geschichte von dieser geheimen Militärorganisation mal genauer angesehen, der OAS. Also, wenn mein Großvater dort Mitglied gewesen wäre, ich wäre zutiefst entsetzt.«

Pierre nickte. Er wusste, was Penelope meinte. Die 1961 von fanatischen Militäranhängern gegründete Vereinigung hatte alles getan, um die sich anbahnende Unabhängigkeit Algeriens durch eine Eskalation der Lage zu verhindern. Dabei waren sie ziemlich brutal vorgegangen. Trotzdem konnten sie nicht verhindern, dass Präsident de Gaulle in Evian ein Waffenstillstandsabkommen unterzeichnete, das einen Tag später, am 19. März 1962, verkündet wurde. Jenem Tag, an den die Veteranen fortan jedes Jahr erinnerten. Die Generäle der OAS jedoch weigerten sich, die Verträge anzuerkennen.

»So viel Gewalt«, echauffierte sich Penelope nun. »All die blutigen Kämpfe mit den französischen Streitkräften und der algerischen Befreiungsarmee. Sogar vor unbeteiligten algerischen Zivilisten haben sie nicht haltgemacht. Muslimische Richter, Beamte, Lehrer und Polizisten ... Die haben einfach alle massakriert, nur um die Kolonialmacht von Frankreich für die Verwaltung unentbehrlich zu machen.«

Aus ihrer Stimme klang höchste Empörung.

»Weißt du, was mich immer gewundert hat?«, fragte Pierre, als er das Wäldchen durchschritten hatte und auf die Straße trat, die zum Dorf hinaufführte. »Dass die französische Armee sie nicht aufhalten konnte. Die waren den Algeriern doch zahlenmäßig überlegen.«

»Ja, das waren sie«, stimmte Penelope nachdenklich zu. »Und die Soldaten haben es wohl auch versucht, aber das ist ziemlich nach hinten losgegangen. Sagt dir die Schießerei in der *Rue d'Isly* in Oran etwas?«

»Vage.«

Penelope holte tief Luft. »Die französische Armee hat damals ein europäisches Viertel umstellt, weil sie in den Häusern Mitglieder der OAS vermutete. Die wiederum stachelten die dort lebenden Franzosen gegen die Maßnahme auf. Als die Leute daraufhin demonstrierten und versuchten, die Absperrung zu durchbrechen, hat das Militär einfach auf die Demonstranten geschossen.«

»Ein furchtbares Drama, ja«, erinnerte sich Pierre nun wieder. Präsident Macron hatte sich erst vor Kurzem für das Massaker nachträglich in aller Öffentlichkeit entschuldigt. Es sei unverzeihlich gewesen für die Republik.

»Ich glaube«, flüsterte Penelope und es klang fast so, als säße neben ihr jemand, der alleine vom Zuhören zu Staub zerfiel, »die Soldaten haben Panik bekommen, als die wütenden Menschen plötzlich auf sie zukamen. Die meisten waren ja unfreiwillig eingezogen worden und wollten nur noch heil davonkommen. Die OAS hingegen besaß etliche geheime Waffenlager mit Panzerfäusten, Maschinengewehren und Granaten, die sie unerbittlich einsetzten. Nicht nur gegen die algerischen Einwohner. Auch gegen die Sozialisten und Kommunisten, selbst auf dem französischen Festland.«

Pierre fiel ein, dass sein Vater ihm oft davon erzählt hatte. Von den explodierten Bomben in den Verlagsgebäuden der *Le Monde*, dem linksorientierten *France Observateur* und dem kommunistischen *Le Patriote*. Von den in Flammen aufgehenden Wohnungen der Politiker, die sich für einen Verhandlungsfrieden einsetzten, und von der Autobombe vor jenem Saal, in dem ein Kongress der Friedensbewegung stattfinden sollte. Die OAS-Kämpfer hatten nicht verstanden, dass die Menschen in Frankreich längst kriegsmüde waren. Und dass die Bevölkerung nach den Erfahrungen des Zweiten Weltkrieges pazifistisch dachte.

Sie erreichten mit ihrem Terror das genaue Gegenteil. Selbst verfeindete Parteien schlossen sich zusammen, um die Unabhängigkeit Algeriens endgültig voranzutreiben. Die überwältigende Mehrheit der Franzosen stimmte in einem Referendum dafür. Am fünften Juli 1962 war es dann so weit: Die Unabhängigkeit Algeriens war beschlossen.

Pierre hatte inzwischen das Stadttor erreicht. Es war kurz vor neun.

»Ich muss jetzt aufhören«, sagte er in den Hörer. »Melde dich, sobald du eine Antwort vom Archiv hast.«

»Wird gemacht.«

Er steckte das Mobiltelefon in die Jackentasche und schlug den Weg zur Wache ein. Sainte-Valérie lag still im Morgendunst. Eine erwachende Schönheit, die sich dem Tag entgegenreckte.

Wie friedlich es hier ist, dachte Pierre, als er in die *Rue des Oiseaux* bog. Noch immer angefasst angesichts der Bilder, die bei dem Gespräch mit Penelope in ihm aufgestiegen waren.

Frieden, so erkannte er, war ein Zustand, den zu viele als selbstverständlich annahmen. Dabei war er ein Geschenk, für das ein jeder seinen Teil beizutragen hatte.

24

»Haben Sie schon gefrühstückt?«, begrüßte ihn die *Lieutenante,* die bereits vor der Wache auf Pierre wartete.

Sie war – ebenso wie er – in Zivil gekleidet und trug einen dicken Rollkragenpullover, der olivgrüne Fusseln auf ihrem Anorak hinterlassen hatte. Ihre Mimik wirkte angespannt. Offenbar rechnete sie mit heftigem Gegenwind.

»Nein, habe ich nicht«, brummelte er, noch immer verstimmt über die Beschattung. Ihre Befürchtungen waren durchaus berechtigt. Er hatte nicht vor, der Illusion einer Teamarbeit nachzugeben, solange die Angelegenheit zwischen ihnen ungeklärt war.

»Sehr gut.« Sie hob eine prall gefüllte Papiertüte. »Ich habe auf dem Weg vom kleinen Stadttor hierher eine *pâtisserie* entdeckt, deren Auslage sehr verlockend aussah. Die Verkäuferin hat mir versichert, dass sie die besten *sacristains* der Gegend backen.«

»Soll das ein Bestechungsversuch sein?«

»Nein, eher der Versuch einer Entschuldigung.« Sie zwinkerte ihm zu, was ihre herbe Art seltsam kontrastierte. »*Commissaire* Lechat hat mir den Tipp gegeben. Er sagte, ein wenig Zucker wirke bei Ihnen Wunder.«

Pierre hob die Brauen. Ohne ein Wort schloss er die Tür zur Wache auf. Im Inneren war es warm, er zog seine Jacke aus und hängte sie an die Garderobe.

»Sie haben mir mit der Verfolgung einen schönen Schrecken eingejagt«, sagte er, während er ihren Anorak entgegennahm und über einen Haken warf. »Ihr Kollege war ziemlich leicht zu entdecken. Und er hat mich umgefahren, als ich ihn stellen wollte.«

»*Désolée. Gardien* Charpentier übt noch. Das nächste Mal fällt es Ihnen gar nicht auf, versprochen.« Sie machte eine Grimasse, die wohl ein Lachen darstellen sollte.

»Wollen wir hoffen, dass es kein nächstes Mal gibt«, brummelte Pierre. »Trinken Sie Kaffee?«

»Gerne. Einen *café noir* bitte. Mit Zucker.«

»War das auch ein Tipp von *Commissaire* Lechat?«

»Nein. Aber wenn es dem Ganzen irgendwie hilft, dann: ja.« Sie sah ihn offen an. Ohne das Misstrauen in ihrem Blick wirkte sie eigentlich ganz sympathisch. »Es tut mir leid, okay? Aber Sie müssen zugeben, dass die Anordnung angesichts der Verdachtsmomente nicht unberechtigt war. Oder wie hätten Sie an meiner Stelle entschieden?«

»Ich hätte zumindest meinen Vorgesetzten informiert.«

»Bei allem Respekt, Kollege Durand, das nehme ich Ihnen nicht ab. Wie ich gehört habe, treffen Sie zuweilen ähnlich einsame Entscheidungen.«

Nun musste Pierre doch schmunzeln, er konnte ihr nicht länger böse sein. Er streckte die Hand aus. »Na schön, schließen wir Frieden.«

Lieutenante Fenech schlug ein. Ihr Händedruck war kräftig, und er spürte jeden einzelnen Fingerknochen, als sie endlich wieder losließ.

Wenig später saßen sie am Besprechungstisch, den dampfenden Kaffee vor sich, dazu ein Zuckertopf und zwei Löffel. Auf einem Teller stapelten sich etliche Gebäckstücke, die eine ganze Mannschaft hätten satt machen können: *sacristains, pains au chocolat, tartelettes* mit Schokolade und Pinienkernen, kleine *brioches au sucre* und *chaussons aux pommes* – Apfeltaschen mit Zuckerglasur.

Es sah verlockend aus, und Pierre hatte Mühe, eine Wahl zu treffen. Wie aus Trotz tat er dieses Mal keinen Zucker in den Kaffee und griff stattdessen nach einem *sacristain*. Einer gedrehten Blätterteigstange mit Schokocremefüllung und Puderzucker, der auf den Tisch rieselte, als er hineinbiss. Der Teig war saftig, dazu die cremige Füllung … Er biss ein weiteres Mal ab und kaute mit geschlossenen Augen. Spürte, wie sich die Energie des Zuckers in seinem Körper verteilte und eine Art metaphysisches Wohlbefinden erzeugte, das ihn gnädig stimmte.

Die *pâtisserie* in der *Rue Magot* war, wie Pierre wusste, bei den Dorfbewohnern sehr beliebt. Vor allem bei Madame Duprais, die dort regelmäßig mehrere Stunden bei Kaffee und Kuchen verbrachte, weshalb Pierre das Geschäft weitgehend mied. Vielleicht, dachte er, sollte ich das ändern. Die *sacristains* waren es allemal wert.

»Wenn Sie mir die Frage erlauben«, begann *Lieutenante* Fenech, nachdem auch sie von ihrem *pain au chocolat* abgebissen hatte. »Wie sind Sie eigentlich auf Mazan gekommen?«

Pierre, der die Blätterteigstange gerade wieder zum Mund führen wollte, hielt in der Bewegung inne.

»Ich bin meinem Bauchgefühl gefolgt«, sagte er. Und dann erzählte er von der vermuteten Verbindung zwischen dem unter das Sofa gerutschten Foto und Maurice Marechal, den er zu dem Zeitpunkt noch als Täter in Verdacht gehabt hatte. »Das hat mich schließlich zu dem Trüffelhof seines Bruders Frédéric geführt«, schloss er.

»Einem Hof, der auf der Zielliste der Kollegen von Carpentras steht.« Sie grinste. »*Chapeau.*«

Pierre ließ die Blätterteigstange sinken. »Was wissen Sie darüber?«

Die *Lieutenante* weidete sich an seiner Neugier. In aller Seelenruhe biss sie in ihr Schokoladenbrötchen und ließ Pierre ein wenig zappeln, bevor sie antwortete. So als wolle sie ihn für seinen Alleingang zumindest ein bisschen büßen lassen.

»Nachdem Sie den *Commissaire* gestern in Ihre … außerhalb des Dienstes geführten Ermittlungen eingeweiht hatten, habe ich gleich heute Morgen mit den Kollegen in Carpentras gesprochen. Sie haben einen Informanten auf Frédéric Marechals Hof eingeschleust und beobachten ihn schon seit einigen Wochen. Sie sind kurz davor, ihn hochzunehmen.«

»Und dieser Informant hat sich als frisch ins Land gekommener *Harraga* ausgegeben«, vermutete Pierre und erinnerte sich an den Streit im Aufenthaltsraum des Trüffelhofes. »Gut möglich, dass er bei meinem Besuch gerade aufgeflogen war.«

Fenech nickte. »Das befürchten die Kollegen auch, sie wollen noch heute zuschlagen.«

»Was genau wird Frédéric Marechal vorgeworfen?«

»Der Hof gilt als Anlaufstation für illegal aus Algerien ankommende Migranten«, erklärte die *Lieutenante,* während sie sich die Finger an einer Serviette abwischte und das halb gegessene *pain au chocolat* von sich schob. »Dem Informanten zufolge nutzt Marechal die ausweglose Situation der Ankömmlinge allerdings nicht aus, im Gegensatz zu vielen anderen Landwirten. Er hat sogar einen alten Hof angekauft, in dem die Leute unter guten hygienischen Bedingungen leben. Frédéric Marechal bietet ihnen aber nicht nur eine Unterkunft, sondern er berät sie auch, wie sie sich ohne Papiere in Frankreich durchschlagen können. Er ist recht gut im ganzen Land vernetzt, und so bleiben die meisten algerischen Einwanderer nicht lange, sondern ziehen weiter in die Großstädte.

»Nein. Er gehört nach wie vor zu den dringend Tatverdächtigen.«

»Haben Sie ihn zu den Fotos auf Langlois'Telefon befragt?«

Die *Lieutenante* hob die Brauen. »Nein.« Ihre Stimme wurde schärfer. »Was wollen Sie nur immer mit diesen Fotos?«

»Hat der *Commissaire* Ihnen denn nicht ausgerichtet …«

»Doch, das hat er«, unterbrach ihn Fenech ungeduldig. »Ich habe ihm gesagt, dass bereits alles mit Vallon besprochen ist. Der Mann hat mir versichert, nicht zu wissen, was auf dem Telefon gespeichert war.«

Pierre hob die Hände in einer verzweifelten Bewegung. »Dann fragen Sie ihn eben noch einmal. Es wäre eine Möglichkeit, weitere Tatverdächtige und Beweise für Motive …«

»Sind Sie taub oder wollen Sie mich nicht verstehen?«, fuhr die *Lieutenante* ihn an, und ihre engliegenden Augen funkelten. Es kam wie aus dem Nichts.

Pierre lehnte sich zurück und verschränkte die Arme, weil er – im Sinne einer guten Zusammenarbeit – nicht vorhatte, in den Ring zu steigen. »Ich schlage vor, Sie mäßigen Ihren Tonfall, Frau Kollegin.«

»Dann hören Sie endlich auf, meine Befragung anzuzweifeln.« Fenech stützte die Hände auf der Tischplatte ab und sah aus, als wolle sie ihn jeden Moment anspringen.

»Das tue ich gar nicht. Ich glaube nur, dass Vallon nicht die Wahrheit gesagt hat. Ist er noch in Untersuchungshaft?«

»Nein. Und ich werde einen Teufel tun, noch einmal nach Murs zu fahren, um irgendwelchen Hirngespinsten nachzugehen.«

»Das sind keine Hirngespinste«, erwiderte Pierre, »es ist mein Bauchgefühl, und das hat mich immer gut geleitet.« Er hob die Schultern. »Egal, wenn Sie es nicht übernehmen wollen, dann schicke ich eben meinen Assistenten Luc hin.«

»Ausgerechnet *Brigadier* Chevallier? Der Mann hat doch nur Watte im Kopf. Sie glauben ja wohl nicht …«

»Jetzt ist aber langsam mal gut«, fiel Pierre ihr ins Wort, nun brüllte er doch. Zusammenarbeit hin und her, das hier ging wirklich zu weit. »Langsam wird mir klar, warum Luc keine Lust mehr hat, mit Ihnen zusammenzuarbeiten. Mein Assistent ist ein guter Polizist. Und vor allem ist er ein ehrlicher und herzensguter Mensch, der es nicht verdient hat, von einer derart bärbeißigen Person beleidigt zu werden. Punkt eins.«

»Sie …«, begann Fenech sichtlich überrascht.

Pierre hob die Hand. »Moment, ich bin noch nicht fertig. Punkt zwei: Wenn ich Sie bitte, noch einmal bei Vallon nachzufragen, dann nicht, weil ich Ihre Kompetenz anzweifele. Sondern, weil ich einen begründeten Verdacht habe, dass er Sie angelogen hat. Das sollte Maßgabe unseres Vorgehens sein. Sollte es Ihnen nicht möglich sein, ermittlungstechnische Fragen von Ihren persönlichen Befindlichkeiten zu trennen, dann ist es wohl am besten, jeder arbeitet für sich.«

Pierre schnaufte, sein Atem ging schnell, weil er sich derart in Rage geredet hatte. Mit zusammengezogenen Brauen starrte er *Lieutenante* Fenech an, die regungslos in ihrem Stuhl saß, die Hände noch immer auf den Tisch gestützt, und auf der Unterlippe kaute. Er stellte die Füße breit auf den Boden. Wie auch immer sie nun reagieren würde, er war bereit.

Endlich zog Fenech die Hände zurück und legte sie auf ihre Oberschenkel. »Jetzt beruhigen *Sie* sich mal, Kollege Durand«, sagte sie gefasst. »Erzählen Sie mir lieber, warum Sie glauben, dass Yanis Vallon die Unwahrheit gesagt hat.«

Verblüfft über den ausbleibenden Gewittersturm beugte Pierre sich vor. »Es hat mich gewundert, dass Vallon so gar nicht neugierig war, was es auf dem Telefon zu sehen gab, bevor er die Daten löschte«, sagte er.

»Er meinte, es sei ihm alleine um das Gerät gegangen.«

»Wo waren Sie, als Sie mit ihm darüber gesprochen haben?«

»Auf unserer Dienststelle in Cavaillon.«

Pierre nickte. »Versetzen Sie sich mal in seine Lage. Stellen Sie sich vor, Sie finden ein Mobiltelefon und wollen es behalten. Es gelingt Ihnen, das Gerät zu entblocken. Wollen Sie denn dann gar nicht wissen, wem es gehört?«

Sie zögerte. »Schon möglich, dass man den Namen des Besitzers nachsieht.«

»Genau. Zumindest den. Vielleicht hat er den Namen gegoogelt. Oder er kannte ihn von Erzählungen. Inzwischen war ja bekannt, dass der Besitzer ermordet worden war. Denken Sie wirklich, er hat es dabei belassen?«

Sie zuckte mit den Schultern.

»Er wird sich das schon genauer angesehen haben«, fuhr Pierre fort. »Da bin ich mir sicher. Als Sie ihn danach fragten, erzählte er, der Inhalt des Telefons habe ihn nicht interessiert. Warum? Vallon musste weitere Befragungen fürchten. Vielleicht fühlte er sich auch unter Druck gesetzt. Er wollte in Ruhe gelassen werden und endlich nach Hause.«

Fenech nickte. Jetzt lächelte sie sogar. »Vielleicht haben Sie recht. Ich werde ihm einen zweiten Besuch abstatten und ihn noch mal ganz höflich und sehr entspannt nach seinen Erinnerungen fragen. Möglicherweise motiviert ihn die Aussicht auf ein milderes Strafmaß für die Fundunterschlagung, den Widerstand gegen die Staatsgewalt und das illegale Umgehen der Aktivierungssperre.« Sie zögerte kurz. »*Brigadier* Chevallier kann mich gerne dabei begleiten.«

»Wenn er es denn will.« Pierre sah die *Lieutenante* streng an. »Was ist eigentlich zwischen Ihnen vorgefallen?«

Sie zuckte mit den Schultern. »Er hat mich dumm angeredet. Möglich, dass ich darauf zu scharf reagiert habe. Ich mag es nun mal nicht, wenn jemand mich als Objekt betrachtet. Wenn«, sie grinste vielsagend, »dann übernehme ich die Initiative.« Sie wies auf den Berg von Gebäckstücken. »Ich glaube, es ist eine weitere Entschuldigung fällig. Denken Sie, ich habe damit auch bei Ihrem Assistenten Erfolg?«

»Mit Sicherheit.«

»Gut.« Die *Lieutenante* nahm zwei Gebäckstücke und wickelte sie in eine Serviette. Dann stand sie auf. »Ich rufe ihn gleich an.«

»Es gibt da noch eine Sache, die mir durch den Kopf geht«, sagte Pierre, während er sich von seinem Stuhl erhob. »Hat sich eigentlich mal jemand danach erkundigt, was Elodie Marechal ihren Eltern vorbeigebracht hat?«

»Nein«, sagte Fenech verwundert. »Als *Brigadier* Chevallier und ich bei den Pannetiers vorbeigefahren sind, war das kein Thema. Ist das wichtig?«

»Möglicherweise. Es würde mich aber schon interessieren. Gerade, weil Thierry Pannetier es mir nicht erzählen wollte, als ich ihn gestern zufällig auf dem Dorfplatz traf. Ich sei nicht befugt, ihn das zu fragen, meinte er.« Pierre stockte. »Wussten Sie, dass er ebenfalls im Algerienkrieg war? Die Empfangsdame unserer *mairie* erzählte mir neulich, dass Didier Carbonne und er im selben Veteranenverband sind. Und offenbar kannte Pannetier auch den Vater von Gilbert Langlois. Ist das nicht seltsam?«

Fenech sah ihn breit grinsend an. »Wieder so ein Bauchgefühl?«

Er nickte.

»Schön, dann fahren *Brigadier* Chevallier und ich eben auch noch einmal nach Goult.« Sie ging zur Garderobe und nahm ihren Anorak vom Haken. »Und was machen Sie als Nächstes?«

»Ich habe um halb eins einen Termin mit Caroline Payot in Carnoux-en-Provence. Sie ist die Schwester von Maurice und Frédéric Marechal. Gilbert Langlois hatte sich bei seinem ehemaligen Vorgesetzten Romain Martinez nach ihr erkundigt, und ich will wissen, warum.« Pierre schob die restlichen Gebäckteile in die Papiertüte. »Aber vorher besuche ich Didier Carbonne. Ich habe noch ein Hühnchen mit ihm zu rupfen.«

Die *Lieutenante* hob eine Braue, lachend schüttelte Pierre den Kopf.

»Schlagen Sie sich das aus dem Kopf. Der war es nun wirklich nicht.«

25

Die Kirchturmuhr von Saint-Michel schlug zehn, als Pierre den Hof betrat, in dessen Hinterhaus die Wohnung des Uhrmachers lag, gleich oberhalb der Werkstatt. Die Sonne hatte inzwischen den Morgennebel vertrieben und füllte die Gassen mit ihren wärmenden Strahlen.

Auf Pierres Klopfen hin öffnete sich ein Fenster im ersten Stock. Didier Carbonne lugte heraus, das Haar nach allen Seiten abstehend, der schlecht gestutzte Bart zerzaust.

»Du lieber Himmel, Pierre, ist etwas passiert?«, rief der Alte erschrocken.

»Wie kommst du darauf?«

»Na, sonst würdest du ja nicht hier stehen, in aller Herrgottsfrüh.«

»Es ist schon zehn«, sagte Pierre mit besorgtem Blick. Der Uhrmacher schien zunehmend zu verwahrlosen. Als er Cosima noch melken konnte, da hatte er selbst am Wochenende um sieben auf dem Hof gestanden. Wenn Pierre sich dann endlich aus dem Bett geschält hatte und die Fensterläden aufstieß, war Carbonne meist schon wieder auf dem Weg ins Dorf. »Ich dachte, ich könnte dich zum Frühstück einladen.«

»Das ist Musik in meinen Ohren.« Carbonne lachte von einem Ohr zum anderen und entblößte seine Zahnlücken. »Einen Moment, ich lass dich gleich rein.«

Es dauerte geschlagene zehn Minuten, bis der Carbonne

ihm endlich die Tür öffnete. Er hatte sich ein Hemd angezogen und trug eine ausgebeulte Cordhose, die gewiss von alleine stand, wenn man sie in eine Ecke stellte.

»Ich habe nur kurz aufgeräumt«, sagte er entschuldigend.

Pierre folgte ihm in den ersten Stock, in dem es ungelüftet roch.

Staunend sah er sich um. Hier war er noch nie gewesen. Die Wohnung bestand aus einem Duschbad und einem einzigen Zimmer. Das Bett war in einer Art Alkoven untergebracht und durch einen Vorhang vom Wohnraum getrennt. Der Stoff war enorm ausgebeult, was – wie Pierre vermutete – Ergebnis der Aufräumaktion war. Außerdem gab es einen bequemen Sessel, dessen Bezug an manchen Stellen blank war. Er war auf einen Fernseher ausgerichtet, der auf einer Kommode stand. Die schien, einer heraushängenden Socke zufolge, den Kleiderschrank zu ersetzen.

Es gab auch eine winzige Kochnische mit einem Herd, auf dessen einziger Platte ein restlos leer gekratzter Topf stand. Und an den man nur kam, wenn man den Bistrotisch mit den beiden Stühlen beiseiterückte.

Pierre schluckte, als er den beengten Raum auf sich wirken ließ. Er hatte noch nie darüber nachgedacht, warum der Kühlschrank unten in der Werkstatt stand. Jetzt wusste er es.

»Was ist denn nun mit dem Frühstück?«, fragte Carbonne, der Pierres Beklemmung nicht zu bemerken schien. Erwartungsvoll nahm er ihm die Papiertüte ab, warf einen Blick hinein und angelte eine *chausson aux pommes* heraus. »Nun erzähl schon«, sagte er, während er sich mit zufriedenem Schnaufen auf einen Stuhl fallen ließ. »Du bist doch nicht hergekommen, um mit mir zu frühstücken.«

»Stimmt.« Pierre nahm ebenfalls Platz.

»Hast du mit Charlotte geredet?«, nuschelte Carbonne

kauend. »Was ist, kann ich mir mittags was aus ihrer *Épice-rie* holen?«

»Das habe ich ganz vergessen, tut mir leid. Aber ich hole es heute nach, versprochen.«

»Dann ist es wegen dem Kastenwagen. Er ist ein bisschen schwergängig geworden, ich weiß. Ich habe nachgesehen, aber den Fehler nicht gefunden.«

»Warum fragst du nicht Stéphane, ob er dir helfen kann? Oder seid ihr schon wieder zerstritten?«

»Das nicht. Aber unser lieber Mechaniker ist ein Halsabschneider. Seine Preise kann ich mir nicht leisten.«

»Hast du deswegen die Plakette und die *carte grise* gefälscht?«

Carbonne ließ die Apfeltasche sinken. Von seinen Fingern tropfte Gelee auf die Tischplatte. »Du bist gekommen, um mich zu verhaften«, sagte er traurig. »Und das hier ist meine Henkersmahlzeit.«

»Du irrst dich. Trotzdem kann ich nicht zulassen, dass dein Wagen weiter am Straßenverkehr teilnimmt, jedenfalls nicht in diesem Zustand.« Pierre atmete schnaufend durch die Nase aus. »War es das, womit dich Gilbert Langlois erpresst hat?«

Carbonne nickte. »Kein Ahnung, woher er das wusste, ich habe ihn noch nie an mein Auto gelassen.« Er hob zwei Finger in die Höhe. »Ich schwöre, ich habe den Kerl nicht getötet.«

»Das glaube ich dir. Ich bin hergekommen, weil wir uns von dir weitere Antworten erhoffen.«

»Wir?«

»Ich bin wieder im Team. Also?«

»Soso.« Carbonne starrte auf die Tischplatte. Hastig schob er den Rest des Gebäcks in den Mund und tupfte das Gelee vom Tisch, noch bevor er heruntergeschluckt hatte.

»Wie gut kennst du Thierry Pannetier?«

»Gut genug. Er weiß elegante Uhren zu schätzen. Im

Gegensatz zu dir.« Carbonne warf einen vorwurfsvollen Blick auf Pierres Armbanduhr, die er vor vielen Jahren als Zugabe für ein Jahresabonnement der *Le Monde* erhalten hatte und die inzwischen deutliche Gebrauchsspuren trug.

Pierre überging die Stichelei. »Könntest du dir vorstellen, dass Gilbert Langlois ihn ebenfalls erpresst hat?«

»Thierry? Nein.« Der Alte sah ihn an, als habe er ihn gefragt, ob er es für möglich hielt, dass die Sonne um den Mond kreise. »Der bietet keinen Anlass für so etwas.«

»Ihr seid beide in derselben Veteranenvereinigung, nicht wahr?«

»Ja, aber da gehe ich seit Jahren nicht mehr hin. Die machen mir zu viel Tamtam um den neunzehnten März. Es ist wichtig, sich an den Waffenstillstand zu erinnern, keine Frage. Aber das Ganze reißt die alten Wunden immer wieder auf. Jedes Mal, wenn an irgendeinem Ort in Frankreich dieser Tag gefeiert wird, gibt es Abertausende Menschen, die sich darüber beschweren.«

»Warum tun sie das?«

»Das kann ich dir sagen: Weil die Eskalation damit erst so richtig begann und weil es seit dem angeblichen Waffenstillstand mehr Opfer gab als in all den Jahren zuvor.« Er riss die Augen auf. »Sie haben recht. Man erinnert doch nicht an den Tag, an dem die Gegner gesiegt haben, oder sehe ich das falsch?«

Er schüttelte den Kopf, schob dann die Hand in die Papiertüte und holte eine *tartelette* hervor.

»Ich wusste gar nicht, dass du damals aktiv warst«, sagte Pierre.

»Was meinst du, wie viele Männer aus meinem Jahrgang in Algerien waren? Die haben damals mehr als zwei Millionen Soldaten in den Krieg geschickt. Davon alleine eineinhalb Millionen *conscrits*. Lauter Wehrpflichtige, die zum Teil nicht einmal volljährig waren. Sie haben uns in eine Schlacht geworfen, die an Brutalität nicht zu überbieten war. Ein Menschenleben war damals nichts wert. Weder für die algerischen Unabhängigkeitskämpfer noch für die geheime Militärorganisation oder die französische Armee. Jeder hatte seine Feinde, niemand war sicher. Ich habe die schlimmsten Dinge gesehen, Pierre. Manche von uns haben sie gezwungen ... zu foltern.«

Der Uhrmacher brach ab. Pierre spürte, dass eine Grenze erreicht war.

»Und Thierry Pannetier?«, fragte er nach einer langen Pause.

»Der auch.« In Carbonnes Miene zeichnete sich eine Erschütterung ab, die Pierre noch nie an ihm gesehen hatte. »Wir haben früher manchmal in der *Bar du Sud* beisammengesessen und uns darüber ausgetauscht. Es waren schreckliche Zeiten. Aber irgendwann will man das endlich mal hinter sich lassen, oder? Ich war heilfroh, als ich vorzeitig zurückkam. Nicht einen Tag länger hätte ich das ausgehalten.«

»Wie bist du dem Krieg entkommen?«

»Ich hatte einen Autounfall in den Bergen, ein Nachteinsatz, man konnte die Hand vor Augen nicht sehen. Und wir durften ja nur mit Standlicht fahren. Mein rechter Arm wurde zerschmettert, damit war ich an der Front nicht mehr zu gebrauchen. Also bin ich nach Apt, zu meinem Großvater. Ich sollte seine florierende Uhrmacherwerkstatt übernehmen, so war es geplant. Aber weil ich nur noch wenige Stunden am Stück ohne Schmerzen arbeiten konnte, hat er den Laden verkauft. Ich ließ mich hier nieder und machte mich selbstständig. Sainte-Valérie war damals noch nicht touristisch, weißt du? Damals hat ein Haus kaum mehr gekostet als ein Maulesel. Allerdings waren auch weniger Uhren zu reparieren.«

»Hat der Staat dich denn nicht für all das entschädigt?«

»Der Staat?« Carbonne lachte bitter. »Der hatte doch mit den

Militärausgaben und Kriegskosten genug zu tun. Du glaubst ja wohl nicht, dass die Regierung auch noch ihre heimkehrenden Soldaten unterstützen wollte? Erst recht für einen Krieg, der nicht als solcher bezeichnet werden durfte. Da gab es natürlich keine Kriegsentschädigung, wir Invaliden haben auch keine Rente bekommen. Ein Freund von mir hat sich in Algerien eine Infektionskrankheit eingefangen, die wegen der langen Inkubationszeit erst nach seiner Heimkehr ausgebrochen ist. Er wurde arbeitsunfähig, und die Behörden haben das nie anerkannt. Thierry ist es nicht viel besser ergangen, der kam in dieses Folterzentrum in Algier und war danach völlig fertig mit der Welt, aber er hatte immerhin keine Geldprobleme.«

»Du beziehst keine Rente?«, fragte Pierre ungläubig.

Carbonne schüttelte den Kopf. »Meine Berufsunfähigkeit haben sie mir nicht angerechnet. Das Zittern der Hände sei schließlich keine Folge meiner Arbeit, sondern eines Unfalls, hieß es immer.«

Es war unfassbar. Frankreich hatte große Schuld auf sich geladen. Nicht nur wegen des brutalen Vorgehens als Besatzungsmacht und dem tausendfach verursachten Leid, sondern auch hinsichtlich der zahllos eingezogenen Wehrpflichtigen, deren Schicksal dem Staat damals nichts wert war. Einem Staat, der die Folgen unter den Teppich kehrte, weil man einen brutalen Krieg nicht als solchen bezeichnen und vor allem nicht bezahlen wollte.

»Und«, hakte Pierre behutsam nach, weil er Carbonne nicht zu nahetreten wollte, »wovon lebst du?«

»Von der Grundsicherung.« Der Alte grinste, obwohl es nichts zu Grinsen gab. »Was glaubst du, warum ich dem Veteranenverband beigetreten bin? Die tun wenigstens etwas für uns, habe ich gedacht. Und was machen sie? Gedenkveranstaltungen inszenieren.«

Pierre kam eine Idee, wie er Carbonne dabei helfen könnte, seine Haushaltskasse aufzubessern. Aber erst wollte er sich mit Charlotte besprechen.

Er erhob sich von seinem Stuhl. Nur zu gern hätte er noch länger bei dem Alten gesessen und mit ihm über das Leben und dessen Fallstricke geredet, aber die Zeit drängte. Die A 7 war bekannt für unzählige Staus. »Ich muss jetzt los.«

Carbonne griff nach der Papiertüte. »Was ist mit den anderen Teilchen?«

»Die kannst du behalten. Ich melde mich.«

Pierre klopfte dem Uhrmacher auf die Schulter. So anstrengend, wie der Alte zuweilen auch war: Er würde sich um ihn kümmern, so viel stand fest.

26

Als Pierre wieder auf die Straße trat, kam ihm aus heiterem Himmel ein Gedanke. Die Überlegung war nicht neu, und er fragte sich, warum es ihm gerade jetzt einfiel. Und warum er ihr bisher noch nicht nachgegangen war.

Er sah auf die Uhr, Viertel vor elf.

Weil die Kartenapp seines Mobiltelefons eine Fahrt ohne Staus anzeigte und ihm noch ein paar Minuten blieben, bevor er nach Carnoux-en-Provence aufbrechen musste, nahm Pierre den Umweg über die Burgruine. In deren erhaltenen und unlängst restaurierten Räumen waren ein Olivenmuseum und das Museum für provenzalische Kunst- und Kulturgeschichte untergebracht.

Zehn Monate hatte es gedauert, bis die rissigen Mauern des zerstörten Teils neu verfugt und die Steinböden ausgebessert worden waren. Jetzt strahlten die Fensterrahmen in dunklem Rot, und die aufgearbeiteten Natursteinmauern ließen die vergangene Pracht erahnen. Die Burg war seither ein beliebter Anziehungspunkt für die Touristen, die Sainte-Valérie besuchten.

Pierre sah zu den mittelalterlichen Zinnen hinauf, die imposant gen Himmel ragten, und fragte sich, wie es sich wohl anfühlte, in eine Familie hineingeboren zu werden, deren Linie bis ins 16. Jahrhundert zurückging. In jene Familie, die bis vor etwa hundertzwanzig Jahren Besitzer dieser Burg gewesen war.

Die Fahne mit dem Wappen von Sainte-Valérie flatterte im Wind. Links der Burgturm, gelb auf rotem Grund. Rechts eine weiße Ziege, die sich vor provenzalischem *bleu* auf die Hinterbeine stellte.

Pierre dachte an das Unrecht, das Carbonne geschehen war. Er hatte sich ohne Hilfe durchschlagen müssen, während Thierry Pannetier von seiner Familie aufgefangen worden war, als er nach Frankreich zurückkehrte.

Er betrat das Gebäude. In der Vorhalle stand eine Gruppe Touristen, die sich um eine Museumsführerin scharten. Am Tresen entdeckte er die Direktorin Madame Levy, in ein Gespräch mit der Kassiererin vertieft.

Die engagierte Historikerin, die ein Faible für provenzalische Stoffe hatte, trug ein geblümtes langärmliges Kleid in Grün und Gelb und sah aus wie der personifizierte Frühling. Jetzt blickte sie auf.

»Bonjour, Monsieur Durand, so ein schöner Tag heute, nicht wahr?«, sagte sie mit dem ihr eigenen Singsang. »Was führt Sie denn in unsere heiligen Hallen? Überlegen Sie, hier Ihre Hochzeit zu feiern? Falls ja: Wir arbeiten mit einem sehr guten Restaurant zusammen, das nahezu jeden Kundenwunsch erfüllt. Wenn Sie möchten, zeige ich Ihnen unsere Veranstaltungsräume.«

»Ich suche Elodie Marechal«, antwortete Pierre, ohne darauf einzugehen. »Sie hat erzählt, dass sie Ihnen zur Hand geht.«

»Ja. Sie ist ehrenamtlich engagiert, und zwar in den verschiedensten Bereichen der Stadt. Aber als geborene Pannetier liegt ihr die Erhaltung der Burg natürlich besonders am Herzen, und sie setzt sich aktiv dafür ein.« Madame Levy faltete die Hände vor dem Bauch und atmete tief ein, als bereite sie sich auf einen längeren Vortrag vor. »Gerade haben wir einen Antrag im Gemeinderat zur Freilegung der unterirdischen Gewölbe durchbekommen. Sie dienten früher der Lagerung von Wein und Lebensmitteln und sind während der französischen Revolution verschüttet worden. Nun wollen wir sie freilegen lassen und den Besuchern zugänglich machen. Es wird eine Attraktion, Sie werden sehen.«

»Dessen bin ich mir sicher.« Pierre sah an ihr vorbei, in der Hoffnung, Elodie Marechal irgendwo zu entdecken. Sein Blick fiel auf eine Hinweistafel zu den Büros. »Finde ich sie dort?« Er deutete mit dem Kopf in die angegebene Richtung.

»Nein, sie ist draußen auf der Aussichtsplattform. Kennen Sie die?«

»Selbstverständlich«, sagte Pierre. »Obwohl ich zugegebenermaßen bisher erst einmal dort war.«

Er hatte den Ort als nicht sonderlich einladend in Erinnerung. Unübersichtlich und mit viel Wildwuchs. Gleichwohl der herrliche Ausblick durch das Gestrüpp hindurch auf den nördlich gelegenen Mont Ventoux überragend war.

»Dann wissen Sie, wie Sie hinkommen? Der Gang, der von den Burggewölben zur anderen Seite der Stadtmauer führt, muss leider erst noch freigelegt werden.«

»Ja, über die Zufahrt von der Umgehungsstraße.«

Die Museumsdirektorin zwinkerte ihm zu. »Außerdem über einen Fußgängerweg, der als Verlängerung eines Hofeinganges durch die nördliche Stadtmauer führt. Das ist ein Geheimtipp. Ich bringe Sie gerne hin.«

Pierre sah auf die Uhr. Eigentlich hatte er keine Zeit für einen Spaziergang. Trotzdem nickte er. »Sehr freundlich, vielen Dank.«

Madame Levy führte ihn ins Freie und über die grünen Burganlagen auf den *Chemin de Murs*. »Wir haben die Plattform in den vergangenen Wochen bereits aus eigenen Mitteln neu angelegt«, plapperte sie weiter. »Es sieht nun mehr aus wie ein Ruhegarten. Leider hat uns der Regen einen kräftigen Strich durch die Rechnung gemacht. Aber seit vergangener Woche geht es wieder voran.«

Sie hatten jetzt fast den *Chemin du Bousquet* erreicht, und Pierre fragte sich, ob er doch lieber ein anderes Mal mit Elodie Marechal reden sollte, als die Direktorin auch schon in einen Hinterhof bog, der unregelmäßig gepflastert war. Auf den Steinen standen Kübel mit duftenden Hyazinthen und leuchtend blauen Iris.

Endlich blieb sie vor einem Tunnel stehen, der ins Dunkel führte. »Kopf einziehen bitte, sonst stoßen Sie an.«

Pierre folgte der Direktorin in gebückter Haltung durch die Öffnung in der Stadtmauer. Direkt dahinter ging es nach links, auf einem unebenen Weg am Rücken zweier Steinhäuschen vorbei, dann weiter über stoppeliges Gras entlang provisorisch geschnittener Büsche und Sträucher.

Als sie die Plattform gerade erreicht hatten, klingelte ihr Telefon. Madame Levy sah auf das Display.

»Entschuldigen Sie mich bitte«, sagte die Direktorin. »Ich muss zurück ins Büro.«

Pierre trat einen Schritt zur Seite und ließ die Direktorin durch, dann betrat er den terrassenartigen Vorsprung, einen etwa hundert Quadratmeter großen Bereich mit umlaufenden Steinmäuerchen, der wie ein Vogelnest über dem Hang zu schweben schien. Der Wildwuchs war inzwischen gerodet, auf dem sandigen, mit Steinen übersäten Boden gab es nur noch ein paar Bäume und Grasflächen mit weißen Buschwindröschen. Weiter hinten ein freigelegter Weg, der zu der steilen Zufahrt führte, über die man wohl früher Lebensmittel zu den Gewölbeeingängen transportiert hatte.

Elodie Marechal saß auf einer Bank, den Blick in die Ferne gerichtet. Sie schien in Gedanken versunken, die schmalen, manikürten Hände gefaltet.

Trotz des dicken Wollpullovers, der Jeans und der Gummistiefel sah sie äußerst elegant aus. Und, wie Pierre fand, sehr verletzlich.

»Madame Marechal?«

Sie schrak zusammen.

»*Monsieur le policier*, ich habe Sie gar nicht kommen gehört.«

»Madame Levy wollte mir gerade die neu angelegte Plattform zeigen. Aber sie ist aufgehalten worden.« Er deutete auf die Bank. »Darf ich mich zu Ihnen setzen?«

»Bitte.« Es klang nicht sonderlich erfreut, eher schicksalsergeben. Aber sie rückte ein Stück zur Seite und machte ihm Platz.

Pierre ließ die Schönheit des Ortes einen Moment auf sich wirken. Vor ihm lag zartgrün schimmerndes Land mit versprengten bunten Tupfen und einem Teppich aus gelben Mimosen, der bereits verblühte. Es war ein ähnlich betörender Anblick wie von der *Rue du Pontis* aus, die auf der anderen Seite des Ortes lag. Nur war es hier stiller. Zauberhafter. Beruhigender.

»Schön ist es geworden«, sagte er. »Ein magischer Ort.«

»Nicht wahr?« Sie blickte starr in die Ferne, über die Zufahrtsstraße hinweg in Richtung des Plateaus de Vaucluse. »Es ist noch viel zu tun, nächste Woche kommen die Gärtner. Der Boden muss geebnet und die Findlinge müssen versetzt werden.« Jetzt taute sie ein wenig auf. »An die Stadtmauer kommen Beete mit Stockrosen. Und wenn der Gang durch die Gewölbe im Spätsommer freigelegt und restauriert ist, wollen wir mit den Musikveranstaltungen starten. Es gibt nichts Schöneres als ein Violinkonzert von Brahms unter funkelndem Sternenhimmel.«

»Das klingt gut.« Pierre stellte sich vor, wie es wohl war, von diesem Platz aus einem nächtlichen Konzert zu lauschen. Charlotte würde es lieben.

Schweigen setzte ein. Elodie Marechal hielt die Arme jetzt vor dem Körper verschränkt, als ahne sie die vielen Fragen, die ihm durch den Kopf schwirrten.

»Wie geht es Ihrem Mann?«, fragte er.

Sie sah ihn misstrauisch an.

»Ich meine«, er zögerte, »gesundheitlich.«

»Oh. Die Erkältung ist weg.«

»Und wie geht es Ihnen?«

»Warum fragen Sie?« Ihre Stirn lag in Falten, die Halsmuskeln gespannt. Sie wirkte, als wollte sie jeden Augenblick aufspringen.

»Mir ist nicht entgangen, wie sehr Sie die Nachricht von Gilbert Langlois' Tod erschrocken hat. Sie haben nicht damit gerechnet.«

»Woher auch?«, kam es knapp.

»Trotzdem hat es auf mich gewirkt, als wären Sie emotional irgendwie angefasst.« Das war es, was ihm vorhin durch den Kopf geschossen war. Elodie Marechal war regelrecht erschrocken gewesen, als er ihrem Mann von dem Tod des ehemaligen Polizisten erzählt hatte. Mit hochrotem Kopf hatte sie die Gabeln vom Boden aufgelesen, die ihr aus der Hand gefallen waren. »Was ist in Ihnen vorgegangen«, fragte er, »als Sie davon erfahren haben?«

Elodie Marechal schwieg, aber ihre Lippen zitterten und sie atmete hörbar durch die Nase ein und aus.

»Könnte es sein«, fuhr Pierre fort, »dass Sie am Ende sogar erleichtert waren?«

»Weshalb sollte ich erleichtert gewesen sein?« Es klang regelrecht empört.

»Weil Sie wussten, dass Gilbert Langlois Ihrem Mann schaden wollte.«

»Das ist eine Unterstellung!« Elodie Marechal erhob sich

von der Bank. »Ich muss jetzt los, der Wochenendeinkauf wartet. *Au revoir,* Monsieur Durand.«

Er sprang ebenfalls auf, stellte sich ihr in den Weg. »Irgendetwas beunruhigt Sie doch, das ist deutlich zu spüren. Wollen Sie mir nicht sagen, was es ist?«

»Warum sollte ich?«

»Das verrate ich Ihnen gerne.« Pierre war jetzt ganz konzentriert. »Vielleicht haben Sie keine Information darüber, was genau an jenem Tag im Wald geschehen ist. Gut möglich, dass sie nicht einmal sicher wissen, wer der Mörder ist. Doch sie ahnen es. Und Sie decken ihn, weil Sie ihn mögen. Aber es wird Sie nicht loslassen.« Er suchte ihren Blick, doch ihr blasses Gesicht war wieder starr in die Ferne gerichtet. »Weil Sie es nicht aushalten, für eine so monströse Sache zu lügen, dafür sind Sie ein viel zu guter und ehrbarer Mensch. Ein Mann ist ermordet worden, mit neun Messerstichen. Wollen Sie wirklich mit dieser Schuld leben? Tun Sie sich das nicht an.«

Elodie Marechal riss den Kopf herum und funkelte ihn wütend an. »Sie haben nicht die leiseste Ahnung, was in mir vorgeht.« Mit großen Schritten eilte sie an ihm vorbei.

Pierre sah ihr nach, bis sie zwischen den Büschen und Sträuchern des Weges verschwand. Dann fuhr er sich mit beiden Händen durchs Haar.

Es war ein unprofessioneller Versuch gewesen, sie mit Suggestivfragen zum Reden zu bringen. Er war zu weit gegangen. Von Elodie Marechal, dessen war er sich sicher, würde er keine Antworten mehr erhalten.

27

Endlich saß er wieder am Steuer seines Dienstwagens. Pierre rieb über das Lenkrad, als hätte er es seit Jahren nicht mehr berührt. Dabei war es nicht einmal zwei Tage her. Aber wusste man selbstverständlich geglaubte Dinge nicht erst dann zu schätzen, wenn man sie verlor?

Während Pierre über die *autoroute* brauste, nahm er sich vor, einen Antrag zu stellen, dass er nun wieder, da Luc mit dem Motorrad über ein eigenes Fahrzeug verfügte, mit dem Wagen bis nach Hause fahren durfte. Letztlich stünde er dadurch für eventuelle Notfälle auch schneller zur Verfügung, denn diese geschahen bekanntlich nicht nur während der Dienstzeit.

Den Antrag musste er schriftlich an Maurice Marechal richten, Pierre hasste es jetzt schon.

Seine Gedanken wanderten zu dem vor ihm liegenden Gespräch. Er fragte sich, ob Gilbert Langlois sich Marechals Schwester zu erkennen gegeben hatte. Oder ob er sie ebenso aus der Ferne observiert hatte wie ihren Bruder Frédéric.

Er hoffte, Caroline Payot konnte ihm einen besseren Einblick in die Familiendynamik der Marechals geben. Ihm sagen, wie gut sich Frédéric trotz der brüderlichen Differenzen mit seiner Schwägerin Elodie verstand.

Vielleicht, so dachte Pierre, während er bei Coudoux auf die A 8 fuhr, die alle nur *La Provençale* nannten, konnte sie ihm auch etwas zu dem Brand auf der Trüffelfarm sagen. Dieser

Punkt, fiel ihm mit einem Mal auf, war im Laufe der Ermittlungen auf der Strecke geblieben. Und er beschloss, ihn wieder aufzugreifen.

Hinter Aix-en-Provence nahm Pierre die A 52 in Richtung Küste. Eine gut ausgebaute vierspurige Autobahn, kilometerlang von Kiefern flankiert. Es waren kaum Autos unterwegs, trotz des Wochenendes. Die fernen Berge ragten vor dem tiefen Blau des provenzalischen Himmels auf, und je näher Pierre dem Meer kam, desto grüner waren die Sträucher und Aprikosenbäume, die ihre Blüten längst abgeschüttelt hatten.

Neun Kilometer vor Carnoux-en-Provence klingelte sein Mobiltelefon, es war Luc.

»Rate mal, mit wem ich gerade unterwegs bin«, tönte die Stimme seines Assistenten über die Freisprechanlage. Es rauschte kräftig, offenbar fuhr er mit dem Motorrad.

»Mit *Lieutenante* Fenech, nehme ich an.«

»Stimmt. Ich weiß nicht, wie du es geschafft hast, aber sie hat mich doch tatsächlich ganz höflich gebeten, sie zu Yanis Vallon zu begleiten. Wir kommen gerade von ihm.«

»Habt ihr etwas erreicht?«

»Ja und nein. Du hattest recht. Vallon hat sich die Bilder angesehen, aber leider nicht lange genug. Es gab nichts, was seine Aufmerksamkeit fesseln konnte.«

»Hat er sich denn an gar nichts erinnert?«

»Nur vage. Da waren vor allem Personen abgebildet, außerdem Landschaften, Bilder aus Sainte-Valérie. Nichts Einprägsames. Dazu gab es eine große Anzahl von Fotos, auf denen Dokumente zu sehen waren, Briefe oder so.«

Pierre richtete sich kerzengerade auf. Er hatte das Gefühl, dass dieses Detail wichtig war. »Konnte er die Dokumente denn genauer beschreiben?«

»Nein, er hat sie nur oberflächlich durchgescrollt und die Fotoapp bald wieder geschlossen.«

»Und die Personen? Hat er jemanden erkannt?«

»Leider nicht. Das war's. Viel konnte Vallon nicht beitragen.«

»*Zut!*«, entfuhr es Pierre. Es war enttäuschend. »Wo bist du jetzt?«

»Auf dem Weg zu den Pannetiers. Die *Lieutenante* fährt mit dem Wagen voran. Und du? Was hast du so getrieben?«

Pierre berichtete seinem Assistenten kurz von den Gesprächen mit Didier Carbonne und Elodie Marechal, dann legte er auf.

Nur eine Minute später wählte er erneut Lucs Nummer. Ihm war noch etwas eingefallen.

»Die Sache mit den Dokumenten … Hatte Langlois nicht mehrere Behördennummern auf seiner Telefonliste? Was waren das für Ämter?«

»Keine Ahnung. Darum hat sich ein Kollege aus Cavaillon gekümmert.«

»Fragst du bitte mal nach?«

»Kann das nicht Penelope übernehmen? Wir sind gerade in Goult eingetroffen.«

»In Ordnung.«

Pierre legte auf und wählte Penelopes Mobilnummer. Sie ging sofort ran.

»Gut, dass du anrufst«, sagte sie. »Ich habe gerade die Listen vom Archiv bekommen. Weder unter den Militärangehörigen, die für die OAS gearbeitet haben, noch bei den zivilen Helfern taucht der Name Marechal auf. Der Großvater hat also aller Wahrscheinlichkeit nach nicht zu den aktiven Unterstützern der militärischen Terroreinheit gehört.« Sie zögerte. »Zumindest nicht zu den erfassten«, setzte sie nach.

»Was meinst du damit?«

»Auch ein Teil der Algerienfranzosen hat die Bestrebungen der OAS unterstützt. Die Leute wollten, dass das Land ein Teil von Frankreich bleibt. Und sie hatten höllische Angst vor der Guerilla der algerischen Befreiungsfront, die die europäisch frequentierten Viertel ständig mit Bombenanschlägen überzog. Viele Siedler haben die OAS mit Waffen versorgt und all ihre Hoffnungen in sie gesetzt. Das Ganze ist wohl ziemlich eskaliert.« Sie seufzte. »Auf jeden Fall läuft diese Spur ins Leere.«

»Ja«, sagte Pierre, »das denke ich auch.« Er hatte das Gefühl, dass sie sich bei diesem Thema allmählich im Kreis drehten.

Er erklärte Penelope den Grund seines Anrufes und bat sie, sich mit dem Kollegen bei der *police nationale* in Verbindung zu setzen, der die Behörden kontaktieren wollte, mit denen Gilbert Langlois vor seinem Tod telefoniert hatte.

»Hatte er sich da nicht nur um einen Job beworben?«

»Das war unsere Vermutung«, entgegnete Pierre, »aber sicher wissen wir es nicht. Ich möchte erfahren, in welchen Abteilungen er angerufen hat und wer die Ansprechpartner waren.«

»Siehst du da einen Zusammenhang?«

»Das kann ich noch nicht sagen. Aber das mit den abfotografierten Dokumenten und Briefen ist sicher kein Zufall. Wir sollten der Sache nachgehen.«

Carnoux-en-Provence lag in einem lang gestreckten Tal, umgeben von bewaldeten Hügeln, eingefasst von dem Massif de Saint-Cyr und dem Massif de la Sainte-Baume.

Am Ortseingang wies ein Schild auf die Messen in der *Notre Dame d'Afrique* hin. Es folgte eine kilometerlange Fahrt an gleichförmig weißen und beigefarbenen Bungalows vorbei. Gerade als Pierre sich fragte, ob er sich verfahren hatte, tauchte unvermittelt hinter einem Kreisel der Ortskern auf, der wie aus einem anderen Land schien.

Hier, nur wenige Kilometer vor Cassis, entsprach nichts dem gängigen Bild einer südfranzösischen Stadt. Keine leuchtenden Farben, keine bunten Fensterläden, keine Balkone mit schmiedeeisernen Geländern. Auch keine Tondächer oder Natursteinmauern. Alles hier war rostrot, beige oder strahlend weiß verputzt, selbst die kubisch gebaute Kirche mit ihrem auffälligen Glockenturm, der seitlich davon kerzengerade in den Himmel ragte.

Die Häuser waren nun höher, fünf- oder sechsstöckig. Pierre fühlte sich an die geometrischen Siebzigerjahre-Bauten erinnert. Alles war sauber und gepflegt, beinahe futuristisch steril. Neugierig betrachtete er das leuchtend weiße Rathaus, ein moderner, kantiger Bau mit Rundbogenfenstern im oberen Teil, als er merkte, dass er ein Stück zu weit gefahren war. Die Straße war nun gesäumt von hohen Häuserkomplexen, die in endlos wirkenden Reihen Spalier standen. Er wendete über einen Parkplatz, der hinter einer Ladenzeile vorbeiführte. Und an Wohnblöcken mit kleinen Fenstern, die schlicht, geradezu beengt wirkten. Ob die Marechals in einem solchen gewohnt hatten?

Als er wieder zum Kreisel kam, entdeckte Pierre endlich die *Hostellerie La Crémaillère*. Eine alte Bastide mit großen Sprossenfenstern und braunen Fensterläden, davor hohe Platanen. Sie war ein Stück nach hinten versetzt und nahm sich aus wie ein Zuschauer, ein Zaungast aus dem vergangenen Jahrhundert, der den Wandel der Zeit erstaunt beobachtete.

Pierre stellte den Wagen auf dem Parkplatz ab und betrat das Restaurant über die Terrasse, auf der man im Sommer sicher herrlich speisen konnte.

Auch der Gastraum wirkte wie aus der Zeit gefallen. Er war

zwar renoviert worden, doch mit einer Anmutung vergangener Tage. Die Holzstühle waren elegant geschwungen und hatten gemusterte Bezüge in Creme und Bordeaux. Über dem Klavier hing ein goldumrahmter Spiegel. An den Wänden Landschaftsgemälde in barocken Rahmen. Ein Druck von Gustav Klimts *Dame mit Hut und Federboa.* Es sah gemütlich aus, durch das einfallende Sonnenlicht angenehm hell. Mit den weiß gestärkten Tischdecken und gefalteten Stoffservietten sogar ein wenig mondän.

Das Restaurant war gut besetzt, zumeist mit älteren Herrschaften. Pierre sah sich um und entdeckte an einem Tisch am Fenster eine Frau, die in einer Zeitung las.

»Madame Payot?«

Sie blickte auf. »Ja«, sagte sie knapp und faltete die Zeitung zusammen. »Sie müssen Monsieur Durand sein. Setzen Sie sich doch.«

Caroline Payot war eine eher unscheinbare Frau mit gestuftem kurzem Haar und einem Doppelkinn. Sie sah älter aus als ihre beiden Brüder, obwohl sie höchstens Anfang vierzig sein konnte. Wozu wohl auch der mausgraue Pullover beitrug und der dunkel gemusterte Seidenschal.

Pierre hängte seine Jacke über die Stuhllehne und nahm Platz. »Vielen Dank, dass Sie sich die Zeit genommen haben«, sagte er.

»Na, einem Kollegen von Romain Martinez kann ich die Bitte doch nicht abschlagen.«

Sie hatte das sehr freundlich gesagt, trotzdem zeigten ihre aufrechte Körperhaltung und die unruhigen Augen, dass sie sich nicht richtig wohl dabei fühlte, von einem *Policier* befragt zu werden.

»Woher kennen Sie und Martinez sich eigentlich?«, fragte Pierre.

»Hat er Ihnen das denn nicht verraten? Er hat sich damals rührend um uns Kinder gekümmert, nach dem Brand. Das werde ich ihm nie vergessen.« Caroline Payot lächelte verbindlich. »Wie kann ich Ihnen helfen?«

Pierre legte sein Notizbuch auf den Tisch. »Es geht um den Mordfall Gilbert Langlois. Ich habe dazu ein paar Fragen.«

»Eine furchtbare Sache.«

»Sie haben davon gehört?«

»Frédéric hat es mir erzählt«, sagte sie. »Wir telefonieren regelmäßig.«

»Haben Sie eine Idee, was da passiert sein könnte?«

»Mit Gilbert Langlois?« Caroline Payot schüttelte den Kopf. »Ich habe ihn ja kaum gekannt. Er hat manchmal Trüffel gekauft. Aber ansonsten …«

»Haben Sie in letzter Zeit mit ihm gesprochen?«

Jetzt nickte sie. »Er war hier.«

Pierre spürte, wie sein Puls schneller ging. Der ehemalige Polizist hatte sich Maurice Marechals Schwester zu erkennen gegeben. Was ungewöhnlich war, wenn man den Verlauf des Falles betrachtete. Bislang hatte Langlois stets im Schutz der Anonymität gearbeitet.

»Wann war das?«, fragte er.

Sie legte den Kopf schräg und hielt einen Finger ans Kinn. »Ich … Ich glaube vor etwa drei Wochen. Er stand plötzlich im Büro der Touristeninformation. Ich hätte ihn beinahe nicht erkannt.«

»Was wollte er von Ihnen?«

»Keine Ahnung.« Eine leichte Röte überzog ihre Wangen.

»Aber er wird es Ihnen doch gesagt haben.«

Caroline Payot hob die Schultern. »Er meinte, er sei zufällig in der Gegend. Er hat sich mit mir über früher unterhalten.«

»Was meinen Sie mit *früher*?«

»Na, über die Zeit nach dem Brand. Er wollte wissen, wie es uns hier ergangen ist.«

Also doch, dachte Pierre. Der Mord hatte etwas mit der Familiengeschichte der Marechals zu tun. Es war kein Stochern im Nebel mehr, sondern eine ganz konkrete Spur.

»Und was haben Sie ihm erzählt?«

Madame Payots Gesicht verschloss sich. »Dass es nicht einfach war. Drei Waisenkinder bei den Großeltern, die kaum in der Lage waren, ihren Alltag zu meistern. Aber nun ist es ja geschafft, nicht wahr? Jeder von uns hat seinen Weg gemacht.«

»Hat Langlois Sie auch nach Ihrem Bruder Maurice gefragt?«

»Nein.« Caroline Payots Wangen glühten inzwischen. Sie presste die Lippen fest aufeinander.

Er glaubte ihr kein Wort. »Sind Sie sicher?«

»Absolut.« Es klang entschieden.

»Und nach Frédéric?«

Eine junge Kellnerin kam und legte zwei Speisekarten vor ihnen ab.

»Dasselbe wie immer«, sagte Caroline Payot, sichtlich froh um die Unterbrechung.

»Den *salade de rouget au citron confit* und ein Glas *Côtes de Provence, Château Lauzade.* Sehr wohl, Madame.«

Pierre warf einen raschen Blick in die Karte. Eigentlich hatte er nicht vorgehabt, hier zu Mittag zu essen, schließlich sollte es eine Befragung werden und kein geselliges Miteinander. Andererseits konnte es durchaus zu einer besseren Gesprächsatmosphäre beitragen. Zudem klangen die angebotenen Speisen äußerst verlockend.

»Ich nehme das *tartare de boeuf et des frites maisons.* Und«, er zögerte kurz, »ebenfalls ein Glas Wein.«

»Eine gute Wahl, Monsieur.« Damit verschwand die Kellnerin wieder.

Caroline Payot nestelte jetzt an ihrer Serviette herum und richtete den Blick auf die älteren Damen am Nachbartisch, die die Kellnerin gerade um die Rechnung baten. Pierre beschloss, mit einem unverfänglicheren Thema fortzufahren, um die Stimmung zu lockern. Er würde später noch einmal auf seine Frage zurückkommen.

»Wirklich eine sehr schöne Bastide«, sagte er mit einer Handbewegung, die den ganzen Raum umfasste. »Die Hostellerie scheint sehr beliebt zu sein.«

»Sie ist für viele Einheimische ein fester Bestandteil des täglichen Lebens. Hier wird gegessen, gefeiert und getagt. Es gibt sogar einen Jazzkeller, in dem regelmäßig Bands auftreten.«

»Sie wirkt ein wenig wie ein Fremdkörper im Ort.«

Caroline Payot lächelte nachsichtig. »Die Bastide stammt ja auch aus dem siebzehnten Jahrhundert. Die anderen Gebäude sind erst Ende der Fünfzigerjahre hinzugekommen. Offiziell gegründet wurde Carnoux-en-Provence erst neunzehnhundertsechsundsechzig.«

»Das ist wirklich interessant«, sagte Pierre, und er meinte es aufrichtig. »Es erklärt den Neubaucharakter, aber nicht die vielen gleichförmigen Bungalows auf dem Weg von der Autobahn zum Ortskern. Sie haben einen ganz eigenen Stil. Es wirkt ...« Er überlegte, wie er seinen Eindruck am besten beschreiben könnte. »Es wirkt einheitlicher als sonst. Geordneter. Planvoller.«

»Das liegt daran, dass Carnoux die einzige Stadt in ganz Frankreich ist, die aus einer Privatinitiative heraus gegründet wurde. Ihre Wurzeln liegen auf der anderen Seite des Mittelmeeres, und die Gebäude sind Spiegel der dortigen Bauweisen. Von den Bungalows über die Kirche bis hin zum Rathaus.« Caroline Payot lächelte und entspannte sich sichtlich. Zum ersten Mal seit Beginn ihres Treffens. »Wollen Sie die Geschichte von Carnoux hören?«

Sie hatte die Kurzform der Stadt sehr zärtlich ausgesprochen. Es klang, als rede sie von einem lebendigen Wesen.

»Sehr gerne.«

»Die Geschichte beginnt im Jahr neunzehnhundertsiebenundfünfzig. Damals war ein Bauunternehmer aus Casablanca an der südfranzösischen Küste auf der Suche nach einem geeigneten großen Grundstück. Er wollte nach der Unabhängigkeit Marokkos für sich und einige andere Rückkehrer eine neue Heimat finden, eigenes Land. Deshalb hat er unter Gründung einer Genossenschaft aus weiteren Unternehmern in Casablanca die zum Verkauf stehende Bastide erworben.«

Pierre lehnte sich im Stuhl zurück und lauschte ihrer Stimme. Er konnte sich gut in die Zeit zurückversetzen, als die Bastide noch das einzige Gebäude war an diesem Ort. Vor seinem inneren Auge erblickte er die unverfälschte Landschaft, von der sie erzählte, das stille Tal auf dem Weg zum Meer. Er konnte die Obstbäume sehen und die siebzehn über hundertjährigen Zedern aus dem Libanon. Die Weinberge, Kalksteinfelsen, Pinienwälder und die *garrigue* mit ihrem gelb blühenden Stechginster.

»Das Haus war eine ehemalige Poststation, die man zu einem Hotel umfunktioniert hatte«, berichtete Caroline Payot jetzt. »Der bekannte Lyoner Architekt Tony Garnier hat seine letzten Jahre hier verbracht, bis er neunzehnhundertachtundvierzig starb.«

Die Kellnerin trat an den Tisch, in den Händen ein Tablett mit den Getränken. Caroline Payot hielt inne und wartete, bis die Frau den Wein eingeschenkt und eine Karaffe Wasser mit Gläsern abgestellt hatte, dann fuhr sie fort.

»Zu der Bastide gehörte ein Grundstück von zweihundertsiebzig Hektar. Später gab es weitere Landkäufe. Inzwischen umfasst das Stadtgebiet rund dreihundertfünfzig Hektar.«

Auf diesem Themengebiet fühlte Caroline Payot sich sicher, das war spürbar. Ihre Wangenröte glich nun, so befand Pierre, einem Leuchten.

Er hob sein Glas, und sie prosteten sich zu. Der Wein war blumig und fruchtig, schmeckte nach reifem Pfirsich und Tee.

»Carnoux war also vor der Stadtgründung als Zufluchtsort für marokkanische Rückkehrer geplant«, fasste Pierre zusammen, als er das Glas wieder abstellte.

»Richtig. Damals gehörte es noch zu Roquefort-la-Bédoule. Aber schon bald wurde der Ort zum Auffangbecken für heimatlos gewordene Rückkehrer aus ganz Nordafrika. Vor allem aus Algerien, dessen Kampf um seine Unabhängigkeit wesentlich gewaltvoller vonstattenging als in den anderen ehemaligen Kolonien. Als von dort eine Massenflucht einsetzte, strömten viele hierher. Man musste nun größer denken, mehr Menschen unterbringen, höhere Häuser bauen, sich um die Kanalisation und Stromleitungen kümmern. Es war bald sehr eng in Carnoux. Der Zufluchtsort wurde zur Stadt.«

»Ihre Eltern stammten ebenfalls aus Algerien, nicht wahr?«

Sie nickte. »Mein Vater kam mit seinen Eltern aus Tiaret, und meine Mutter war die Tochter eines Verwaltungsbeamten aus Oran. Sie waren beide noch halbe Kinder, als sie sich hier in Carnoux kennenlernten. Ihr gemeinsames Schicksal hat sie zusammengeführt.«

»Und wie sind Ihre Eltern dazu gekommen, Trüffel zu kultivieren?«, fragte Pierre.

»Mein Vater hat sich schon früh dafür interessiert. Vor der Hochzeit hat er nach einem geeigneten Hof Ausschau gehalten und ihn in Mazan gefunden, wo Frédéric, Maurice und ich dann auch zur Welt kamen.«

»Hat Gilbert Langlois davon gewusst? Ich meine, dass Ihre Familie Algerienrückkehrer waren.«

Die restlichen vermittelt er an Landwirte, die Saisonarbeiter brauchen.«

»Und welche Rolle spielt dabei Frédéric Marechals Schwager Aziz Bensaid?«

»Der ist für die Vermittlung der Arbeitskräfte zuständig. Er teilt die Leute ein und fährt sie zu den Höfen, auf denen sie gebraucht werden.«

Pierre rieb sich übers Kinn. »Das hatte Gilbert Langlois also herausgefunden.«

»Ja«, nickte Fenech. »Und nun ist er tot. Sieht ganz so aus, als hätte der Trüffelbauer die Tat begangen. Oder sein Schwager.«

Pierre nickte. »Frédéric Marechal hat mir erzählt, dass sie beide zur Tatzeit auf dem Wochenmarkt in Sault gewesen seien, um ihre Trüffelprodukte zu verkaufen. Danach hätten sie beim Verpacken von Online-Bestellungen geholfen, dafür gebe es Zeugen.«

»Das lässt sich rasch nachprüfen, die Kollegen sind schon instruiert. Es ist allerdings davon auszugehen, dass die Zeugen Marechals Version unterstützen, egal, ob sie stimmt oder nicht.« Fenech gab etwas in den Browser ihres Mobiltelefons ein. »Der Wochenmarkt in Sault«, sagte sie nach einer Weile, »schließt um halb eins. Von dort bis nach Sainte-Valérie braucht man etwa vierzig Minuten. Um dreizehn Uhr siebenunddreißig war Langlois noch am Leben. Frédéric Marechal hätte also ohne Weiteres seine Sachen zusammenpacken und zum Wald fahren können. Dasselbe gilt für Aziz Bensaid.«

Pierre sah zu der Stellwand mit den Fotos und Namenskärtchen. »Dann haben wir da noch den Waldarbeiter«, sagte er. »Wie heißt der noch gleich?«

»Yanis Vallon.«

»Hat der ein Alibi?«

»Ich denke schon, es war ja kein Geheimnis.«

»Aber Ihr Bruder Maurice hat ein Geheimnis daraus gemacht.«

Sie seufzte. »Die Bezeichnung *Pieds Noirs* ist für ihn nicht ganz unbelastet. Manche sehen in allen Rückkehrern nur Kolonialisten, Unterdrücker und Folterer. Für sie gibt es da keine Unterschiede. Maurice hat sich alldem entzogen. Er wollte selbst bestimmen, wie andere ihn sahen.«

»Die Linken«, klirrte eine scharfe Stimme hinter Pierre, »zeigen bis heute mit dem Finger auf uns. Für sie sind wir alle Verbrecher.«

Er wandte sich um. Eine der älteren Damen vom Nachbartisch stand jetzt neben ihrem Tisch. Sie schlüpfte in einen Mantel, den die Kellnerin ihr hinhielt. Die Dame sah elegant aus, trug das lange graue Haar von einer Spange gehalten bis zur Rückenmitte. An ihren Ohren hingen große goldene Stecker, deren Gewicht die Haut hinabzog.

»Madame Moline«, sagte Caroline Payot mit sanfter Stimme, »ich bitte Sie, nicht jetzt.«

»Was denn? Ich sage doch nur, wie es ist.« Sie kramte eine Münze aus der Manteltasche hervor und gab sie der Kellnerin, die hastig verschwand. »Die Linken stacheln den Hass auf die Rückkehrer an, das war schon immer so. Sie begreifen nicht, warum man endlich öffentlich über unser Leid spricht. Sie sagen, man nehme falsche Rücksicht auf uns, es verharmlose die hohe Zahl der algerischen Opfer. Als ob wir etwas dafür könnten!« Ihre Unterlippe zitterte. »Ich bin in einem friedlichen Algerien aufgewachsen, Monsieur. Wir haben Tür an Tür mit Muslimen gewohnt. Unsere Kinder sind gemeinsam zur Schule gegangen. Es war ein schönes Leben, es hätte so bleiben können, wenn die Algerier es sich nicht in den Kopf gesetzt hätten, diesen Zustand gewaltsam zu ändern. Man hat uns entwurzelt und aufs Festland gespült, wo uns niemand haben wollte. Wir waren der Abschaum, die unechten Franzosen. Das denken die Linken noch heute.«

»Die Zeiten haben sich geändert«, sagte Pierre und schielte sehnsüchtig nach seinem Glas Wein. Er wollte die Unterhaltung mit Caroline Payot gerne fortsetzen, gerade jetzt, da sie sich so entspannt gezeigt hatte, doch die alte Dame war nicht zu bremsen. Nun hob sie den Finger und fuchtelte durch die Luft.

»Finden Sie? Damals hat sich Präsident de Gaulle der Gewalt der algerischen Terroristen gebeugt«, rief sie. »Die Politiker haben sogar versucht, Attentate der algerischen Guerilla auf dem französischen Festland zu verheimlichen, weil sie den angeblichen Friedensprozess nicht gefährden wollten. Heute beugen sie sich wieder algerischen Terroristen und dienen sich ihnen an. Selbst hier, im französischen Mutterland. Das wird kein gutes Ende nehmen. Wir wissen das aus leidvoller Erfahrung, aber uns will ja niemand zuhören.«

Pierre schwieg, obwohl ihm darauf einige Widerworte einfielen. Aber er hatte nicht vor, dieses Minenfeld zu betreten.

»Präsident Macron«, entgegnete Caroline Payot noch immer sanft, »geht längst auf die Rückkehrer zu und erkennt das Leid öffentlich an. Es gibt viele versöhnliche Schritte in diese Richtung.«

Die Dame machte einen zischenden Ton. In ihrem Gesicht stand Ablehnung. »Unser Präsident mäandert doch bloß herum. Er will niemanden verletzen. Bedauert er zu sehr, dass Frankreich seine algerischen Hilfssoldaten nicht vor der grausamen Rache der Befreiungsbewegung geschützt hat, dann empört sich die algerische Regierung. Die im Übrigen die direkte Nachfolgerin der terroristischen Befreiungsarmee ist. Wendet er sich dagegen dem Trauma der Rückkehrer zu, heißt es, er fische am rechten Rand. Tut er es nicht, verliert er Wähler. Er kann es niemandem recht machen, weil er nicht klar Position bezieht.«

»Im Gegensatz zum *Rassemblement National*?« Pierre atmete tief durch. Jetzt stand er doch mitten auf dem Minenfeld.

»Marine le Pen«, sagte die Dame, »ist die Einzige, die uns versteht.«

»Marine le Pen verbreitet Islamhass.«

»Sie legt nur den Finger auf die vorhandenen Probleme, die andere gerne verschweigen. Wer verübt denn die ganzen Terroranschläge, hm? Wer verschandelt und entweiht denn unsere christlichen Kirchen? Die Kinder der algerischen Einwanderer oder die *Pieds Noirs*?«

Pierre seufzte. »Die algerischen Einwanderer haben nie wirklich eine Chance erhalten, Madame. Die meisten Franzosen haben sie ebenfalls als Menschen zweiter Klasse behandelt.«

»Das haben sie sich selbst zuzuschreiben«, entgegnete die Dame energisch. »Die Einwandererkinder spucken auf die französische Kultur, ebenso auf die *Harkis*, die unserem Land treu gedient haben. Auf ihre eigenen Landsleute! Warum sind die denn nach Frankreich gekommen, wenn ihnen die Unabhängigkeit Algeriens so wichtig war? Wären sie doch bloß dortgeblieben!« Sie hob gestikulierend die Hände. »Wir sind nicht rassistisch, wir stehen in gutem Kontakt zu unseren ausländischen Freunden. Aber diese *beurs* wollen sich doch gar nicht integrieren, ganz im Gegenteil. Sie wollen, dass Frankreich sich ihnen unterwirft.«

Pierre seufzte, überrascht von der plötzlichen Heftigkeit des Wortwechsels. Es war wie so oft. Nur Schwarz und Weiß. Dabei existierten unendlich viele Schattierungen von Grau.

Es gab nicht nur die guten oder bösen Einwanderkinder,

ebenso wenig wie es nur die guten oder bösen *Harkis, Pieds Noirs* oder Festlandfranzosen gab. Und er dachte, dass es hilfreich wäre, wenn die Leute endlich aufhörten, die Menschen in Schubladen zu stecken, sie nach ihrer Herkunft, Religion, Hautfarbe oder ihrem Geschlecht zu beurteilen. Sondern nach dem Herzen und ihrem Charakter.

»Madame«, sagte er nun deutlich milder. »Es bringt doch nichts …«

»Hören Sie auf mit Ihrem *Madame.*« Die Dame knöpfte mit runzeligen Fingern ihren Mantel zu. »Sie sind nicht besser als all die anderen. Sie wollen die Zusammenhänge nicht verstehen, stattdessen zeigen Sie auf diejenigen, die es aus Erfahrung besser wissen. Pfui!«

Verwundert sah Pierre ihr nach, als sie mit aufrechter Haltung und erhobenem Kopf das Restaurant verließ.

Madame Payot seufzte. »Genau davon wollte Maurice sich distanzieren.«

»Was ihm nicht zu verdenken ist«, murmelte Pierre. Zum ersten Mal war der Bürgermeister ihm geradezu sympathisch. »Bei allem Verständnis für das Schicksal dieser Dame. Aber es gibt keine Rechtfertigung dafür, eine Partei zu wählen, die sich vordergründig patriotisch nennt und sich zugleich rechtsextremen Gedankenguts bedient.«

»Es ist nicht so einfach, wie es scheint, *Monsieur le policier.*« Caroline Payots Wangen begannen wieder zu glühen. »Madame Moline ist eine der wenigen verbliebenen Zeitzeugen. Sie musste ihr Geburtsland Algerien verlassen, und niemand wollte von den Grausamkeiten der algerischen Befreiungsfront hören, die die Siedler gewaltsam aus dem Land vertrieben hat. Für Madame Moline ist das Gedankengut des *Rassemblement National* nicht rechtsextrem. Sondern Teil der Wahrheit. Für sie sind alle algerischen Einwanderer ein rotes Tuch. Sie hat Angst vor ihnen. Es ist ein Trauma, *Monsieur le policier,* eine offene Wunde, die viele Menschen hier mit sich herumtragen. Sie blutet nach wie vor, auch sechzig Jahre danach, weil sie ständig wieder aufgerissen wird. Und weil noch immer ein Teil der Politik nicht hinsehen will.«

Madame Payots Essen kam, der Salat mit den Rotbarben sah fantastisch aus. Einen Moment später stellte die Kellnerin eine Schieferplatte vor Pierre ab. In der Mitte das Tartar, dekoriert mit einem gepfefferten Eigelb und Zwiebelringen. Außen herum Schalen mit Kapern, Tomatenketchup, gehackten Zwiebeln und einem Relish aus Cornichons und Senf. Dazu hausgemachte, fingerdicke *frites* mit krosser Kruste und – wie Pierre beim ersten Probieren feststellte – punktgenau weichem Kern.

»Wussten Sie«, fuhr Caroline Payot nach einigen Bissen fort, »dass die algerische *Front de Libération Nationale* nach dem Erlangen ihrer Unabhängigkeit Jagd auf Europäer gemacht hat? Unzählige Menschen wurden entführt, starben bei Terroranschlägen, wurden verstümmelt und öffentlich hingerichtet. In den Großstädten lieferten sich Algerier und Franzosen wahre Straßenschlachten, es herrschte die reine Anarchie. Die Gewaltbereitschaft im Land war so hoch, dass die Zivilbevölkerung in Massen floh. Eine Million Franzosen, die zum Teil seit Generationen in Algerien lebten und das Festland nie gesehen hatten, strömten nach Frankreich. Dazu Europäer italienischer, spanischer und jüdisch-sephardischer Herkunft. Am Ende hatten sie alles verloren: ihre Heimat, ihr einstiges Leben und ihre Würde.«

Pierre hielt inne. Das Gespräch verdarb ihm den Appetit. Problematisch an der Sache war: Es hatte in diesem Krieg kein Gut und kein Böse gegeben, das klar zu benennen wäre. Es gab viel zu viele Opfer und genauso viele Täter, und zwar auf allen Seiten. In jenen Jahren hatte sich eine Hölle aufgetan, der kaum jemand entfliehen konnte. Da gab es keine Vernunft mehr, kein Gefühl der Empathie. Nur noch Hass und Furcht.

Lustlos stocherte er in dem rohen Tartar herum und suchte nach einem Weg, um zu dem eigentlichen Grund der Befragung zurückzukehren. An welchem Punkt waren sie noch mal stehen geblieben?

»Warum heißt es eigentlich *Pieds Noirs*?«, fragte er, weil er Zeit brauchte, um seine Gedanken zu sortieren.

»Oh, so haben die Festlandfranzosen damals die Siedler in Algerien genannt. Zur Herkunft des Begriffs gibt es verschiedene Versionen. Eine lautet, dass die Franzosen glaubten, alle Siedler seien arm und müssten barfuß laufen. Eine andere besagt, es liege an den von der Sonne Algeriens verbrannten Füßen. Die dümmste verknüpft es mit dem Status, weil sie als Kolonialherren immer feine schwarze Schuhe getragen hätten. Das ist natürlich Unsinn.«

Pierre legte das Besteck ab. Jetzt wusste er wieder, wie er an die Befragung anknüpfen konnte.

»Kommen wir zurück zu dem Mordfall«, sagte er. »Sie sagten vorhin, Gilbert Langlois habe sich bei seinem Besuch erkundigt, wie es Ihnen nach dem Brand ergangen sei. Haben Sie eine Idee, warum er das wissen wollte?«

»Nein. Es war ein recht harmloses Gespräch, das schnell endete. Es war ihm wohl zu unergiebig. Maurice und ich haben ja kaum noch Kontakt.«

Pierre merkte auf. »Dann hat er Sie also doch nach Maurice gefragt.«

Caroline Payot biss sich auf die Lippen, nickte dann. »Wird mein Bruder des Mordes verdächtigt?«

»Trauen Sie es ihm denn zu?«

Sie überlegte, schüttelte dann den Kopf. »Nein, er würde

sich nie die Hände schmutzig machen.« Ihre Stimme war nur mehr ein Flüstern.

»Und Ihr anderer Bruder, Frédéric?«

»Niemals! Frédéric ist der anständigste Mensch, den ich kenne.« Das hatte nun sehr bestimmt geklungen.

»Auch dann nicht, wenn sein Lebenswerk in Gefahr wäre?«, hakte er nach. »Etwa die Wiederherstellung des Vermächtnisses Ihres Vaters?«

»Nein, auch dann nicht. Frédéric ist beseelt davon, die Welt zu verbessern. Er will mit persönlichem Engagement erreichen, dass sich Algerier und Franzosen aussöhnen. Natürlich ist es nur ein Tropfen auf den heißen Stein. Aber es ist zumindest ein Anfang.«

Pierre dachte an die *Harragas,* die er im Aufenthaltsraum gesehen hatte, und daran, dass die Kollegen der *police nationale* aus Carpentras den Trüffelhof in diesem Augenblick vielleicht stürmten und durchsuchten. Das Projekt der Versöhnung stand ganz offensichtlich nicht auf dem Boden des Gesetzes.

»Haben sich Frédéric und Ihre Schwägerin Elodie eigentlich je kennengelernt?«

»Ja, ganz zu Beginn, als Maurice mit ihr zusammenkam«, sagte Caroline Payot. »Aber mit dem Streit ist der Kontakt abgebrochen.«

Das war das Stichwort. Pierre holte einen Stift hervor und tippte auf das verschlossen daliegende Notizbuch. »Es ist wichtig, dass Sie meine Fragen jetzt so genau wie möglich beantworten. Was wollte Gilbert Langlois von Ihnen über Ihren Bruder Maurice wissen?«

»Es hat ihn interessiert, wie er sich damals das Jurastudium leisten konnte«, sagte sie und rieb sich mit beiden Händen über die roten Wangen. »Es ist ja recht teuer, alleine wegen der hohen Grundgebühr.«

Das war eine gute Frage von Gilbert Langlois gewesen, musste Pierre zugeben. »Und was haben Sie ihm geantwortet?«

»Maurice hat von unserem Bruder Geld bekommen. Frédéric hat damals extrem viel gearbeitet, tagsüber auf dem Bau und abends als Kellner. Er träumte schon immer davon, eines Tages die Trüffelfarm unserer Eltern wiederaufzubauen. Das Grundstück existierte ja noch, er übernahm es und zahlte uns aus. Aber es war nicht viel wert. Deshalb hat Maurice neben dem Studium noch in einer Kanzlei gejobbt. Das habe ich Monsieur Langlois auch erzählt.«

»Welche Kanzlei war das?«

Caroline Payot sah ihn mit großen Augen an. »Keine Ahnung. Vielleicht kennt Frédéric den Namen. Damals hatten die beiden ja noch Kontakt.«

Pierre zog das Notizbuch zu sich heran, um sich endlich ein paar Stichworte aufzuschreiben, doch er ließ es zugeschlagen. Sein Blick wanderte durch das Fenster zur Hotelterrasse und weiter zu den gewaltigen Platanen, die ihrer Größe nach aus der Zeit vor der Ortsgründung stammen mussten.

Ihm fiel etwas ein.

»Hatten Ihre Eltern denn keine Feuerversicherung?«

»Doch. Aber die Versicherung weigerte sich, uns auszubezahlen. Sie behaupteten, es sei kein Unfall gewesen. Das Feuer sei vorsätzlich gelegt worden, von meinem Vater.«

Pierre merkte überrascht auf. »Stimmt das denn? Was ist damals wirklich passiert, als der Trüffelhof Ihres Vaters in Flammen aufging?«

Caroline seufzte leise. Sie sah auf die Uhr. Dann winkte sie der Kellnerin. »Haben Sie eine halbe Stunde Zeit?«, fragte sie Pierre. »Ich möchte Ihnen etwas zeigen.«

28

Sie fuhren den Hügel hinauf, an ebenso flachen, hellen Häusern vorbei, wie Pierre sie auf dem Weg von der Autobahn zum Ortskern gesehen hatte. Caroline Payot saß auf dem Beifahrersitz seines Renaults, kerzengerade und mit im Schoß gefalteten Händen, und gab ihm die Richtung vor.

Die Straße verlief in Kurven, schlängelte sich an hübschen Vorgärten vorbei, an Agaven mit hochgeschossenen Blütenständen, an Oleanderbüschen und Lorbeerhecken. Auch hier war alles liebevoll gepflegt.

Nach wenigen Minuten erreichten sie das Plateau, als Pierres Telefon klingelte. Es war Penelope. Er fuhr rechts ran.

»Ich muss den Anruf entgegennehmen«, entschuldigte er sich bei seiner Beifahrerin und stieg aus.

»Ja?«

»Du glaubst nicht, was ich herausgefunden habe«, rief Penelope. Ihre Stimme klang aufgeregt. »Ich weiß jetzt, mit welchen Behörden Langlois vor seinem Tod telefoniert hat.«

Pierre ging ein paar Schritte, bis er außer Hörweite war. »Schieß los.«

»Zum einen mit den Anwaltskammern in Carpentras und Avignon, zum anderen mit dem nationalen Prüfungsamt für juristische Examen. Der Kollege aus Cavaillon hatte schon mit den dortigen Mitarbeitern gesprochen. Alles zentrale Nummern, bei denen täglich Dutzende Anfragen eingehen, daher konnte sich auch niemand an einen Anrufer mit dem Namen Langlois erinnern. Es ist ja auch schon ein paar Wochen her.«

»Zwei Anwaltskammern und das Prüfungsamt …« Pierre spürte, wie sich sein Puls beschleunigte. Maurice Marechal hatte eine Kanzlei in Mazan und danach eine in Sainte-Valérie. Dafür waren die Anwaltskammern von Carpentras und Avignon zuständig. Stimmte etwas nicht mit seiner Zulassung? Das erklärte vielleicht die abfotografierten Dokumente. »Wir müssen herausfinden, ob es bei Maurice Marechals Papieren Unregelmäßigkeiten gibt«, sagte er.

»Ich habe *Commissaire* Lechat bereits informiert und darum gebeten, dass er einen Antrag auf Einsicht stellt, damit wir keine Zeit verlieren.«

»Sehr gut.«

»Das ist noch nicht alles. Ich bin die Zulassungsergebnisse der *école d'avocats* durchgegangen, wo sich Maurice Marechal nach seinem Studium zur Prüfungsvorbereitung und Erlangung des Zertifikats hätte anmelden müssen. Die Ergebnisse werden an jedem ersten Dezember veröffentlicht. Doch weder in Marseille noch in Lyon, Toulouse oder in irgendeiner anderen Schule taucht sein Name auf. Ich habe die letzten drei Jahrgänge vor Eröffnung seiner Kanzlei in Mazan überprüft. Nichts.«

»Das heißt …« Pierre brach ab.

»… dass Maurice Marechal seine Prüfung entweder im Ausland abgelegt hat«, führte Penelope den Satz zu Ende, »oder ein Hochstapler ist, der seine Abschlussdokumente gefälscht hat, damit er bei den Kammern seine Zulassung bekommt.«

»Das gibt's ja nicht!«, entfuhr es Pierre.

Maurice Marechal war wieder im Spiel. Noch wusste Pierre nicht, welche Rolle er besetzte, aber er würde es herausfinden.

»Wie gesagt, das ist nur meine erste Einschätzung. Ich bleibe dran.«

Das war wirklich ein Donnerschlag. Und hätte er nicht vor einiger Zeit einen Artikel über einen Anwalt gelesen, der es dank einer gefälschten Zulassung bis in die oberste Etage einer namhaften Kanzlei geschafft hatte, er hätte nicht geglaubt, dass so etwas überhaupt möglich wäre.

Pierre ließ das Telefon sinken und blieb stehen, wie zur Salzsäule erstarrt. Vor ihm lag ein atemberaubendes Panorama, das ihn in einer anderen Situation gewiss in Entzücken versetzt hätte.

Es war ein erhabener Blick über das Tal und bis zum gegenüberliegenden Bergrücken mit seinen dichten Wäldern. Rechts davon zogen sich Häuser wie kleine helle Tupfen über die Landschaft. Ein Spiegelbild der hiesigen Seite.

»Monsieur Durand, alles in Ordnung?« Caroline Payot war ebenfalls ausgestiegen und sah ihn besorgt an.

Pierre nickte und ging langsam auf das Auto zu.

»Alles gut«, sagte er, während er sich wieder hinter das Lenkrad schwang. In Gedanken noch immer bei dem Telefonat.

Alles passte plötzlich zusammen. Als Gilbert Langlois vor etwa drei Wochen hier in Carnoux-en-Provence gewesen war, da ahnte er bereits, dass Maurice Marechal sich ein Jurastudium niemals hätte leisten können. Seine Erkundigungen bei den entsprechenden Behörden waren offenbar von Erfolg gekrönt gewesen. Blieb die Frage, wie Langlois an die Dokumente gekommen war. Ohne persönliche Befugnis oder einen offiziellen Antrag durch eine Kanzlei oder Ermittlungsbehörde erhielt man keine Einsicht.

Wie dem auch sei: Gilbert Langlois hatte den Bürgermeister in der Hand gehabt. Die Offenlegung dieser Informationen hätte das Ende von Maurice Marechals Karriere als Anwalt und als Oberhaupt von Sainte-Valérie bedeutet. Damit hatte er ein veritables Motiv, den ehemaligen Polizisten beseitigen zu lassen. Von wem auch immer.

Alles schien minutiös geplant. Sogar sein Alibi. Mit einem Mal ergab auch die Betroffenheit Sinn, die Pierre bei Marechals Frau Elodie gespürt hatte. Ahnte sie, dass ihr Mann schuld an Langlois' Tod war?

Pierre lächelte. Sie waren ganz nah dran.

Je weiter sie fuhren, desto mehr Häuser durchbrachen die einheitliche Bauweise des Ortes. Sie besaßen nun tönerne Dachpfannen, und die Wände trugen provenzalisches Ocker oder Apricot, ein ums andere Mal vereint mit orientalisch anmutenden Mustern und Bögen.

»Wohin fahren wir eigentlich?«, fragte Pierre, als die Reihe der Häuser lichter wurde.

»Sie wollen doch die Wahrheit über den Brand der Trüffelfarm wissen. Ich zeige sie Ihnen.« Caroline Payot wies auf eine Abzweigung. »Dort müssen wir nach links.«

Sie lotste ihn bis zu einem Parkplatz, der zu einem Friedhof gehörte. Schweigend gingen sie durch das Tor und über eine Allee ergrünender Bäume, die die Reihen der Gräber teilte und auf einen hohen Bogen aus Steinquadern zuführte.

»Das Denkmal dort ist zur Erinnerung an die Toten aus den ehemaligen französischen Kolonien«, erklärte Caroline Payot. »Dort liegen Urnen aus dreiundzwanzig Friedhöfen, die aufgegeben werden mussten. *Terra patrum patria*. Das Land unserer Väter.« Sie bog nach rechts.

Pierre atmete tief durch, während er ihr folgte. Es bereitete ihm Mühe, die Aufmerksamkeit wieder auf Caroline Payot zu richten, auf das, was sie ihm zeigen wollte. Eine Erklärung zum Feuer, zu dem Brand des Trüffelhofes ... Die Sache kam ihm auf einmal fern und vage vor, ein unwichtiges Puzzleteil. Alles schien hinter den Neuigkeiten, die er gerade erfahren hatte, zu verblassen.

Sie gingen an steinernen Gräbern entlang, dichte Reihen mit Ruhebetten aus Marmor und Granit. Immer wieder blieb Pierre stehen, um die Aufschriften zu betrachten. Die Tafeln mit Fotos der Verstorbenen, die Engelsfigürchen, Porzellanrosen und Madonnenbilder. Die unverwelkbaren Plastikblumen in den Vasen am Boden. Die Schilder von Veteranenverbänden mit Erinnerungen an Soldaten, an Kämpfer der Résistance, an Träger von Verdienstorden der Ehrenlegion.

Vor einer Grabplatte mit einem aus Stein gemeißelten Buch blieben sie stehen. Die aufgeschlagene Seite zeigte das Bild eines Ehepaares. Einen ernst dreinschauenden Mann und eine Frau mit hochgestecktem Haar und gütig blickenden Augen.

»Das hier sind meine Großeltern Leon und Marie. Sie kamen mit meinem damals zehnjährigen Vater Jacques im Juni zweiundsechzig mit dem Passagierschiff *Ville-d'Alger* in Marseille an. Sie hatten nur das dabei, was sie in zwei Koffern tragen konnten. Es war eine sehr chaotische Flucht, müssen Sie wissen. Und noch chaotischer war die Ankunft. Die französische Regierung hatte mit höchstens vierhunderttausend Personen gerechnet … innerhalb von vier Jahren. Aber schon in den ersten sechs Monaten nach Verkündung der Unabhängigkeit Algeriens kamen mehr als doppelt so viele. Die OAS hatte verbrannte Erde hinterlassen, die Siedler waren im Land nicht mehr sicher und flohen in Scharen. *Koffer oder Sarg.* Marseille platzte damals aus allen Nähten.«

»Was ist mit den vielen Menschen passiert?«

»Die Behörden waren vollkommen überfordert. Sie verteilten schließlich die Ankömmlinge wahllos in ganz Frankreich, aber mein Großvater hörte von der neuen Siedlung bei

Cassis, und so machten die drei sich alleine auf den Weg. In Carnoux fanden sie tatsächlich eine Bleibe und waren darüber sehr dankbar, denn damit hatten sie wirklich Glück. Während die *Pieds Noirs* im restlichen Land für ihre Sprache, ihren Akzent, ihre Kultur verachtet wurden, waren sie hier unter sich. Doch ihr Herz blieb zeitlebens auf der anderen Seite des Mittelmeers, *outre-mer*. Wenn meine Großeltern von den Weizenfeldern sprachen, von dem vertrauten Verhältnis zu den arabischen Nachbarn in Tiaret, dann glänzten ihre Augen.« Sie strich über das Bild der warmherzig blickenden Frau. »Wir hatten eine schöne Kindheit, trotz aller Enge. Meine Großmutter hat immer nach den alten Rezepten aus der Heimat gekocht. Haben Sie schon einmal *couscous barbouche* gegessen?«

Pierre verneinte.

»Es ist ein Rezept aus der Küche der *Pieds Noirs*. Die perfekte Mischung aus Frankreich und Algerien. Es enthält neben dem Couscous noch weiße Bohnen, eine *saucisse osbane*, Innereien und Kalbfleisch. Gewürzt wird das Ganze mit *zatar*, einer Mischung aus wildem Thymian, Sumach, geröstetem Sesam, Kreuzkümmel und einigem mehr. Ich koche es heute noch gerne.« Sie lächelte. »Allerdings verzichte ich auf die Innereien, auch bei der *saucisse osbane*. Ich mag die Wurst lieber in der Variante mit Hammelfleisch. Gewürzt wird sie mit frischem Koriander, Petersilie, Pfefferminze, etwas Paprika und Zimt … einfach köstlich.« Sie hob den Daumen und Zeigefinger zum Mund und verdrehte genießerisch die Augen.

Pierre konnte es sich lebhaft vorstellen. »Der Brand des Trüffelhofes …«, kam er zurück zum Grund ihres Friedhofbesuches. »Ich habe mit Romain Martinez darüber gesprochen. Er hatte dazu eine eigene Theorie.«

Sie sah ihn überrascht an. »Was denn für eine?«

»Er meinte, es sei möglicherweise Brandstiftung gewesen, ein rassistisches Motiv.«

»Ach so. Nun … nein.« Sie schüttelte den Kopf. »Frédéric hat das früher immer erzählt. Als Ältester hatte er mitbekommen, was die Leute in Mazan von den Ankömmlingen hielten. Die hatten ja keine Ahnung, was für großartige Menschen die Bensaids sind.«

Pierre dachte an die algerische Familie, der er auf dem Trüffelhof begegnet war. An die Frau mit den wilden Locken, die ihn vom Fenster aus begrüßt hatte. »Martinez meinte, die Bensaids lebten damals in einem Lager in Rivesaltes. Wie kam es eigentlich dazu, dass Ihr Vater sie nach Mazan geholt hat?«

»Mein Vater und Salah kannten sich noch aus Algerien«, erzählte Caroline Payot. »Sie waren dort beste Freunde. Nach der Flucht hatte er lange geglaubt, seinen Freund nie wieder zu sehen. Denn Salahs Vater war ein *Harki*, eine Hilfskraft der Kolonialarmee.«

Pierre verstand. »Die Bensaids galten bei ihren Landsleuten als Verräter.«

Caroline Payot nickte. »Sie haben gerne für Frankreich gearbeitet, sie konnten sich einfach nicht vorstellen, dass Algerien irgendwann nicht mehr französisch sein sollte. Natürlich lockte auch das regelmäßige Gehalt, immerhin hat es die ganze Familie ernährt.« Ihr Blick wanderte über die vielen Gräber, sie schien jetzt ganz in die Geschichte der Bensaids einzutauchen. »Aber nach dem Waffenstillstandsabkommen von Évian ließ die französische Regierung sie entwaffnet zurück. Die algerische Befreiungsfront machte gnadenlos Jagd auf alle *Harkis*. Ich erspare Ihnen die Details. Fakt ist, dass Frankreich sie am Ende schutzlos dem Zorn ihrer Landsleute überließ und tatenlos zusah, wie gut hunderttausend von ihnen auf brutalste Weise massakriert wurden.«

»Gab es denn keinen Plan, um die Hilfssoldaten zu retten?«, fragte Pierre betroffen.

Sie sah ihn an. »Doch, den gab es, aber die Aufnahme war beschränkt. Die Regierung hatte schon genug zu tun mit den vielen Rückkehrern, sie wollte nicht auch noch die Hilfssoldaten im Land haben. Gerade einmal zehntausend bedrohte *Harkis* sollten nach Frankreich umgesiedelt werden. Alleine, ohne Familie. Der Vater von Salah stand nicht auf der Liste. Aber er hätte seine Frau und die Kinder auch niemals im Stich gelassen.«

»Wie haben sie es dann hierhergeschafft?«

Caroline Payot versuchte ein Lächeln. »Sie sind mit Hilfe eines französischen Soldaten geflohen, der sie auf ein Lastschiff schmuggelte. Kaum angekommen, wurden sie mit all den anderen fortgesperrt und in ein abgelegenes Lager gebracht, in dem sie unter schlechten hygienischen Bedingungen lebten. Es gab viele ähnliche Orte im Süden von Frankreich, sogenannte Forstsiedlungen. Man wollte verhindern, dass die Untergebrachten soziale Kontakte zu Franzosen knüpften. Die Wahrheit über den Algerienkrieg sollte partout nicht an die Öffentlichkeit gelangen.« Sie atmete schwer, ihr Brustkorb hob und senkte sich sichtbar unter ihrem Pullover. »Schließlich hielten es manche von ihnen nicht mehr aus. Sie protestierten lautstark gegen die Ungerechtigkeit. Die Presse berichtete groß darüber.«

Pierre nickte. Er hatte eine Rückschau über die Ereignisse gelesen, und die Bilder der Proteste hatten ihn erschüttert. Menschen, die sich hinter einem Stacheldrahtzaun drängten und die Fäuste in den Himmel reckten. Die Alten mit eingefallenen Gesichtern und Augen, in denen nicht Wut, sondern Hoffnungslosigkeit stand.

»Salah war einer von ihnen«, fuhr Caroline Payot fort.

»Mein Vater hat seinen früheren Spielkameraden auf einem Foto wiedererkannt. Er fuhr hin, aber er durfte ihn nicht rausholen. Erst, als das Lager aufgelöst wurde, kamen die Bensaids in Freiheit. Mein Vater, der inzwischen geheiratet hatte, nahm Salah und seine Familie mit nach Mazan und gab ihnen auf der Plantage eine neue Heimat. Er hat sie gegen alle rassistischen Angriffe verteidigt wie ein Löwe. Er hätte sich jedem entgegengestellt, mit der Schrotflinte in der Hand, der ihnen Leid antun wollte.«

In Caroline Payots Blick lag nun Stolz, und sie reckte das Kinn, als würde auch sie höchstpersönlich die Flinte erheben, sobald jemand einem ihrer Lieben Leid androhte.

»Es ist eine berührende Geschichte«, sagte Pierre. »Aber wenn es keine Brandstiftung war, was dann?«

»Es war die Scham, die Dämonen der Flucht. Mein Vater hat viel Schlimmes erlebt in jungen Jahren, er ist damit nicht zurechtgekommen.« Sie zeigte auf eine Plakette in der Steinplatte. *Jacques Marechal* stand darauf geschrieben. *Geboren 1952 in Tiaret, gestorben 1998 in Mazan.* Daneben war eine Plakette für die Mutter angebracht, die in Oran geboren war. »Es gibt keine Asche und deshalb auch kein richtiges Grab. Nur ein Andenken. Mein Vater hat an Depressionen gelitten. Meine Mutter hat seine schwarzen Stunden nicht mehr ausgehalten und wollte ihn verlassen. Ich weiß es von meiner Oma mütterlicherseits. *Maman* hat es ihr erzählt. Mein Vater hat sie offenbar daran gehindert. Nur wenige Stunden später brannte der Hof.«

»Das ist ja furchtbar«, entfuhr es Pierre. Er war fassungslos. Das hatte er nicht erwartet.

Mit einer unwirschen Bewegung schüttelte Caroline Payot den Kopf. »Das Unglück hätte die Familie enger zusammenschweißen können. Vereint in Trauer. Aber woher sollten wir wissen, wie man so etwas macht? Meine Eltern sind an ihrer eigenen Geschichte zerbrochen, wir haben nie gelernt, was stabile Bindungen sind. Am Ende ist jeder von uns anders damit umgegangen. Frédéric wollte lieber die Geschichte vom rassistischen Anschlag glauben, obwohl es dafür keine Beweise gab. Er hatte es sich in den Kopf gesetzt, das angebliche Unrecht ungeschehen zu machen, indem er alles wieder aufbaute und unseren Vater emporhob wie einen Helden, ein Opfer der Umstände. Maurice dagegen ist vor dem Elend geflohen. Er war wütend. Wütend über die Vergangenheit, die schuld war an Vaters Depressionen. Er war vollkommen beherrscht von dem Wunsch, einen eigenen Weg zu finden und es besser zu machen. Es ist ihm ja ganz offensichtlich auch gelungen.«

»Und Sie?«, fragte Pierre. »Wie ist es Ihnen scither ergangen?«

Caroline Payot zuckte mit den Schultern. »Ich habe einfach versucht weiterzuleben. Meinen Großeltern zuliebe, ich habe sie bis zu ihrem Tod gepflegt. Mit dem Anteil, den Frédéric mir damals ausgezahlt hat, habe ich nach meiner Scheidung einen Kredit für einen Bungalow aufgenommen, er ist bald abgezahlt. Ich bin zufrieden.«

Es hatte fatalistisch geklungen.

Pierre sah über die Reihen der Gräber hinweg zu den Bäumen am Rand des Friedhofes.

Die schreckliche Flucht, das Trauma der Eltern, der Blick in den Abgrund, als alles verbrannte. Schließlich Maurice Marechals Fixierung, unbedingt als Anwalt für Familienrecht für Kinder arbeiten zu wollen – es erklärte einfach alles.

Der junge Maurice Marechal war an seine Grenzen gekommen, als er das Studium begann. Jura war eine der härtesten Disziplinen, man musste konzentriert dranbleiben und viel

Zeit mit Fallbeispielen und Gesetzestexten verbringen. Zeit, die man als mittelloser Mensch nicht hatte, der nebenher arbeiten musste, um sich Bücher, Essen, eine Unterkunft zu beschaffen. Alleine die Ausbildung an der *école d'avocats* kostete monatlich eine Stange Geld, die Anmeldung zur Prüfung ebenfalls. Man konnte zwar staatliche Unterstützung beantragen. Aber reichte sie, um im Alltag zu überleben?

Gilbert Langlois hatte Caroline Payot gefragt, wie ihr Bruder sein Studium finanziert habe. Nun lag die Lösung ausgebreitet vor Pierre. Alles was fehlte, war die Bestätigung seitens der Behörden.

Sein Blick schweifte von den Gräbern hinauf zum klarblauen Himmel, in dem sich eine weiße Kondensspur verlor. Die ganze Zeit war er auf Langlois' Spuren gewandelt, um das Puzzle zu vervollständigen. Es war der richtige Weg gewesen. Allem Anschein nach hatte Maurice Marechal die Tat geplant. Alles, was ihm nun noch fehlte, war der Täter.

Pierre nickte Caroline Payot zu. »Vielen Dank, dass Sie mir einen Blick in Ihre Vergangenheit gewährt haben. Ich fahre Sie jetzt zurück.«

Er öffnete ihr die Beifahrertür, als ein Anruf auf seinem Mobiltelefon einging. Es war eine Nummer, die er nicht kannte. »Ja?«

»Monsieur Durand? Hier ist Elodie Marechal. Ich muss Sie dringend treffen.« Es rauschte stark, offenbar war sie im Auto unterwegs.

Pierres Herz machte einen Satz. Irgendetwas war geschehen, er konnte es durch das Telefon hindurch spüren. »Wo sind Sie jetzt?«

»Auf dem Weg nach Sainte-Valérie. Sie hatten recht.«

Ihre Stimme klang fiebrig und leise, und Pierre presste das Telefon stärker ans Ohr. »Womit hatte ich recht?«

»Das … will ich Ihnen lieber persönlich sagen. Wir treffen uns in … Sagen wir in zehn Minuten?«

»Ich bin noch in Carnoux.« Pierre sah auf die Uhr, es war kurz vor halb drei. Bis nach Sainte-Valérie brauchte er etwa eineinhalb Stunden und er musste Madame Payot noch im Ort absetzen. »Vor vier werde ich es leider nicht schaffen.«

Sie blies die Luft hörbar aus. »Gut, sagen wir um vier. Wir treffen uns an der Bank auf der Plattform unterhalb der Stadtmauer. Ich warte dort auf Sie.«

Es klackte in der Leitung.

»Hallo? Hallo, sind Sie noch da?«

Elodie Marechal hatte aufgelegt.

29

Pierre hatte Caroline Payot im Ort abgesetzt. Dann hatte er noch einmal versucht, Elodie Marechal zu erreichen, aber sie war nicht ans Telefon gegangen. Nun raste er über die Autobahn in Richtung Norden. Wenn er sich beeilte, wäre er vielleicht zehn Minuten vor vier da, doch es war noch immer viel zu lange hin.

Er machte sich Sorgen, die Frau des Bürgermeisters hatte nicht gut geklungen. Am Vormittag hatte sie sein Gesprächsangebot noch barsch abgelehnt. Irgendetwas hatte sie dazu gebracht, ihre Meinung zu ändern. Hatte sie den Täter konfrontiert? Sie war offenbar dazu bereit, seine Identität preiszugeben, und er konnte nur hoffen, dass der Mann nichts davon ahnte.

Die Bank, die Elodie als Treffpunkt vorgeschlagen hatte, war schlecht einsehbar. Wenn sie dort auf ihn wartete, hätte der Täter ein leichtes Spiel. Der Gedanke, dass ihr etwas zustoßen könnte, trieb seinen Puls an. Es wäre unverantwortlich, sie jetzt alleine zu lassen.

Pierre versuchte es bei *Lieutenante* Fenech, doch die gab keine Antwort. Auch sein Assistent Luc schien das Klingeln nicht zu hören. Als die Verbindung nach mehreren Versuchen abbrach, probierte Pierre es noch einmal. Das Freizeichen tönte laut durch das Wageninnere und zerrte an seinen Nerven.

»Verdammt, Luc, jetzt geh schon ran.«

Pierre legte auf, fluchend. Rief dann in der Wache an.

»Penelope, wo ist Luc?«

»Der macht Pause. Zusammen mit der *Lieutenante*.«

»Man kann Pause machen und erreichbar sein!«, rief Pierre laut, fast hätte er geschrien. Er atmete tief durch. Ruhig bleiben, er durfte jetzt nicht die Nerven verlieren. »Kannst du bitte versuchen, sie zu erreichen? Elodie Marechal hat mich eben vom Auto aus angerufen. Sie will sich mit mir treffen. Aber ich brauche noch mindestens eine Stunde bis Sainte-Valérie. Ich habe ein komisches Gefühl. Jemand muss zum Haus der Marechals gehen und nachsehen, ob der Bürgermeister da ist. Ich will nur sichergehen, dass er ihr nicht gerade folgt.«

»Das kann ich doch übernehmen.«

»In Ordnung. Aber sei vorsichtig.«

»Ja, natürlich. Ich habe übrigens Neuigkeiten. Das Prüfungsamt hat inzwischen bestätigt, dass es keine Zulassung unter dem Namen Maurice Marechal gibt. Er muss die Dokumente gefälscht haben, die Anwaltskammer Carpentras ist noch dabei, die eingereichten Unterlagen zu überprüfen. Aber die in Avignon hat unseren Verdacht bestätigt und bereitet gerade eine Strafanzeige vor.«

Also stimmte es.

»Gut gemacht. Und nun lauf los. Ruf mich an, sobald du da bist.«

Pierre gab Gas, preschte über die Autobahn, weit oberhalb der erlaubten hundertdreißig Stundenkilometer. Immer wieder sah er auf die Uhr. Als Penelope sich endlich meldete, zeigte sie zehn nach drei.

»Ich habe bei den Marechals geklingelt, aber niemand hat mir aufgemacht. Das Auto des Bürgermeisters steht auch nicht auf dem Anwohnerparkplatz, ich habe nachgesehen.«

»Verdammt! Jemand muss den Treffpunkt unauffällig observieren.«

»Glaubst du, Elodie Marechal ist in Gefahr?«

»Ja. Ich bin sicher, dass sie Langlois' Mörder kennt. Und der wird verhindern wollen, dass sie redet.«

»Warte, es geht gerade ein Anruf ein. Das ist Luc.«

Er wurde weggedrückt. Die Minuten vergingen. Pierre spürte, wie ihm der Schweiß auf die Stirn trat. Ungeduldig trommelte er mit den Fingern auf das Lenkrad. Hupte laut, als ein langsam fahrender Fiat die linke Spur nutze, obwohl der Mittelstreifen längst wieder frei war.

»Luc sagt, er ist in spätestens zehn Minuten vor Ort«, kam jetzt Penelopes Stimme wieder über den Lautsprecher. »Soll ich lieber die Kollegen von der *police nationale* alarmieren?«

Pierre überlegte fieberhaft, entschied sich schließlich dagegen. »Ein Mann reicht. Es ist ja nur eine Vorsichtsmaßnahme, ich will Elodie Marechal nicht erschrecken. Sie wird sicher misstrauisch, wenn plötzlich überall Personen herumlungern.« Er atmete tief ein und wieder aus. »Wenn alles gut geht, wissen wir in weniger als einer Stunde, wer der Mörder von Gilbert Langlois ist.«

Pierre hatte gerade Aix-en-Provence passiert, als ihm eine Idee kam. Er wählte die Mobilnummer des Bürgermeisters.

»Monsieur Durand?«

Marechals Stimme klang aufgeräumt. Den Geräuschen nach schien auch er gerade im Auto zu sitzen.

»*Monsieur le maire*«, sagte Pierre und atmete erleichtert aus. Solange er den Bürgermeister am Telefon hatte, konnte er seiner Frau nichts antun. »Ich wollte nur fragen, wie es Ihnen geht. Bei unserem letzten Treffen waren Sie stark erkältet.«

»Danke, besser.«

Die Antwort war denkbar knapp gewesen, viel zu knapp. Er

musste den Bürgermeister in der Leitung halten. Aber dafür musste er sich etwas Eloquenteres ausdenken.

»Ich … Wo sind Sie gerade? Es klingt, als steckten Sie in einem Windkanal.«

»Das liegt am Wagenfenster, es ist einen Spaltbreit geöffnet.« Marechal seufzte hörbar genervt. »Was wollen Sie von mir? Sie haben sich doch noch nie um meine Gesundheit geschert.«

»Ich möchte Sie nur der guten Ordnung halber wissen lassen, dass ich offiziell und mit dem Einverständnis der Ermittlungsrichterin wieder im Team bin. Ich werde daher am Montag ganz normal zum Dienst erscheinen.«

»Monsieur Durand, es ist Samstag. Hat das nicht Zeit bis nächste Woche? Ich bin in Eile. Gibt es sonst noch etwas Dringendes? Irgendeinen Notfall?«

Pierre blieb lediglich, die Frage zu verneinen. Seine Gedanken rasten, ihm wollte nichts einfallen, womit er den Bürgermeister in der Leitung halten konnte. Nur Belanglosigkeiten.

»Na dann«, fuhr der Bürgermeister fort, »wünsche ich Ihnen ein schönes Wochenende, *au revoir.*« Er hatte aufgelegt.

»*Putain!*«

In endlos schnurgerader Fahrt ging es über die *Autoroute du soleil.* Über ihm ein klarblauer Himmel, der sich am Horizont weißgrau eintrübte. Es war kaum Verkehr an diesem Samstagnachmittag. Noch eine gute halbe Stunde bis nach Sainte-Valérie. Pierre fuhr nun hundertsiebzig, er hatte jede Zurückhaltung verloren. Mit beiden Händen umkrallte er das Lenkrad, seine Nerven waren aufs Äußerste gespannt. Als das Telefon klingelte, zuckte er heftig zusammen. Luc.

»Wo warst du denn?«, rief Pierre, der seine Unruhe verbal nicht zurückhalten konnte. »Ich habe die ganze Zeit versucht, dich zu erreichen.«

»Wir waren essen, es war laut im Gastraum, wir haben das

Klingeln nicht gehört. Ich bin jetzt bei der Plattform. Jeanne ist zum Haus der Marechals, um *Monsieur le maire* abzupassen, wenn er zurückkommt.«

»Jeanne?«

»Ähm, ich meine natürlich *Lieutenante* Fenech. Du hattest tatsächlich den richtigen Riecher mit deinem Verdacht, von Anfang an. Der ach so korrekte Bürgermeister ist ein verdammter Hochstapler.« Er pustete Luft durch die Lippen. »*Commissaire* Lechat hat wegen des Verdachts auf Dokumentenfälschung bereits einen Haftbefehl erwirkt. Er ist unterwegs zum Tatort.«

»Zum Tatort?« In Pierres Ohren begann es zu rauschen. »Sag jetzt bitte nicht, dass …«

»Doch. Leider, Chef«, sagte Luc mit einem tiefen Seufzen. »Elodie Marechal ist von der Plattform gestürzt.«

»Ist sie …?«

»Nein. Aber es sieht nicht gut aus.«

Das Erste, was Pierre auffiel, als er die steile Zufahrt von der Straße hinaufstieg, war, dass Lucs Haar derangiert aussah. So, als habe er es mit beiden Händen durchwühlt. Das Zweite war sein betroffener Gesichtsausdruck.

»Es ist furchtbar!«, rief sein Assistent, der ihm auf halbem Weg entgegenkam. »Als wir die Plattform erreichten, lag Elodie Marechal bereits davor am Boden. Ein Tourist hat sie gefunden, er steht dort drüben. Er hat sofort den Rettungsnotdienst gerufen, und der Sanitäter hat einen Hubschrauber angefordert, weil es so schlimm um sie bestellt war. Der hat sie vorhin abgeholt.«

»Wo genau war das?«

Pierre folgte Lucs Finger, der in Richtung einer abschüssigen Fläche wies, etwa drei Meter unterhalb der Plattform.

Im flackernden Blaulicht eines Krankenwagens sprachen ein Beamter der *police nationale* und *Commissaire* Lechat vor der mittelalterlichen Stadtmauer mit einem Mann, dem der Schrecken ins Gesicht geschrieben stand.

Das Ganze ist irgendwie unwirklich, dachte Pierre, während er auf den Tatort zuging. Begleitet von seinem Assistenten, der ihm nicht von der Seite wich.

Als Luc ihm am Telefon davon erzählt hatte, wollte er es nicht glauben. Es erschien ihm irreal, wie eine wilde Räubergeschichte, bei der man hoffte, dass sich am Ende doch noch alles zum Guten wendete. Als sein Assistent ihm nun eine Aufnahme vors Gesicht hielt, die er vor dem Eintreffen des Hubschraubers von der Szenerie gemacht hatte, begriff er, dass Elodie Marechals Schicksal am seidenen Faden hing.

Er blieb stehen und betrachtete das Foto.

Selbst nach dem Sturz sah die Frau des Bürgermeisters noch elegant aus. Wie hingegossen für einen Maler. Sie trug ein malvenfarbenes Kleid. Der helle Mantel war aufgefächert, das Gesicht gen Himmel gerichtet. Um sie herum weiß blühende Buschwindröschen. Wären da nicht das Blut, das aus Ohr und Nase floss und den sandigen Boden färbte, und der bizarr angewinkelte Fuß, man hätte meinen können, die Szenerie sei von einem Künstler arrangiert.

Pierre schluckte schwer. Er stieg über das zwischen zwei Bäumen gespannte Flatterband hinweg, das Zufahrt und Tatort voneinander trennte, und ging zu *Commissaire* Lechat und seinem Beamten. Stellte sich dann dem Touristen vor.

»Haben Sie mitbekommen, wie es passiert ist?«, fragte er den Mann, der sichtlich erschöpft war.

»Das habe ich nun schon zweimal erzählt.«

»Dann erzählen Sie es eben ein drittes Mal«, sagte Pierre unwirsch und bereute sofort seinen Tonfall. »Bitte.«

»Na schön.« Der Mann seufzte schwer. »Ich habe einen lauten Wortwechsel gehört. Ein Mann und eine Frau. Sie haben gestritten.«

Pierre nickte. »Haben Sie gehört, worum es ging?«

»Nein. Ich war gerade in dem kleinen Tunnel, der durch die Stadtmauer führt. Der Mann klang eher flehend, während die Frau regelrecht gekeift hat. Dann brachen die Stimmen abrupt ab. Es folgte eine Art Knall, und dann Stille. Sie war irgendwie … unheimlich. Ich dachte mir schon, dass etwas Schlimmes passiert ist. Als ich ankam, lag die Frau hier auf dem Boden.«

»Haben Sie den Mann noch gesehen?«

»Nein. Ich kann mich an das Geräusch eines startenden Autos erinnern. Ich habe aber nicht weiter darauf geachtet, sondern bin sofort zu der Frau gelaufen und wollte ihren Puls fühlen. Aber … Da war nichts.« Er fasste sich mit einer Hand an die Brust. Sein Gesicht war aschfahl. »Ich … Ich glaube, ich muss mich setzen.«

Der Beamte, der neben dem *Commissaire* gestanden hatte, fasste den Mann fürsorglich am Arm und führte ihn zu dem Krankenwagen, wo der Sanitäter sich sofort um ihn kümmerte.

Auch Pierre hatte das Gefühl, dass der Boden unter seinen Füßen schwankte. Die Wendung, die dieser Fall genommen hatte, war dramatisch.

»Was meinst du?«, fragte *Commissaire* Lechat. »War es ihr Mann?«

»Zeitlich könnte es hinkommen. Um halb drei hat Elodie Marechal mich angerufen und um ein Treffen gebeten. Sie war mit dem Wagen unterwegs. Etwa Viertel nach drei habe ich mit ihrem Mann telefoniert. Auch er saß im Auto und wirkte gehetzt. Er hatte es eilig.«

»Das könnte passen.« Lechat nickte. »Den Aussagen des Touristen zufolge fand der Streit gegen halb vier statt. Der

Bürgermeister wollte offenbar verhindern, dass seine Frau dir etwas erzählt, das ihn belastet. Er befürchtete, dass sein Kartenhaus in sich zusammenstürzt, und wollte sie davon abhalten, ihr Gewissen zu erleichtern. Es kam zum Streit, und das Unglück nahm seinen Lauf. Ob er sie mit voller Absicht gestoßen hat oder ob es ein Unfall war, gilt es zu klären. Ich frage mich nur, woher er von eurem Treffen wusste.«

»Vielleicht war es nur ein Verdacht«, spekulierte Pierre. »Sicher ist, dass Elodie zwischen unserem Gespräch am Vormittag und dem Streit auf der Plattform zu Hause war und sich umgezogen hat. Möglicherweise hat sie da mit ihrem Mann gesprochen. Mir sagte sie, dass sie noch zum Supermarkt müsse, um die Wochenendeinkäufe zu erledigen. Er könnte ihr gefolgt sein. Und als sie den Wagen unten an der Straße parkte, statt im Dorf, hat er sie zur Rede gestellt.«

»Ja, so könnte es gewesen sein. Allerdings ist Maurice Marechal bislang nur ein Dokumentenfälscher. Ich frage mich, ob er wirklich skrupellos genug ist, um seine eigene Frau zu ermorden.«

Pierre wusste, was Lechat meinte. Die Bilder des Glücks, die Art, wie der Bürgermeister und seine Frau miteinander umgingen – all das passte nicht zu den bisherigen Spekulationen. »Möglicherweise war es tatsächlich ein Unfall, ein unglücklicher Sturz während eines Streits.«

»Das bleibt herauszufinden.« Lechats Telefon klingelte, der *Commissaire* nahm den Anruf an. »Ja? Wo sind Sie jetzt? In Ordnung, wir sind sofort da.« Er sah Pierre an. »Das war *Lieutenante* Fenech. Maurice Marechal ist gerade nach Hause gekommen. Zeit für einen Showdown.«

30

Pierre und *Commissaire* Lechat nahmen den Weg über den Pfad und durch die Stadtmauer zurück ins Dorf. Weiter über den *Chemin des Murs* zum *Chemin des Liserons,* wo das Haus des Bürgermeisters lag.

Lieutenante Fenech erwartete sie bereits vor der Tür.

»Hat Marechal Sie gesehen?«, fragte Pierre.

»Nein. Er hatte die Kinder dabei. Ich wusste nicht«, sagte sie ungewohnt unsicher, »ob ich eine Polizeipsychologin anfordern soll. Wie geht es Madame Marechal?«

»Unverändert«, antwortete Lechat, der unterwegs mit der Klinik telefoniert hatte. »Sie schwebt noch immer in Lebensgefahr. Wir müssen vorsichtig sein, was wir im Beisein der Kinder sagen. Es wäre viel zu früh, sie damit zu konfrontieren.« Er nickte entschlossen. »Also gut, los geht's.«

Auf Pierres energisches Klopfen hin öffnete ihnen ein erstaunter Bürgermeister. Er sah gut aus, offenbar vollständig von seiner Erkältung erholt. Maurice Marechal trug Jeans und ein weißes Hemd, das kaum Knitterfalten aufwies, keine Spuren von einem Kampf oder einer Rangelei. Aber natürlich hatte das nicht viel zu sagen. Ein einziger gezielter Stoß hätte vollkommen ausgereicht.

»Was ist denn das hier für ein Aufgebot?«, fragte er, dabei wirkte er nicht unfreundlich. Ganz im Gegenteil, er lächelte seine Besucher sogar an – wobei er Pierre aussparte. »Sie haben doch wohl nicht etwa vor, mich zu verhaften?«

Es klang wie ein Scherz. Nichts in seinem Gesicht spiegelte Entsetzen wider oder Trauer. Pierre dachte an das, worüber er und Lechat vorhin gesprochen hatten. Ob Marechal wirklich skrupellos genug wäre, seine eigene Frau einen Abhang hinunterzustürzen. Um wie viel skrupelloser musste ein Mann sein, der eine solche Tat nicht nur ausführte, sondern auch noch weglächelte?

»Wann haben Sie Ihre Frau zuletzt gesehen?«, fragte der *Commissaire*, ohne auf den missglückten Scherz einzugehen.

Marechals Lächeln verschwand. »Das muss gegen halb zwölf gewesen sein. Elodie wollte zum Einkaufen. Ist etwas passiert?« Er wirkte jetzt regelrecht besorgt.

Ein kleines Mädchen und ein Junge kamen über den Flur gelaufen, Rose und Hugo. Das Mädchen versteckte sich hinter dem Vater, lugte zwischen seinen Beinen hindurch. Pierre wusste, dass sie etwa vier Jahre alt war, der Bruder fünf.

»Wo waren Sie«, fragte Lechat weiter, »in der Zeit zwischen halb zwölf und halb vier?«

»Ich war bis halb drei mit den Kindern zu Hause. Danach bin ich mit ihnen spazieren gefahren.«

»Ohne Ziel?«

»Ich … habe mir Sorgen gemacht.«

»Warum?«, fragte Pierre spitz. »Ihre Frau war doch nur einkaufen. Das kann schon mal eine Weile dauern.«

Marechal sah ihn unwirsch an. »Sie wollte allerspätestens um halb zwei zurück sein. Die Kinder hatten Hunger. Elodie ging nicht ans Telefon, das kenne ich nicht von ihr. Bei meinen Schwiegereltern war sie auch nicht. Da habe ich Rose und Hugo eingepackt und bin losgefahren.«

»Hatten Sie vorher Streit?«

»Nein.«

»Ich habe Ihre Frau heute Vormittag auf der Plattform vor

der nördlichen Stadtmauer getroffen. Da trug sie einen Pullover und Gummistiefel. Ist sie vorm Einkaufen noch einmal nach Hause gekommen, um sich umzuziehen?«

»Ja. Aber wir haben nicht gestritten.«

Pierre hob die Brauen. »Trotzdem waren Sie so besorgt, dass Sie Ihre Kinder ins Auto gesetzt haben, als sie sich um eine Stunde verspätete?«

»Wir sind einander eben sehr wichtig.« Marechal funkelte ihn an.

»Und es gab wirklich keinen anderen Grund?« Pierre wartete auf eine Antwort, und als sie nicht kam, fuhr er fort. »Haben Sie auf der Suche nach Ihrer Frau irgendwo angehalten?«

»Nein.«

»Stimmt nicht, Papa«, krähte das Mädchen. »Beim Supermarkt hast du wohl gehalten.«

Marechal strich dem Kind zärtlich übers Haar. »Du hast recht, Rose. Das habe ich ganz vergessen zu erwähnen.« Demonstrativ wandte er sich an den *Commissaire,* als habe der ihm die Frage gestellt. »Elodie fährt samstags immer zum *Super U* in Coustellet, wissen Sie? Ich habe die Kassiererinnen gefragt, ob sie dort war.«

»Und?«, fragte Pierre unbeeindruckt.

»Sie war«, jetzt sah Marechal wieder ihn an, »um ein Uhr an der Kasse fertig. Das hat mich natürlich noch mehr beunruhigt.«

»Wie kommt es, dass die Dame sich auf die Minute daran erinnert hat?«

»Nun ja, Elodie ist Stammkundin, und die Kassiererin hat sie direkt vor ihrer Mittagspause bedient.« Marechal sah von einem zum anderen. »Warum all diese Fragen?« Sein Gesicht war plötzlich aschfahl. »Wo ist Elodie, ist ihr etwas zugestoßen?«

»Haben Sie«, fuhr nun Lechat fort, ohne darauf einzugehen, »ein weiteres Mal angehalten, vielleicht an der Straße unterhalb der nördlichen Stadtmauer von Sainte-Valérie?«

»Nein. Warum? Was sollte ich dort?«

Auch die beiden Kinder schüttelten den Kopf. Aber das muss nichts heißen, dachte Pierre, sie könnten geschlafen haben oder abgelenkt gewesen sein.

»Wollen Sie mir nicht endlich erklären, was das alles soll?« Marechal klang jetzt sehr aufgebracht.

Robert Lechat warf einen Blick auf die beiden Kinder, die alles mit großen Augen verfolgten. »Ich würde das Gespräch gerne drinnen weiterführen.«

Während sich die *Lieutenante* von Rose und Hugo ihre Zimmer zeigen ließ, begleiteten Pierre und Lechat den Bürgermeister in den ersten Stock, wo sie am Esstisch vor dem herrlichen Panorama Platz nahmen.

Pierre beobachtete Marechals Reaktion ganz genau, als *Commissaire* Lechat ihm von dem lebensgefährlichen Sturz seiner Frau erzählte. Der Bürgermeister war sichtlich fassungslos, sein Gesicht noch blasser als zuvor.

»In welcher Klinik liegt sie?«, rief er aufgebracht, nachdem Lechat geendet hatte. Auf seinem Hals bildeten sich hektische rote Flecken. »Ich muss sofort zu ihr.«

Der *Commissaire* schüttelte bedauernd den Kopf. »Das ist leider nicht möglich. Vorerst.«

»Warum nicht? Wer tut denn so etwas? Warum war Elodie überhaupt dort?«

Die Fragen schossen im Stakkato aus ihm heraus. Eigentlich traute Pierre dem Bürgermeister so einiges an Schauspielerei zu. Die gezeigten Emotionen aber waren echt.

»Ihre Frau war dort mit mir verabredet«, erklärte er ruhig. »Ich nehme an, sie wollte ihr Gewissen erleichtern. Ich bin davon überzeugt, dass sie Gilbert Langlois' Mörder kennt. Oder dessen Auftraggeber.«

»Davon weiß ich nichts. Sie hat mir gegenüber nie etwas von einem Verdacht erwähnt.«

»War Ihre Frau darüber im Bild, dass Sie gar keine anwaltliche Zulassung haben?«

Jetzt war es heraus. Marechal versteifte sich augenblicklich. In seinem Gesicht stand Entsetzen. »Woher …?«

Commissaire Lechat übernahm wieder. »Wir haben die Bestätigung von der Prüfungskommission und den Anwaltskammern. Sie haben Ihr Jurastudium abgebrochen und nicht, wie behauptet, mit dem Examen beendet. Gilbert Langlois hat das herausgefunden und Sie damit erpresst. Sie hatten ein Motiv für die Tat.«

»Er hat mich nicht erpresst!«, rief der Bürgermeister aus, sichtlich aufgewühlt. »Ich habe nicht mal geahnt, dass er davon …« Er brach mitten im Satz ab. Sein Brustkorb hob und senkte sich. »Sie wollen mir einen Mord unterschieben. Und, viel schlimmer noch, einen versuchten Mord an meiner eigenen Frau. Ich werde ab sofort kein Wort mehr sagen. Nicht ohne meinen Anwalt.«

»Den werden Sie auch brauchen.« *Commissaire* Lechat nickte. »Monsieur Marechal, ich nehme Sie hiermit wegen Dokumentenfälschung und des Verdachts fest, den Mord an Gilbert Langlois beauftragt zu haben. Inwiefern Sie am Sturz Ihrer Frau beteiligt sind, bleibt noch zu klären. Ich bitte Sie, mich und meine Kollegin zu begleiten.«

»Und was ist mit den Kindern?«

»Sie können gerne jemanden anrufen, der sich um die beiden kümmert.«

Sie hatten verabredetet, sich um sieben zu einer Teambesprechung im *Chez Albert* zu treffen, um alle neuen Fakten und Erkenntnisse noch einmal durchzugehen.

Pierre hatte angeboten, bei den Kindern zu bleiben, bis Marechals Schwiegereltern kamen, um sie abzuholen. Es war kurz vor halb sechs, als er den Schlüssel in der Tür hörte. Rose und Hugo, die ihm ihr Spielzeug gezeigt hatten – ein Puppenwagen voll Kuscheltiere und eine Carrerabahn –, stürmten in den Flur, um ihre Großeltern zu empfangen.

Pierre folgte ihnen. Marlène Pannetier begrüßte ihn höflich, blass vor Sorge, aber gefasst. Sie sah ebenso gepflegt aus wie auf den Fotos. Nur das graue Haar trug sie inzwischen extravagant gestuft, mit vollem Hinterkopf und auslaufenden Fransen. Zusammen mit dem hellblauen Strickkleid und den Perlenohrringen wirkte sie äußerst elegant.

»Möchten Sie etwas trinken?«, fragte sie ihn zur Begrüßung. »Einen Kaffee oder Wasser?«

Pierre lehnte dankend ab, und sie entschuldigte sich, sie müsse die Taschen mit Kleidung und Spielzeug für die Kinder packen. Dann verschwand sie mit Rose und Hugo in Richtung der Kinderzimmer.

Jetzt stand er alleine mit Elodies Vater im Flur. Von Thierry Pannetiers militärischer Straffheit war nichts mehr zu spüren. Er schien um Jahre gealtert und wirkte eher wie ein zerstreuter Professor, mit Hemd, Strickjacke und der zerbeulten Hose.

»So sieht man sich wieder, *Monsieur le policier*«, sagte er mit missmutigem Brummen.

»Es tut mir wirklich leid, was geschehen ist«, erwiderte Pierre. »Ich bete, dass Ihre Tochter durchkommt.«

»Es tut Ihnen leid?« Pannetier sah ihn unwirsch an. »Das hätten Sie sich vorher überlegen sollen. Sie haben das Leben meiner Tochter zerstört.«

»Ich habe ... was?« Pierre blickte überrascht auf.

Der Schmerz hatte sich in die Züge seines Gegenübers gebrannt. Er brauchte offenbar einen Prellbock, weil er nicht wusste, wohin mit seinen Gefühlen.

»Ohne Sie«, fuhr Pannetier fort, »wäre das alles doch gar nicht passiert. Wenn Sie Ihre Nase nicht in den Fall gesteckt hätten, stünde mein Schwiegersohn jetzt nicht mit einem Bein im Gefängnis und Elodie wäre unversehrt.«

Pierre schüttelte den Kopf. Es war absurd. Er wusste nicht, was der Bürgermeister seinem Schwiegervater am Telefon erzählt hatte, aber das hier war eine komplette Verdrehung der Tatsachen.

»Ihr Schwiegersohn hat ohne Zulassung als Anwalt gearbeitet, Monsieur. Es ist meine Pflicht, dafür zu sorgen, dass er zur Verantwortung gezogen wird.«

»Kein Grund, ihn wie einen Schwerverbrecher zu behandeln. Maurice ist ein hochanständiger Mann, der immer nur das Wohl seiner Familie im Sinn hat ... und das der Einwohner von Sainte-Valérie. Alles war gut, bis Sie kamen.«

Pierre seufzte. Es hatte keinen Sinn. Er verabschiedete sich rasch und ließ die Pannetiers mit den Kindern und ihrem Schmerz alleine.

Nachdenklich trat er auf die Gasse. Im Westen ging die Sonne unter. Legte ihre rotgoldenen Strahlen über die Wälder und tauchte sie in pastellfarbenes Licht.

Er kannte das schon, dieses Verleugnen, die Suche nach einem Schuldigen, trotz der eindeutigen Sachlage. Offenbar war Pannetier sein Schwiegersohn sakrosankt. Maurice Marechal war ein Meister darin, sich sympathisch zu präsentieren. Seine gewinnende Art hatte ihm schon in der Vergangenheit dabei geholfen durchzukommen, wenn er Konkurrenten und unliebsame Personen beiseiteräumte. In einem Punkt hatte Pannetier jedoch recht.

Maurice Marechal mochte ein Hochstapler sein. Aber den Sturz seiner Frau hatte er nicht verursacht, so viel war sicher.

31

»*Et voilà!*«

Albert stellte einen großen Korb mit geschnittenem Baguette und *fougasse* auf den Tisch, dazu eine Flasche Rotwein, einen Côtes de Provence, und eine Karaffe Wasser. Er schenkte den Anwesenden Wein ein: *Commissaire* Lechat, der seinen anderen Fall einem Kollegen übertragen hatte, Pierre, Luc und *Lieutenante* Fenech. Dann holte er ein weiteres Glas für Penelope, die nachgekommen war und sich nun atemlos auf ihren Stuhl fallen ließ.

»Entschuldigt bitte, ich hatte noch ein Telefonat. Ein weiterer …«

»Warte, Penelope«, unterbrach Luc sie, »zuerst deine Bestellung, bevor Albert wieder verschwindet. Eine Vorspeisenplatte haben wir schon geordert, die teilen wir uns.«

Die Schreibkraft warf einen kurzen Blick in die Karte. »Ich nehme das Seehechtfilet mit Zitrone und Basilikum«, sagte sie, und Albert verließ den Raum.

Der Gastronom hatte ihnen einen ruhigen Tisch gegeben, in einem Séparée abseits der anderen Gäste. Es war – wie das gesamte Lokal – altmodisch eingerichtet. Schwere Holzmöbel, geraffte Gardinen, eine dunkelrote Decke auf jedem Tisch. Über ihren Köpfen hing ein Ventilator, der fürchterlich wackelte und quietschte, wenn man ihn anschaltete, um den aus der Küche herbeiziehenden Dampf zu verteilen. Was zu

Pierres Erleichterung an diesem Abend noch nicht notwendig war.

Das *Chez Albert* sah noch immer aus wie vor fünfzig Jahren. Und trotzdem verströmte es einen behaglichen Charme, sodass in den Sommermonaten nicht nur die Terrasse stets voll besetzt war.

Kaum, dass Albert den Bereich verlassen hatte, unterrichtete *Commissaire* Lechat die anderen über Elodie Marechals unverändert kritischen Zustand und erzählte, dass die Ärzte sie in ein künstliches Koma versetzt hatten, um den Stoffwechsel herunterzufahren und das Gehirn von dem entstandenen Druck zu entlasten. »Wir haben ihr einen Wachmann vor die Tür gestellt«, schloss er. »Ihre Sicherheit hat oberste Priorität.«

Betretenes Schweigen folgte. Lechat brach es, indem er auf das Verhör von Maurice Marechal zu sprechen kam.

»Er hat im Beisein seines Anwaltes die Dokumentenfälschung zugegeben. Es ist ihm ja auch nichts anderes übrig geblieben, die Beweise waren erdrückend. Den Mord an Gilbert Langlois will er dagegen nicht in Auftrag gegeben haben. Das hat er ausdrücklich betont. Er habe nicht einmal gewusst, dass der ehemalige Polizist Kenntnis von der fehlenden Zulassung hatte.«

Luc rollte die Augen. »Und das sollen wir ihm glauben?«

»Bislang«, sagte Lechat, »haben wir keinen Beweis für das Gegenteil. Der Plan ist, Maurice Marechal morgen in die Haftanstalt von Avignon zu überführen, wo er auf seine Verhandlung warten soll. Sein Anwalt will dagegen Beschwerde einlegen, der die Staatsanwaltschaft vermutlich entsprechen wird.«

»Sie wollen ihn laufen lassen?«, fragte Luc, sichtlich konsterniert.

Lechat nickte. »Ein Betrugsdelikt rechtfertigt keine vorbeugende Haft, zumal Maurice Marechal vollumfänglich geständig ist und seine Schuld einsieht. Es gibt nichts, was dagegenspricht, dass er zu Hause auf den Beginn der Verhandlung wartet. Für ihn als verantwortungsvollen Vater besteht ja keine Fluchtgefahr. Seine Amtsgeschäfte muss er allerdings ruhen lassen. Bis dahin wird seine Stellvertreterin Madame Levy die *mairie* übernehmen, das hat der Gemeinderat vorhin beschlossen.«

Penelope drehte ihr Glas in der Hand. »Darf er seine Frau im Krankenhaus besuchen?«

»Dagegen ist nichts einzuwenden«, sagte der *Commissaire*. »Marechal hat glaubwürdig dargelegt, dass er ihren Sturz nicht verursacht haben kann, er hatte ja die ganze Zeit seine Kinder im Auto dabei. Die Kassiererin des *Super U* hat inzwischen seine Aussage bestätigt. Sie sagte, die Sorge um seine Frau sei deutlich zu spüren gewesen.«

»Und ich dachte, wir hätten den Fall gelöst.« Luc seufzte. »Wenn er es nicht war, wer hat Elodie Marechal dann von der Plattform gestoßen?«

In diesem Moment brachte ein Kellner die Vorspeisenvariationen an den Tisch: *charcuterie,* schwarze Tapenade, Auberginencreme, *artichauts marinés,* Sardinen-Rillettes und *confit de tomates.* Und für den *Commissaire* einen *mesclun,* gemischten Pflücksalat, zu dem Lechat eine Portion Meeresfrüchte geordert hatte, die er nun über dem Grün verteilte.

Eine Weile war es still am Tisch. Ein jeder war damit beschäftigt, sich Vorspeisen auf den Teller zu füllen. Pierre bestrich eine Baguettescheibe mit Sardinen-Rillette, das hervorragend schmeckte. Er liebte diese Variante, die salzig-würzige Note, kombiniert mit der Säure der Zitrone und der leichten Schärfe des *piment d'espelette.* Und doch schob er den Teller nach wenigen Bissen von sich.

Er hatte einfach keinen Appetit. Und das wollte etwas heißen. Das Bild der am Boden liegenden Elodie ging ihm nicht aus dem Kopf.

Nachdem er das Haus der Marechals verlassen hatte, hatte er die *Église Saint-Michel* besucht, um eine Kerze für die Verunglückte anzuzünden und für die beiden Kinder zu beten, obwohl er alles andere als gläubig war. Aber es hatte ihm geholfen, seine innere Ruhe einigermaßen wiederherzustellen.

Dann war er in die Wache gegangen, wo Luc gerade den Ausdruck eines Fotos an der Stellwand befestigte, das er während seines und Feneches Besuches bei den Pannetiers gemacht hatte.

Es zeigte den Orden, den Elodie Marechal ihrem Vater gebracht hatte. Eine vergoldete Medaille mit dem Abbild eines französischen Soldaten, dessen Helm mit einem Kranz aus Eichenblättern geschmückt war. Gehalten wurde die Medaille von einem roten Moiré-Band mit einem breiten hellblauen Streifen in der Mitte und schmaleren weißen an beiden Seiten. Daran ein goldfarbener Verschluss mit der Prägung *Algérie.*

»Siehst du?«, hatte Luc gesagt. »Sie hat ihm einen Orden vorbeigebracht. Thierry Pannetier hatte ihn vermisst und war froh darüber, dass seine Tochter ihn rechtzeitig vor dem Gedenktag zur Ausrufung des Waffenstillstandes gefunden hat. Der ist nämlich schon morgen.«

»Und habt ihr sonst noch etwas herausbekommen?«

»Nein. Als wir ihn nach seiner Zeit in Algerien fragten, hat er sofort gemauert. Danach ging gar nichts mehr.«

Das ist nur verständlich, dachte Pierre und musterte Luc, der ihm jetzt am Tisch gegenübersaß und mit Genuss eine öltriefende Artischocke aß, als wäre nichts geschehen.

Ihm hingegen schlug das Thema dieses Falls auf den Magen. Er hasste Gewalt und Brutalität, das war schon immer so gewesen. Und dieser Krieg, über den sie alle naselang sprachen, hatte das Schlechteste in den Menschen hervorgebracht.

Pierre trank einen Schluck Rotwein, der sich warm in seinem Bauch ausbreitete und allmählich das flaue Gefühl vertrieb. Sodass er sich nun eine neue Scheibe Baguette angelte und mit Auberginencreme bestrich, die dem Geschmack nach viele schwarze Oliven enthielt und noch mehr Knoblauch.

Die *Lieutenante* nahm als Erste den Faden wieder auf. »Die Frage ist doch, wer von dem Mord an Gilbert Langlois profitiert. Wenn Maurice Marechal die Tat nicht begangen oder beauftragt hat, wer dann?«

»Was ist eigentlich mit seinem Bruder Frédéric?«, fragte Pierre, an Robert Lechat gewandt. »Haben die Kollegen aus Carpentras den Hof heute durchsucht?«

»Ja, sie waren vor Ort«, erzählte der *Commissaire.* »Es war kein einziger illegaler Einwanderer mehr da. Weder im Lager noch im Haupthaus, noch im Wohngebäude des hinzugekauften Hofes. Sie sind zu spät gekommen. Aber die Kollegen bleiben dran.«

Pierre nickte. Das war zu erwarten gewesen. Nicht nur, weil der Informant aufgeflogen war. Gewiss hatte auch sein Besuch dort einen Teil dazu beigetragen. »Haben die Kollegen auch Marechals Alibi und das seines Schwagers für den Tattag überprüft?«

»Ja, das haben sie. Alle Angaben haben sich bestätigt. Wobei man zugeben muss, dass ein Teil der Aussagen von der eigenen Familie bezeugt wurde.«

»Und wenn sie einen dieser *Harragas* mit dem Mord beauftragt haben?«, fragte Luc und strahlte, als habe er soeben den Heiligen Gral gefunden. »Das liegt doch nahe, oder etwa nicht?« Er rollte eine Scheibe Wildschweinschinken mit Pfefferrand zusammen und steckte sie sich in den Mund. »Bäm!«, sagte er kauend. »Nun müssen wir nur noch die untergetauchten Einwanderer finden.«

»So falsch ist der Gedanke nicht«, sagte der *Commissaire.*

»Aber«, warf Penelope ein, sie hatte die Stirn gerunzelt, »die Tat war doch, wie wir bereits festgestellt haben, viel zu emotional für einen Auftragskiller. Es wirkte eher wie eine persönliche Abrechnung.«

Lieutenante Fenech musterte sie kühl. »Man kann einen Auftragskiller auch instruieren, dass die Tat hinterher danach aussieht, als gebe es eine hohe Emotionalität.«

»Trotzdem«, sprang Pierre seiner Schreibkraft bei, »ist der Täter das Risiko eingegangen, erkannt zu werden, indem er seinen Wagen auf dem öffentlichen Parkplatz abstellte. Das lässt auf eine spontane Handlung schließen.«

»Und wenn der Täter gar keinen Wagen besitzt?«, konterte Fenech. »Ein Zweirad könnte man problemlos im Gestrüpp verbergen. Vielleicht besitzt ja dieser Waldarbeiter Yanis Vallon eines. Der hat auch kein Alibi«

»Der war es nicht, der ist viel zu jung«, Penelope zog einen Notizzettel aus der Jackentasche. »Ich habe vorhin noch einen Anruf entgegengenommen, weshalb ich zu spät gekommen bin. Der Fahrer eines Motorrollers sagte aus, dass er dem braunen Peugeot des späteren Mordopfers auf der Waldzufahrt begegnet sei. Das war gegen ein Uhr. Langlois habe ihn beinahe mit dem Wagen umgenietet, behauptete der Mann.«

Pierre setzte sich gerade auf. Die Ermittlungen waren wirklich voller Überraschungen. »Wer ist dieser Zeuge?«

»Ein Sportler, seine Disziplin ist das Crosslaufen, bei dem man querfeldein über profiliertes Gelände rennt. Er sagte, er trainiere bei jedem Wetter. Dieses Mal habe er den Lauf jedoch abgebrochen, weil der Boden zu matschig wurde. Aber jetzt kommt das Interessante: Er berichtete mir, dass er die Tüte mit seinen Laufschuhen an dem Baumstumpf vergessen hatte, an dem er sie auszog, und er kehrte noch einmal zurück, um sie zu holen. Da hat er einen weiteren Jogger im Wald bemerkt. Das war etwa eine halbe Stunde später.«

Es war jetzt ganz still am Tisch. Alle Augen waren auf Penelope gerichtet.

»Er sagte«, fuhr sie fort, »er habe den anderen nur aus dem Augenwinkel gesehen. Er sei schon älter gewesen, so viel sei sicher, wobei der Zeuge das genaue Alter nicht schätzen konnte. Ihm sei bloß aufgefallen, dass der Mann ohne Regenschutz unterwegs war, nicht einmal eine geeignete Jacke hatte er an, nur einen Pullover. Klitschnass sei er gewesen, förmlich bis auf die Haut. Das unterstreicht die Annahme«, Penelope bedachte *Lieutenante* Fenech mit einem triumphierenden Blick, »dass es ein spontaner Entschluss des Mörders war. Kein geplanter Akt.«

Pierre rieb sich das Kinn. »Wie alt ist der Zeuge?«

»Dreiundzwanzig«, antwortete Penelope.

»Dann kann die Einschätzung, der andere Mann sei schon älter, alles Mögliche bedeuten. Von vierzig bis ins Seniorenalter ist alles drin.«

»Ich hab's«, giggelte Luc. »Es war doch eine Verschwörung der Dorfgemeinschaft. Und Carbonne, dem so etwas wie Regenjacken vollkommen fremd sind, war der Mörder.«

Die anderen sahen ihn entnervt an. Bis auf Fenech, wie Pierre auffiel. Die betrachtete ihn eher auf eine sezierende Art. So als sei er ein Versuchstier im Labor.

Der Kellner brachte die Hauptspeisen. Zweimal gegrilltes Entrecôte mit Anchovibutter und *frites maison,* einmal Seehechtfilet mit Zitrone und Basilikum, vegetarische *papeton d'aubergines* und *bœuf en daube,* den gut durchgezogenen und mit Landbrot servierten provenzalischen Schmortopf. Der war für Pierre, dem beim Anblick der über Stunden gekochten und mit Speck, provenzalischen Kräutern und Oliven aromatisierten Rindfleischstücken das Wasser im Mund zusammenlief.

»Ich denke«, sagt *Commissaire* Lechat, während er seine vegetarische Auberginenterrine zerteilte, »wir beenden für heute die Besprechung und genießen diese Köstlichkeiten. Das nächste Treffen setze ich für den morgigen Sonntag an, um elf Uhr in der Wache. Dann sehen wir weiter.«

Pierre hatte sich nach dem Essen von den anderen verabschiedet und war durch die dunkle Nacht zu seinem Dienstwagen gegangen, der vor der Wache geparkt stand. Er hatte entschieden, mit dem Auto nach Hause zu fahren. So, wie er es früher auch immer getan hatte. Marechals Stellvertreterin hatte gewiss nichts dagegen.

Er öffnete die Fahrertür. Schloss sie wieder.

Es wurmte ihn, dass sie nichts Konkretes in der Hand hatten. Vielleicht hatten sie etwas übersehen oder einen losen Faden nicht verknüpft, der den entscheidenden Hinweis brachte.

Er ging zu dem Fenster der Wache und blickte auf den Rücken der Stellwand, die noch immer so stand, wie er und Luc sie verlassen hatten. Kurzentschlossen entriegelte Pierre die Tür und machte Licht. Er stellte sich vor die vollgepinnte Wand, betrachtete die angehefteten Karten und Zeichnungen und ging noch einmal alle Personen und Uhrzeiten durch.

Die Tatzeit, rekapitulierte er erneut, lag zwischen dem Anruf von Didier Carbonne um 13:37 Uhr und dem Moment um 16:00 Uhr, als zwei Jäger den Parka des Ermordeten im Bach entdeckten. Gut zweieinhalb Stunden, in denen die Schleusen des Himmels weit geöffnet waren.

Der Regen hatte sämtliche Spuren davongespült. Alles, was sie in Langlois' Wohnung gefunden hatten, war eine Geldkassette mit den Namen und Beträgen der Erpressungsopfer, eine Pinnwand mit seinem eigenen Konterfei und das herabgefallene Foto von der Trüffelfarm. Dazu kam das inzwischen überschriebene Mobiltelefon des Toten, auf dem der Waldarbeiter Vallon Dokumente oder Briefe gesehen haben wollte, die dank der Verbindungsdaten zu den gefälschten Zulassungspapieren von Maurice Marechal geführt hatten. Ein Delikt, für das der Bürgermeister wohl einige Jahre ins Gefängnis wandern würde.

Der Mörder jedoch war noch immer nicht gefunden.

Das Gefühl, den entscheidenden Hinweis übersehen zu haben, verstärkte sich. Pierre fragte sich, ob die anderen das ihm fehlende Detail vielleicht schon einmal ohne ihn im Team besprochen hatten, und ging sämtliche Argumentationsketten noch einmal durch. Fuhr dabei mit dem Finger über die Zeitleiste. Über die auf der Stellwand abgebildeten Personen, die bislang als Täter infrage gekommen waren.

Maurice und Frédéric Marechal. Aziz Bensaid, der gerade von dem Gabelstapler stieg. Didier Carbonne und die anderen Erpressungsopfer aus Sainte-Valérie. Der Waldarbeiter Yanis Vallon. Alles Männer, auf die die Beschreibung des Motorrollerfahrers passen könnte. Bis auf Letzteren.

»Irgendetwas ist hier falsch gelaufen«, flüsterte er.

Pierre trat einen Schritt zurück, fixierte den Plan des Waldgebietes, ebenso die Nadeln auf den Fundorten von Leiche, Auto und Mobiltelefon.

Dann betrachtete er wieder das Bild von dem Orden, die vergoldete Medaille mit dem Abbild eines französischen Soldaten.

Doch er entdeckte nichts, woran er das Gefühl festmachen konnte.

32

Der Wind riss an den Fensterläden und brachte sie ins Schwingen. Rhythmisch schlug das Holz auf die steinerne Fassade.

Klack-klack, klack-klack.

Pierre fuhr auf und versuchte, sich im Dunkeln zu orientieren. Sein Kopf brummte. Er hatte das Gefühl, gerade erst in den Schlaf gefunden zu haben.

Draußen tobte ein Sturm. Er hoffte, dass es kein Mistral war. Dieser ablandige Fallwind, so besagte eine Legende, blieb immer drei, sechs oder neun Tage. Was nicht stimmte, denn Pierre hatte auch schon andere Rhythmen erlebt, er konnte durchaus auch mal zwei Wochen wehen. Und er brachte eine scharfe Kälte mit sich, die in dieser Jahreszeit recht unangenehm werden konnte. Dabei hatten sich Charlotte und er schon über die steigenden Temperaturen gefreut.

Klack-klack, klack-klack.

Das Geräusch machte ihn noch wahnsinnig. Pierre legte den Kopf seitlich auf die Matratze und schob das Kissen über das freie Ohr, bis das Klacken nur noch ein fernes Puckern war. Doch an Schlaf war nicht mehr zu denken.

Er erinnerte sich, dass er den Abend mit Charlotte auf dem Sofa vor dem Kamin verbracht und ihr von dem Fall erzählt hatte. Von Elodie Marechals möglicherweise tödlich ausgehendem Sturz und von der Verhaftung des Bürgermeisters. Dann war das Gespräch gekippt, ganz plötzlich, er hatte es nicht kommen sehen, obwohl er es, wie er sich nun zugestand, natürlich hätte kommen sehen müssen.

Charlotte hatte angemerkt, dass es sie freuen würde, wenn er sich mit ebensolcher Verve in die Hochzeitsvorbereitungen stürzen würde wie in seine Fälle. Das tue er, sobald die Ermittlungen abgeschlossen seien, hatte er gesagt, und das hatte das Fass zum Überlaufen gebracht.

»Und wann soll das sein?« Sie sah ihn an, sehr ruhig, aber er konnte spüren, wie es in ihr brodelte. »Es geht doch um unsere Hochzeit. Sie ist mir wichtig. Dir etwa nicht?«

»Doch natürlich ist sie das«, sagte Pierre und atmete tief ein und aus, weil er solche Gespräche hasste. »Aber ich bin mit den Gedanken gerade woanders. Ich kann da nicht einfach umschwenken und an andere Dinge denken, so wichtig sie auch sind. Vertrau mir, Charlotte, der Fall steht kurz vor dem Abschluss.«

»Und wenn nicht? Wir können nicht länger warten.« Charlottes grüne Augen waren jetzt ganz dunkel. »Unsere Option für die *Domaine des Grès* läuft am Montag aus. Und von *Monsieur le directeur* Boyer weiß ich, dass es bereits eine Warteliste für den Tag gibt.«

»Das erzählen alle Gastronomen«, winkte Pierre ab. »Sie wollen Druck ausüben, damit man sich entscheidet.«

Sie richtete sich auf und setzte sich ganz nach vorne auf die Sofakante. »Wir *müssen* uns auch entscheiden. Alleine wegen unserer Gäste. Sie wollen Hotels buchen und sich den Termin in den Kalender eintragen. Wir schieben das Thema nun schon seit Wochen vor uns her, lange vor dem neuen Fall, wir müssen endlich zu einem Ergebnis kommen.«

»Du willst eine Entscheidung? Na gut!«, fuhr er sie an. Im selben Moment bereute er seine Heftigkeit, doch Charlotte hatte recht. Sie mussten endlich offen über die Sache reden.

»Ich sage dir, warum wir zu keinem Ergebnis kommen. Du hast dich längst darauf festgelegt, in der *Domaine des Grès* zu feiern und wartest die ganze Zeit nur darauf, dass ich zustimme, ich aber möchte das nicht. Es ist ein Luxushotel, und es ist mir unangenehm, so viel Geld auszugeben, das ich darüber hinaus nicht selbst verdient habe. Wie sieht das denn aus? Was soll unser Didier Carbonne dazu sagen, der sich nicht einmal ein normales Mittagessen leisten kann und verbeulte Benzinkanister für zu kostbar hält, um sie fortzuwerfen. Er wird denken, wir werfen das Geld, das er in fünf Jahren nicht bekommt, an einem einzigen Abend zum Fenster hinaus.«

Endlich war es aus ihm herausgebrochen, und sein Atem ging schnell, weil er während des Redens fast vergessen hatte, Luft zu holen. Charlotte sah ihn überrascht an, ihre Mundwinkel zuckten.

»Es geht dir also ums Geld.«

»Ja, natürlich«, entgegnete er, inzwischen wieder etwas ruhiger. »Selbstverständlich weiß ich einen gewissen Luxus zu schätzen, aber, wie gesagt, ich will ihn mir selbst erarbeitet haben, und er muss angemessen sein.«

»Ich habe das Geld dafür selbst erarbeitet, Pierre«, erwiderte sie. »Wenn wir heiraten, dann sind wir ein Team. Und hätte es dein Stolz zugelassen, dann hätte ich die Miete von Anfang an auf dein Konto überwiesen und du hättest die Feier aus eigener Tasche zahlen können.«

»Darum geht es gar nicht.«

»Doch, genau darum geht es.« Charlottes Stimme trug ein Beben in sich. Noch immer hatte sie ihre Wut unter Kontrolle, das spürte er genau, aber sie stand kurz vor dem Ausbruch. »Du verlangst von mir, dass wir die Feier deinem Geldbeutel anpassen sollen. Nur was ist mit mir? Soll ich meinen Traum von einem rauschenden Fest in elegantem Ambiente vergessen, nur weil dein Stolz dem im Wege steht? Stattdessen willst du unsere Hochzeit in einem Partyzelt feiern, als wäre es ein beliebiges Sommerfest. Was kommt als Nächstes? Flitterwochen auf dem Campingplatz?«

Die letzten Worte hatte sie laut gerufen. Sie war aufgebracht, wie er sie noch nie gesehen hatte. Und gleichzeitig stand in ihrem Gesicht so etwas wie Verzweiflung. Resignation.

Pierre seufzte tief. Das Gespräch hatte etwas Grundsätzliches bekommen. Nun gut. Besser, sie klärten es jetzt, vor der Hochzeit. Bevor es zu spät war. »Was bedeutet Geld für dich, Charlotte?«

»Die Wertschätzung meiner Arbeit und der Lohn für das unternehmerische Risiko, mit dem alles steht und fällt.« Sie schüttelte den Kopf. »Deine Frage klingt, als sei ich abgehoben. Ein Luxusweibchen, das sich über Statussymbole definiert. So ist es nicht.«

»Das habe ich auch nicht gesagt.«

»Aber so gemeint, stimmt's?« Charlotte seufzte. »Ich verstehe deinen Einwand wegen Carbonne. Meine Eltern hatten keinen Cent, als sie sich selbstständig machten, nur ihre Arbeitskraft und den unbedingten Willen, das Schicksal anzupacken. An manchen Tagen wussten sie nicht, wie sie das Brot bezahlen sollten, das sie mir für die Schule schmierten, oder den Ranzen kaufen und die vielen Bücher. Doch sie haben es geschafft, mit der Kraft ihrer eigenen Hände. Genauso wie ich das, was ich verdiene, mit meinen eigenen erschaffe, mit viel Fleiß und harter Arbeit.«

Sie nahm ihr Weinglas und trank einen Schluck, während sie nach Worten rang. Im Licht des flackernden Kaminfeuers nahmen ihre braunen Locken den Ton von flüssiger Bronze an, und Pierre dachte, wie schön sie doch war in ihrer Wut.

»Geld bedeutet für mich Unabhängigkeit«, fuhr sie fort.

»Die Möglichkeit, frei und ohne Zwang zu entscheiden und das Leben über die vielen arbeitsreichen Stunden hinaus zu genießen. Es ist eine Wertschätzung meiner Schufterei, sozusagen eine Belohnung.« Sie stellte das Glas ab. »Wofür arbeite ich denn so viel, verdammt? Was soll ich denn mit dem Geld, wenn wir es nicht gemeinsam ausgeben? Wie«, jetzt sah sie ihn ernst an, »soll das denn erst werden, wenn wir verheiratet sind?«

»Charlotte …«

»Nein, Pierre, lass mich ausreden. Ich habe lange darüber nachgedacht, warum wir an einem geeigneten Ort für das Hochzeitsfest scheitern. Es mag daran liegen, dass wir unterschiedliche Vorstellungen haben, aber ich denke, das Problem geht tiefer. Und ich bin zu dem Schluss gekommen, dass es vielleicht keine so gute Idee ist zu heiraten.«

»Wie bitte?« Nun richtete sich auch Pierre kerzengerade auf und rutschte vor, sodass er neben ihr auf der Sofakante saß. »Das verstehe ich jetzt nicht. Du warst doch diejenige, die die ganze Zeit heiraten wollte.«

»Genau. Ich wollte heiraten, und du hast dich sozusagen mitreißen lassen, obwohl du dich eigentlich nie fest binden wolltest. Das hast du immer gesagt, erinnerst du dich? Aus Angst um deine Unabhängigkeit. Und trotzdem hast du mir einen Antrag gemacht, dafür danke ich dir sehr.« Sie lächelte, als stünde in diesem Moment ihr Entschluss fest. »Vielleicht hattest du ja von Anfang an recht. Warum müssen wir eigentlich heiraten? Wir sind doch auch so glücklich.«

Er strich ihr über die Hand. Ihre Haut war ganz zart, und ihm wurde sehr seltsam zumute. »Aber ich liebe dich.«

»Ich liebe dich auch«, sagte Charlotte.

Lange saßen sie vor dem Kamin und sahen schweigend in das prasselnde Feuer, die Finger fest ineinander verschlungen. Bis ihre Hände zu wandern begannen, über Münder und Haare, unter Pullover, Shirts und in Hosen und sie sich liebten, als müssten sie sich gegenseitig versichern, dass es kein Ende, sondern nur ein neuer Anfang war.

Doch als sie endlich schlafen gingen und Pierre mit offenen Augen und pochendem Herzen neben Charlotte im Bett lag, drängte der Fall wieder an die Oberfläche seines Bewusstseins. Das Gefühl eines noch zu greifenden Gedankens war plötzlich wieder sehr präsent. Über Stunden hatte er sich im Bett gewälzt und war die vielen Gespräche durchgegangen, die er mit den unterschiedlichsten Beteiligten geführt hatte. Immer und immer wieder. Hatte vergeblich auf eine Eingebung gewartet, die ihm dieses Gefühl, etwas übersehen zu haben, erklärte.

Er schob das Kissen vom Kopf. Ganz still lag er da und lauschte dem Klappern der Fensterläden. Und dem Jaulen des Windes, der über den Hof fegte und sich irgendwo verfing.

Plötzlich erkannte er, was ihn die ganze Zeit unterbewusst beschäftigt hatte.

Woher wusste der Täter eigentlich, dass Gilbert Langlois der anonyme Erpresser war? Und – was noch viel wichtiger war – woher wusste er, dass er sich genau zu diesem Zeitpunkt im Wald an dem Bach unterhalb des Weges aufgehalten hatte?

Es war eine entscheidende Frage, die sie im Team seines Wissens noch gar nicht diskutiert hatten. Dabei konnte sie dazu beitragen, den Täter – wer auch immer es letztlich war – zu überführen.

Pierre richtete sich auf und setzte die nackten Füße auf den Steinboden. Leise, um Charlotte nicht zu wecken. Dann griff er nach seinem Handy und schlich im Licht des Displays aus dem Zimmer. Ging über die dunkle Treppe nach unten ins Erdgeschoss.

Es war Sonntag, der neunzehnte März, sechs Uhr zehn.

Weil es draußen noch zu dunkel war, schaltete Pierre das Licht in der Küche an. Er machte sich einen Kaffee, fügte einen anständigen Löffel Zucker hinzu und trank. Wartete, bis die Süße seine Gehirnzellen vollständig aktiviert hatte.

Jetzt waren sie hellwach.

Es gab nur zwei Personen, die wussten, wann und wo Didier Carbonne das Geld hinterlegen sollte. Carbonne selbst und Madame Duprais, die den Uhrmacher erst darauf gebracht hatte, wer hinter der Erpressung steckte. Sie hatte Gilbert Langlois abpassen und Carbonne über dessen Ausfahrt informieren sollen, damit er den ehemaligen Polizisten mit seinem Anruf direkt am Ort der Übergabe überraschen konnte.

Doch nicht nur Madame Duprais hatte sich auf die Lauer gelegt, sondern auch der Mörder. Der war zum Wald gefahren, hatte den Wagen auf dem Parkplatz abgestellt und womöglich verborgen hinter den Bäumen darauf gewartet, dass der Erpresser sich seinen Lohn abholte.

Es war offensichtlich, von wem der Täter sein Wissen um den Ort und den Zeitpunkt der Übergabe hatte. Von Didier Carbonne, der lieber einen Besen verschluckt hätte, als zuzugeben, dass er erpresst wurde, ganz sicher nicht. Der war erst mit der Sprache herausgerückt, als die *Lieutenante* ihn mit auf die Dienststelle nach Cavaillon genommen und über Nacht dabehalten hatte. Am nächsten Morgen hatte er sich dann auf dem Bouleplatz vor allen Anwesenden mitgeteilt.

Madame Duprais hingegen konnte nichts für sich behalten.

Kurzerhand wählte Pierre den Anschluss der Witwe. Er sah auf die Uhr, während das Freizeichen ertönte. Es war 6:27 Uhr.

»Monsieur Durand! Wissen Sie eigentlich, wie früh es ist?«

Madame Duprais hatte seine Nummer offenbar eingespeichert. Trotz ihrer Empörung klang sie frisch wie der junge Morgen.

»Entschuldigen Sie bitte die Störung, aber ich brauche dringend Ihre Hilfe. Es geht um den Mordfall Gilbert Langlois.«

»Meine Hilfe?«, krähte sie, und es klang ein wenig misstrauisch.

»Sie haben von Didier Carbonne erfahren, wann und wo er das Geld im Wald hinterlegen sollte, und ich möchte nun wissen, wem Sie noch davon erzählt haben.«

»*Monsieur le policier*«, kam es gedehnt. »Ich tratsche doch nicht.«

»Natürlich nicht.« Pierre verdrehte die Augen. »Aber sollte es Ihnen eventuell doch herausgerutscht sein, rein zufällig natürlich, dann wäre es wirklich ungeheuer wichtig für die Aufklärung des Falls, wenn Sie sich daran erinnern.«

Es war still am anderen Ende der Leitung, Pierre konnte ihr leises Atmen hören.

»Madame«, schob er nach, »Sie müssen keine Sorge haben, dass Sie sich damit schuldig gemacht haben. Ganz im Gegenteil. Wir, die gesamte Polizei, wären Ihnen unendlich dankbar für jede noch so kleine Information, die uns hilft, den Täter zu überführen.«

»Nun denn …« Es folgte wieder eine kurze Pause. »Ich hatte einen Termin bei meiner Friseurin. Madame Farigoule ist ein wahres Goldstück, mit ihr führe ich die anregendsten Gespräche. Eventuell ist mir dabei ganz nebenbei etwas herausgerutscht. Aber Sie glauben doch wohl nicht, dass Madame Farigoule eine Mörderin …«

Pierre konnte sich gut vorstellen, wie es aussah, wenn Madame Duprais etwas »ganz nebenbei« herausrutschte.

»Nein, ganz bestimmt nicht«, sagte er. »Danke, dass Sie so

offen mit mir reden, Sie machen das ganz großartig. Erinnern Sie sich bitte so exakt wie möglich: Was genau haben Sie Madame Farigoule erzählt?«

»Ich ... habe mich darüber empört, dass dieser Ex-Polizist ausgerechnet meinen Didier zu erpressen versucht. Fünfhundert Euro hätte er dem Kerl zahlen sollen. Dabei hat er doch nichts außer seine alten Uhren. Ich war schockiert, als ich das erfahren habe, das können Sie mir glauben. Eine solche Schamlosigkeit hätte ich Monsieur Langlois nun wirklich nicht zugetraut.«

»Haben Sie Madame Farigoule auch erzählt, dass Didier nicht vorhatte, das Geld zu zahlen?«

»Na sicher.« Jetzt klang die Alte ganz munter. »Wir haben herzlich darüber gelacht. Zu gerne hätten wir zugesehen, wie Gilbert Langlois in dem Astloch herumwühlt und nur Schmutz und Modder findet. Wir haben sogar kurz überlegt, ihm eine tierische Hinterlassenschaft hineinzutun, aber das erschien uns dann doch zu albern.«

»Und als Sie mit Madame Farigoule herzlich über die Vorstellung von Langlois' verdutztem Gesicht lachten, haben Sie ihr da auch gesagt, wo genau Didier das Geld hinterlegen sollte und um wie viel Uhr?«

»Das ist gut möglich. Aber sie hat mir Stillschweigen geschworen, und ich vertraue ihr. Für sie lege ich meine Hand ins Feuer.«

»Sind Ihnen diese Informationen noch bei anderen Gelegenheiten ... herausgerutscht?«

»Nein. Das schwöre ich beim Haupt meines verstorbenen Mannes!« Das hatte sehr entschlossen geklungen.

»Ich danke Ihnen, Madame Duprais. Sie haben mir sehr geholfen. Sollte Ihnen noch etwas einfallen, dann zögern Sie bitte nicht, mich zu kontaktieren. Einen schönen Tag.«

Madame Farigoule! Mit vor Ungeduld rasendem Herzen wählte Pierre ihre Nummer.

Als der Anrufbeantworter ansprang, sprach er aufs Band und bat um einen baldigen Rückruf. Dann machte er sich einen weiteren Kaffee und stellte sich ans Küchenfenster, während er ihn trank.

Inzwischen zog die Dämmerung herauf, die ersten Vögel begannen ihr Morgenkonzert. Der Hofplatz lag grau vor ihm, übersät von Zweigen, die der Sturm von den Bäumen gerissen hatte. Er dachte an den vergangenen Abend und daran, dass er einen Verlauf genommen hatte, den er so nicht gewollt hatte. Er liebte Charlotte aus vollem Herzen. Und er wollte sich ebenso wenig verbiegen wie sie. Nur: War es richtig, deshalb die Hochzeit abzusagen?

Hastig leerte Pierre die Tasse. Er konnte diese Frage jetzt nicht klären. Ebenso wenig konnte er länger untätig herumstehen und auf Madame Farigoules Rückruf warten, er brauchte dringend eine Antwort. Er schrieb Charlotte eine knappe Nachricht, obwohl ihm eine ganze Kiste voll Liebesschwüre einfiel.

Liebe Charlotte, notierte er auf einen Zettel, *ich muss kurz weg. Lass uns heute Abend noch einmal in Ruhe über alles reden.*

Dann fuhr er mit dem Wagen ins Dorf.

Doch auch auf sein ausdauerndes Klingeln an der Haustür der Friseurin hin rührte sich nichts.

Pierre trat einen Schritt zurück und sah zu ihrer Wohnung hinauf, die eine Etage über dem Salon lag. »Madame Farigoule, sind Sie zu Hause? Machen Sie bitte die Tür auf. Madame Farigoule!«

Irgendwo öffnete jemand ein Fenster. »Hören Sie auf, hier rumzubrüllen«, schrie ein Mann. »Es ist Sonntag!«

»Ruhe, verdammt«, rief eine andere Stimme. »Ich will schlafen!«

Stirnrunzelnd sah Pierre auf die Uhr. Es war gerade erst sieben. Er konnte die Leute gut verstehen. Auch er selbst bekam sonntags vor zehn keinen Fuß aus dem Bett. Auszuschlafen war für ihn das Highlight des Wochenendes.

Normalerweise.

Gedankenverloren betrachtete er das Schaufenster des Friseursalons, starrte auf das Werbeplakat mit der grauhaarigen Dame, deren extravaganter Schnitt – ein voller Hinterkopf und auslaufende Fransen – typisch für Madame Farigoule war, die normalen Frisuren einfach nichts abgewann. Dann beschloss er, sich etwas vom Bäcker zu holen und es von der Wache aus noch einmal telefonisch zu probieren. Er kaufte ein Croissant und ein *pain au chocolat* und überquerte gerade die wie ausgestorben vor ihm liegende *Place du Village*, als ihn ein Gedanke überfiel wie ein Blitz aus heiterem Himmel.

Er kannte diese Frisur. Es wäre doch möglich, dass …

Pierre blieb stehen und sah in den wolkenlosen Himmel, der inzwischen vom Orangerot der aufgehenden Sonne gefärbt war. Still stand er da, konzentrierte sich ganz auf die Gedanken, die nun auf ihn einströmten. Eine leere Plastiktüte fegte vom Wind getrieben über den Dorfplatz und umwirbelte seine Beine wie ein tanzendes Gespenst.

Auf einmal wusste er, wie alles abgelaufen war.

Warum war er nicht schon früher darauf gekommen? Die Details hatten doch offen vor ihm gelegen. Alles ergab nun einen Sinn.

Gilbert Langlois' Motiv war Hass gewesen. Er war getrieben von einer zerstörerischen Rache, bei der die Geldeinnahme wohl eher nebensächlich gewesen war. Sein Hass auf andere hatte sich am Ende gegen ihn gerichtet.

Neun Stiche … Pierre schüttelte den Kopf, als er an die Gewalt dachte, mit der Gilbert Langlois niedergestreckt worden war. Sein erster Gedanke am Tatort war gewesen, dass der Täter sicher eine enorme Wut im Bauch gehabt hatte. Aber es war mehr als das. Penelope hatte recht, es ging um Vergeltung. Die gegenwärtigen Ereignisse waren nur der Auslöser gewesen. Der Grund für den Gewaltausbruch lag in der Vergangenheit.

Er rief seine Schreibkraft an, sie nahm sofort ab. Ihre Stimme klang hellwach.

»Ich brauche deine Hilfe«, sagte er. »Du hast doch bei deiner Recherche zur geheimen Militäreinheit OAS auch Personallisten erhalten. Wo sind diese Listen?«

»Auf meinem Dienstcomputer. Das Archiv hat sie eingescannt, ich habe einen Zugangscode bekommen.«

»Wie schnell kannst du auf der Wache sein?«

»Gib mir zwanzig Minuten.«

»Gut«, sagte Pierre. »Wir sehen uns gleich.«

Während er weiterging, wählte er Robert Lechats Privatnummer. Seine ausgesprochen ausgeschlafen klingende Frau meldete sich. Ihr Mann sei gerade joggen, er melde sich, sobald er zurück sei.

»Es sei denn, es ist dringend. Dann fahre ich seine Laufstrecke mit dem Auto ab.«

»Nicht nötig«, beendete Pierre das Gespräch. »Aber er soll zurückrufen, sobald er durch die Tür ist.«

33

Die Wache lag noch im Dunkeln. Pierre schaltete das Licht an und machte sich einen Kaffee, biss vom Croissant ab, bevor er den ersten Schluck trank.

Er probierte es noch einmal bei Madame Farigoule und sprach ihr erneut auf den Anrufbeantworter. Dann setzte er sich an seinen Platz, wobei er die Bürotür weit offen ließ, und fuhr den Computer hoch. In den Suchbereich des Browsers gab er die Stichwörter Algerienkrieg, Algier und Folter ein.

Der Name *Villa Susini* ploppte auf, und Pierre las sich durch die angegebenen Seiten.

Die Villa selbst hatte eine interessante Geschichte. Sie lag auf einer Anhöhe nahe der Küste am Rande von Algier und war auf dem Anwesen des Großmuftis erbaut, der dort seine Sommerresidenz hatte. Dessen älteste Tochter verkaufte das Grundstück Ende des 19. Jahrhunderts an einen Notar namens Alexandre Sésini, der darauf ein neues Haus im neomaurischen Stil errichtete und es seinem eigenen Namen folgend *Villa Sésini* nannte.

Die Bilder zeigten ein sehr großes Gebäude, fast wie ein Schloss, mit einem riesigen überdachten Innenhof, der über zwei Stockwerke ging, und herrschaftlichen Räumen, deren reich verzierte Wände und Decken etwas Märchenhaftes besaßen. Wie in Tausendundeiner Nacht.

Vor Ende des Zweiten Weltkrieges beherbergte es das deut-

sche Konsulat, danach diente es dem französischen Fallschirm-
regiment und weiteren Armeeeinheiten als Hauptquartier. Mit
Beginn des Algerienkriegs bekam es einen neuen Namen, *Villa
Susini,* der am Ende nur noch für unfassbares Grauen stand.
Das herrschaftliche Gebäude, das als Kulturdenkmal eingestuft
in die Geschichte eingehen sollte, wurde zu einem Folterzentrum.

Die Tür zur Wache wurde jetzt aufgestoßen, und mit Penelope wirbelten abgerissene Blütenblätter in den Raum. Die
Schreibkraft hatte ihre Haare zu einem dicken Knoten gerollt,
der den ganzen Hinterkopf einnahm, ihr Gesicht glühte, weil
sie offenbar so schnell gelaufen war.

»Guten Morgen, Pierre«, sagte sie außer Atem. »Hier bin
ich. Was ist denn so dringend?«

»Ich möchte, dass du die Listen der Mitglieder der OAS
noch einmal durchgehst. Vor allem die der Kommandanten
und Gruppenführer der Armee, die im Folterzentrum von
Algier stationiert waren. Ich suche nach einem Soldaten mit
dem Namen Langlois.«

Sie runzelte die Stirn. »Langlois? Wie der Ermordete?«

»Genau. Thierry Pannetier hat erwähnt, dass er dessen Vater
kannte, aber später wollte er nichts mehr dazu sagen. Von Carbonne weiß ich, dass Pannetier in Algier stationiert war. Die
Frage ist, ob die beiden dort aufeinandergetroffen sind.«

»Dann mache ich mich mal auf die Suche«, sagte Penelope
und legte ihre Jacke ab. »Glaubst du, die beiden waren in der
Villa Susini?«

Pierre hob überrascht die Brauen. »Woher kennst du den
Namen?«

»Ich habe während meiner Recherchen über die OAS davon
gelesen. Jean-Marie Le Pen war auch dort.«

»Der Gründer des rechtsextremen *Front National?*«

»Genau. Er war Fallschirmjäger und ist in der Villa ein und aus gegangen. Bis heute verteidigt er die Notwendigkeit der Folter, ebenso wie einige andere noch lebende Militärangehörige, die dort stationiert waren. Nach den entsetzlichen Massakern an französischen Zivilisten und loyalen Muslimen sei es die einzige Möglichkeit gewesen, um von algerischen Terroristen Informationen über geplante Attentate zu erhalten. Es habe sozusagen dem Schutz der Bevölkerung gedient.« Sie verzog den Mund. »Aber in Wahrheit gab es auch wahllose Verhaftungen von Bürgern, die die Unabhängigkeitsbestrebungen Algeriens unterstützten. Selbst Europäer sind davon nicht verschont geblieben … Kommunisten, Progressive, sogar Frauen. Es gab damals eine Einheit, die sich auf europäische Häftlinge spezialisiert hat. Und es waren beileibe nicht die Kommandanten oder Gruppenführer, die gefoltert haben. Sie haben die Wehrpflichtigen dazu gezwungen. Eine Art Initiation, sie sollten sich beweisen.«

Pierre atmete tief ein. Es war grauenhaft. Eine weitere Nuance unfassbarer Gewalt, die nur Opfer kannte. Auf allen Seiten.

»Wenn es wahr ist«, sagte er, »dass …«

Das Klingeln seines Telefons unterbrach ihn. Es war Madame Farigoule, Pierre ging sofort ran.

»Entschuldigen Sie bitte, *Monsieur le policier,* ich habe das Telefon nicht gehört. Am Sonntag schlafe ich immer tief und fest, weil ich …«

»Danke, dass Sie zurückrufen«, unterbrach Pierre. »Ich habe nur eine kurze Frage an Sie: Wem haben Sie von der Erpressung unseres ehemaligen Uhrmachers Didier Carbonne erzählt?«

»Erpressung? Ich … habe keine Ahnung, was Sie meinen.«

»Oh doch, das wissen Sie sehr genau. Das hat mir Madame

Duprais bereits bestätigt. Also, mit wem haben Sie noch darüber geredet?«

Sie zögerte, bevor sie weitersprach. »Mit ... mit niemandem.«

»Madame Farigoule«, rief Pierre, er konnte sich nicht länger beherrschen. »Ein Mensch ist ermordet worden. Eine weitere Person schwebt in Lebensgefahr. Wenn Sie mir nicht augenblicklich sagen, wem Sie die Details des Übergabeortes verraten haben, dann sorge ich dafür, dass Sie eine offizielle Vorladung erhalten, und zwar in die Dienststelle der *police nationale* von Cavaillon.«

Die Friseurin stieß einen spitzen Schrei aus. »Also, ich muss doch sehr bitten ...«

»Und? Wer war es?«

»Ich habe niemandem irgendetwas erzählt. Und falls doch, dann gilt bei mir das Gleiche wie beim Arzt. Das Schweigegelübde einer Friseurin wiegt mindestens ebenso schwer.«

»Es war Marlène Pannetier, nicht wahr? Sie ist zwar nach Goult gezogen, gehört aber noch immer zu Ihren treuesten Kundinnen.«

»Nein ... Also, ich weiß nicht, woher ...« Sie wirkte verunsichert.

»Im Schaufenster Ihres Friseurgeschäftes hängt das Plakat einer Pflegefirma. Darauf ist eine extravagant gestufte Frisur abgebildet mit vollem Hinterkopf und auslaufenden Fransen. Madame Pannetier trägt die gleiche Frisur, das Haar scheint vor nicht allzu langer Zeit frisch geschnitten worden zu sein. Sie war bei Ihnen, nicht wahr? Ihr haben Sie erzählt, wer hinter den anonymen Erpressungen steckte. Und wo und wann Carbonne das Geld hinterlegen sollte.«

»Selbst wenn ...« Madame Farigoule machte eine kleine Pause. »Es hätte nichts zu bedeuten, Madame Pannetier ist eine integre Person, die mit dem Mord gewiss nichts zu schaffen hat.«

Pierre lächelte. Es war genau so, wie er es sich gedacht hatte. »Haben Sie sonst noch mit jemandem darüber gesprochen?«, fragte er. »Ich würde Sie wirklich ungern vorladen müssen. Besser, Sie erzählen es mir gleich.«

»Nicht nötig«, rief die Friseurin erschrocken. »Madame Pannetier war die Einzige. Sie haben mein Ehrenwort!«

Pierre bedankte sich und legte auf.

Marlène Pannetier hatte es ihrem Mann erzählt. Hier liefen alle Fäden zusammen. Aber noch fehlte ihm die entscheidende Information.

Er sah auf die Uhr. Zehn nach acht.

Die Zeit war knapp. Am heutigen Vormittag fanden überall im Land Gedenkfeiern zum Tag des Waffenstillstandes statt. Auch Thierry Pannetier wollte an einer teilnehmen, das hatte er Luc erzählt. Wenn er sich jetzt beeilte, würde er den Veteranen noch antreffen, bevor er sich auf den Weg machte.

Pierre erhob sich von seinem Platz und entriegelte den Waffenschrank. Schnallte den Gurt um und steckte seine halb automatische Glock 17 in den Holster.

Was immer auch gleich geschah – er war nicht unvorbereitet.

34

Das Haus der Pannetiers lag im Herzen von Goult, einem entzückenden Dorf nördlich der Landstraße, die das Calavon-Tal durchzog. Pierre hatte die Abkürzung querfeldein genommen. Eine Strecke, die nur dann weniger Zeit beanspruchte, wenn man die zulässige Geschwindigkeitsbegrenzung deutlich überschritt. Und das tat er. Er kannte die Strecke gut, raste über die von steilen Böschungen begrenzte Landstraße, vorbei an Obstplantagen, Weinfeldern und Gehöften.

Als er Saint-Pantaléon durchfuhr, verringerte er das Tempo und rief Luc an.

»Ich möchte, dass du sofort nach Goult kommst«, rief Pierre ins Telefon. »Wir treffen uns bei den Pannetiers.«

»Ich habe nicht mal geduscht.« Sein Assistent klang verschlafen.

»Dafür ist keine Zeit. Ich schätze, wir haben den Mörder.«

»Wie bitte?« Jetzt war Luc hellwach. »Ich kapiere gar nichts mehr. Die Pannetiers wollten ja wohl kaum die eigene Tochter so brutal zum Schweigen bringen, oder?«

Das war eine berechtigte Frage, die es noch zu klären galt. »Darüber reden wir später. Los, beeil dich.«

Pierre legte auf. Die Straße verlief nun schnurgerade, er trat das Gaspedal herunter und jagte durch die Landschaft. Der Wagen schoss mit hundertzwanzig Sachen über eine Fahrbahnschwelle und verlor die Bodenhaftung, bis er wenige Meter später mit einem Rumpeln aufkam. Die Straße war uneben und überzogen mit Rissen, doch Pierre hielt das Tempo. Felder und Wiesen flogen an ihm vorbei. Reihen von Kirschbäumen, die noch nicht blühten. Er musste scharf bremsen, weil er fast die Abzweigung verpasst hätte. Dann ging es ein Stück bergan, durch einen Tunnel aus Bäumen und Sträuchern.

Endlich erreichte Pierre den nördlichen Ortseingang. Er wählte die enge Anwohnergasse, fuhr gegen die Fahrtrichtung durch eine Einbahnstraße und wollte gerade nach links in die Straße abbiegen, die zum Haus der Pannetiers führte, als ihm ein Kleinlaster den Weg versperrte.

Der Fahrer war nirgends zu sehen. Pierre drückte auf die Hupe, einmal, zweimal, doch es tat sich nichts. Seine Gedanken rasten. Er beschloss, der Anwohnerstraße weiter zu folgen, doch von dort kam ihm nun ein Lieferwagen entgegen, der die Gasse in voller Breite einnahm und mit flackernder Lichthupe auf Vorfahrt bestand. Es brachte nichts, die Sirene anzustellen, es würde zu lange dauern, wenn der andere rückwärts rangierte. Also setzte er selbst zurück, fluchend, bis er auf der Umgehungsstraße ankam, die direkt zum Dorfplatz führte.

Pierre stellte den Wagen vor der *Église Saint-Sébastien* ab, neben einer Platane, deren Zweige sich im Wind bogen. Als er ausstieg, schlug die Kirchturmuhr halb neun.

Der Sturm blies hier weniger stark als in Sainte-Valérie, und die Morgensonne überzog die steinernen Mauern mit ihrem goldenen Licht. Vor dem *Café de la Poste* standen bereits Tische und Stühle. Einige Gäste saßen in Jacken gehüllt vor Kaffee und *petit pains* und hielten die Gesichter in die trotz des Windes frühlingshaft warmen Strahlen.

Wie gerne würde er sich zu ihnen setzen und ein zweites Frühstück einnehmen, aber dafür war keine Zeit.

Pierre rannte die Dorfstraße hinauf, die in Richtung einer stillgelegten Mühle verlief. An renovierten Natursteinhäusern vorbei, deren Fensterläden in den unterschiedlichsten Blautönen strahlten: Türkis, Meeresfarben, Kornblumen- und Himmelblau.

Pierre eilte durch die immer schmaler werdende *Rue de la République,* der Hauptstraße mit ihren Lädchen. Ein Lebensmittelgeschäft, ein Metzger und eine *fromagerie,* deren Fenster mit Rollläden verschlossen war und die – wie er wusste – eine hervorragende Auswahl exquisiter Käsesorten hatte.

Vor ihm tauchte gerade das *Château de Goult* auf, ein Schlösschen aus der Zeit der Renaissance, das Feriengästen zur Vermietung angeboten wurde, als ein Anruf einging. Es war Penelope.

»Du hattest recht«, rief sie ohne Einleitung. »Ich habe auf der Liste der Gruppenführer tatsächlich einen Mann mit dem Namen Langlois gefunden, Guillaume Langlois. Stationiert in der *Villa Susini.* Die Daten stimmen überein, es war Gilberts Vater.«

»Danke, Penelope, gute Arbeit. Hast du schon mal daran gedacht, eine Ausbildung zur Polizistin zu machen?«

Sie lachte. »Nein. Ich bleibe lieber Schreibkraft. Da bin ich unabhängiger.«

Grimmig lächelnd schob er das Telefon zurück in die Jackentasche. Das war die letzte Information, die ihm noch gefehlt hatte. Er hatte richtig gelegen mit seiner Vermutung. Es war wohl das wichtigste Puzzleteil gewesen zur Vervollständigung des Bildes.

An einer Gabelung bog Pierre nach rechts und dann noch einmal, bis er endlich angekommen war und etwas atemlos vor einem verschlossenen Eisentor zum Stehen kam. Es war hoch wie eine Wand und schützte das Haus vor ungebetenen Blicken. Alles, was man von der Straße aus sehen konnte, waren Steinmauern und ein dunkel gedecktes Dach.

Pierre drückte die Klingel.

Es dauerte eine Weile, bis das Knacken der Gegensprechanlage zu vernehmen war.

»Ja, bitte?«

Pierre erkannte die Stimme von Madame Pannetier. Im Hintergrund war das Plappern ihrer Enkeltochter Rose zu hören.

»Pierre Durand, *police municipale* von Sainte-Valérie. Entschuldigen Sie bitte, Madame Pannetier, aber ich würde gerne mit Ihnen und Ihrem Mann sprechen.«

»Mein Mann ist nicht da. Er nimmt an einer Gedenkveranstaltung teil.«

Pierre fluchte still, er war zu spät gekommen. »Wo genau findet diese Zeremonie denn statt?« Es gab zig Orte in der Provence, die diesen Tag feierlich begingen.

»In Avignon, am *Monument aux Morts* in den Gärten des Papstpalastes. Dort sind alle Offiziellen von Rang und Namen versammelt. Der Unterpräfekt, der Militärbeauftragte des *Departements* Vaucluse, die Repräsentanten der Veteranenverbände …«

»*Putain!*«, flüsterte Pierre. Bis nach Avignon brauchte er eine ganze Stunde. »Und wann beginnt die Zeremonie?«

»Um zehn.«

Wenn er jetzt losfuhr, schaffte er es wohl gerade noch rechtzeitig, aber dann konnte er nicht mehr mit Madame Pannetier sprechen. Und das wollte er unbedingt tun. Sie mussten sich aufteilen. Er beschloss, es noch einmal bei Robert Lechat zu probieren, sicher war er längst vom Joggen zurück.

In diesem Moment klingelte sein Handy, es war der *Commissaire*. Ihn schickte der Himmel!

»Einen Moment, Madame«, sagte er in Richtung der Sprech-anlage, »es ist dringend. Ich bin gleich wieder bei Ihnen.«

Er ging ein paar Schritte zur Seite und nahm den Anruf entgegen.

»Was ist denn passiert?«, fragte Lechat, er klang hörbar besorgt. »Meine Frau sagt, es sei dringend.«

Pierre hielt die Hand abschirmend vor den Mund, als er dem *Commissaire* seinen Verdacht schilderte. »Ich brauche dich in Avignon«, schloss er. »Vermutlich nimmt Pannetier an der Zeremonie am *Monument aux Morts* in den Gärten des Papst-palastes teil, sie beginnt in etwas mehr als einer Stunde.«

»In Ordnung«, sagte Lechat. »Ich nehme *Lieutenante* Fenech mit. Von Cavaillon aus sind es gut dreißig Minuten bis dort-hin.«

Pierre atmete erleichtert aus. »Ich komme nach, sobald ich mit Madame Pannetier geredet habe.«

»Wie bist du eigentlich auf sie gekommen?« Lechats Stimme klang höchst verwundert.

»Über ein Foto im Schaufenster von Madame Farigoules Friseursalon.«

»Das musst du mir beizeiten genauer erklären«, lachte der *Commissaire* und legte auf.

Pierre trat an die Klingel und drückte den Knopf erneut. Dieses Mal erklang das Knacken der Gegensprechanlage sofort.

»Was gibt es denn noch?«, fragte Madame Pannetier.

»Würden Sie mich bitte kurz reinlassen?«

»Warum? Was wollen Sie denn?«

»Es geht noch immer um den Mordfall Gilbert Langlois.«

Ein hörbares Seufzen. »Ist das wirklich notwendig? Ich fühle mich gerade nicht so gut.«

»Ja, Madame«, sagte er fest. »Es ist notwendig.«

Es summte laut, und Pierre drückte das Tor auf. Der Blick auf ein zweistöckiges Steinhaus mit saphirblauen Fensterläden und französischem Balkon wurde frei. In der Tür stand Elodie Marechals Mutter. Ganz in Schwarz gekleidet, die Schultern mühsam gestrafft. Ihr kurz geschnittenes graues Haar wehte im Wind. Sie trug eine getönte Brille, hinter deren Gläser verquollene Augen zu erahnen waren.

»Haben Sie Neuigkeiten von Ihrer Tochter?«, fragte Pierre alarmiert, es wirkte fast, als sei Elodie Marechal ihren Verletzungen erlegen.

Sie schüttelte den Kopf. »Die Ärzte wollen mir nichts sagen. Nicht einmal eine Prognose wollen sie abgeben. Alles ist möglich, selbst ...« Sie schluckte heftig. »Kommen Sie doch herein. Möchten Sie einen Kaffee oder Tee?«

»Nein, danke.«

Pierre folgte ihr in einen großzügig geschnittenen Flur, von dem eine Treppe zu den oberen Stockwerken abging. Ein glänzender Natursteinboden, eine golden lackierte Konsole mit geschwungenen Beinen, ein ovaler Spiegel, vor dem ein üppiger Blumenstrauß stand.

»Das Ganze tut mir sehr leid«, sagte er. »Ich hoffe, Ihrer Tochter geht es bald wieder besser. Aber die Fragen muss ich Ihnen trotz allem stellen.«

»Bitte, fragen Sie.«

»War Ihre Tochter gestern hier bei Ihnen? Gegen halb zwei?«

Ihre Gesichtszüge froren ein. »Warum wollen Sie das wissen?«

»Elodie war bis um ein Uhr im *Super U* in Coustellet, die Kassiererin hat uns das bestätigt. Um halb drei rief sie mich an und bat um ein sofortiges Treffen. Sie klang sehr aufgebracht. Irgendwas muss in der Zwischenzeit geschehen sein.«

Madame Pannetier presste die Lippen aufeinander und starrte ihn unbewegt an.

»Zu der Zeit war ich noch in Carnoux-en-Provence«, fuhr er fort. »Ich habe ihr daher vier Uhr vorgeschlagen. Als Treffpunkt verabredeten wir die Bank auf der Plattform vor der nördlichen Stadtmauer. Jene Plattform, von der sie später gestoßen wurde. Ihre Tochter ahnte, wer der Mörder ist. Und offenbar wollte sie mir von ihrem Verdacht erzählen. Können Sie sich vorstellen, wen sie meinte?«

Madame Pannetier schüttelte den Kopf.

»Ich vermute«, sagte Pierre, »dass es Ihr Mann Thierry ist.«

Erschrocken drehte sie sich im Flur um, als befürchte sie, jemand könne mithören. »Ich weiß nicht, wie Sie darauf kommen«, sagte sie schließlich. Es kostete sie sichtlich Kraft, die Contenance zu bewahren.

»Weil Sie, Madame, zu den wenigen Menschen gehören, die zu dem Zeitpunkt, als Gilbert Langlois ermordet wurde, wussten, dass er der anonyme Erpresser war.«

»Das ist eine Lüge«, entgegnete sie harsch.

Pierre ignorierte ihren Einwand. »Außerdem wussten Sie, dass Didier Carbonne am Mittwochmittag, dem achten März, Geld an einem bestimmten Ort hinterlegen sollte. Und Sie wussten auch, dass Carbonne es nicht tun würde. Madame Farigoule hat es Ihnen erzählt. Und Sie haben es Ihrem Mann gesagt.«

»Warum hätte ich das tun sollen?« Noch immer zeigte sie sich abwehrend.

»Sicher bin ich mir nicht«, sagte er. »Ich könnte mir aber vorstellen, dass das Ganze folgendermaßen abgelaufen ist ...« Er hob entschuldigend die Schultern. »Dafür muss ich jetzt allerdings ein bisschen ausholen: Nachdem Ihr Schwiegersohn Maurice Marechal sein Versprechen gebrochen und Gilbert Langlois nicht zum neuen *Chef de police* gemacht hatte, brach für den ehemaligen Polizisten eine Welt zusammen. Er hatte nicht nur voreilig seinen Job gekündigt, er musste auch seine Wohnung aufgeben und kam schließlich hierher nach Sainte-Valérie, wo er sich mit kleinen Erpressungen den Alltag finanzierte. Aber er sann nach Rache. An mir im Übrigen auch … ohne Erfolg. Der vergebliche Versuch, mir etwas nachzuweisen, ist auf einer Pinnwand zu bewundern, an die er die Ergebnisse seiner Recherchen heftete. Bei Ihrem Schwiegersohn wurde er schließlich fündig.«

Madame Pannetier nickte traurig. »Sie meinen die fehlende Zulassung, wegen der Sie ihn verhaftet haben.«

»So ist es«, sagte Pierre, froh über ihren aktiven Einstieg in das Gespräch. Obwohl es über diesen Punkt ohnehin keine zwei Meinungen gab. »Das ist eine Straftat, darauf stehen mehrere Jahre Gefängnis, das wusste Langlois, und den Job als Bürgermeister wäre Ihr Schwiegersohn ebenfalls los. Was mich allerdings gewundert hat, war dessen Überraschung, als wir ihm davon erzählten. Maurice Marechal wusste offenbar nicht, dass Langlois es herausgefunden hatte. Er behauptete, gar nicht erpresst worden zu sein. Und wissen Sie was? Ich glaube, dass er die Wahrheit sagt. Sein Erschrecken war nicht gespielt.« Er machte eine kurze Pause. »Können Sie erahnen, warum ich mir da so sicher bin?«

»Nein.« Sie hatte es sehr leise gesagt. Aber noch immer sah sie ihn an.

»Ihn zu erpressen, wäre zu einfach gewesen. Selbst mit einem noch so hohen Geldbetrag wäre Maurice Marechal am Ende davonkommen. Gilbert Langlois wollte es ihm nicht so leicht machen, sondern es ihm mit gleicher Münze heimzahlen. Er wollte Maurice Marechals Leben zerstören. So, wie der seines zerstört hatte.«

Pierre sprach ruhig und eindringlich. Ihm war bewusst, dass es reine Vermutungen waren, die er nun formulierte, als seien es Tatsachen. Aber an der Art, wie Madame Pannetier sich übers Haar strich und sich die getönte Brille zurechtrückte, wusste er, dass er richtiglag.

»Gilbert Langlois«, sagte er, »beschloss, alles ins Wanken zu bringen, was den Bürgermeister ausmachte. Er, der selbst alles verloren hatte, wollte auch dem ehemaligen Freund alles nehmen: seine Reputation, seinen Beruf, seine Ehe und seine Familie. Ich habe mich lange gefragt, warum Langlois auch Frédéric Marechal schaden wollte, die beiden Brüder sind ja zerstritten. Dann kam mir der Gedanke, dass er vielleicht nichts von dem Streit wusste. Ebenso wenig wie der Mörder, der lieber gleich alle Beweisbilder aus der Wohnung des Ermordeten beseitigte.«

»Mein Mann wusste von dem Bruderzwist«, entfuhr es Marlène Pannetier. Rasch legte sie ihre Hand auf den Mund.

Pierre lächelte. »Dann wollte er vielleicht nicht riskieren, dass man über den Bruder auf den Schwiegersohn aufmerksam wurde, und hat lieber alle Bilder vernichtet. Warum auch immer … Darüber kann ich nur spekulieren.«

»Aber wie«, sagte Madame Pannetier leise, »kommen Sie darauf, dass mein Mann der Täter ist?«

»Das will ich Ihnen gerne erklären. Es hat auch bei mir eine Weile gedauert, bis mir die Zusammenhänge klar waren.« Sein Telefon klingelte, mit einem Griff schaltete er es aus. Nicht jetzt, dachte er und fuhr fort. »Ich stelle es mir so vor, dass Gilbert Langlois die Beweise von Maurice Marechals Betrug anonym Ihrer Tochter Elodie zugeschickt hat. Er hoffte wohl, dass sie ihm Vorwürfe macht und die Ehe der beiden an dieser Lüge zerbricht. Vielleicht hat er auch einen gewissen Betrag von ihr eingefordert, möglicherweise war dieser zu hoch, als dass sie ihn aus eigener Tasche hätte bezahlen können. Auf jeden Fall klagte Ihre Tochter Ihnen ihr Leid, und zwar genau an jenem Mittwoch, als sie den Orden vorbeibrachte. So war es, nicht wahr?«

Er machte eine längere Pause. Marlène Pannetier schwankte. Mit einer Hand hielt sie sich an der Konsole fest.

»Laut einer Quittung«, fuhr er fort, »stand Elodie um dreizehn Uhr neununddreißig an der Kasse der Tankstelle vor Sainte-Valérie. Wenn man den Tankvorgang und die Fahrt dorthin einrechnet, wird sie Ihr Haus gegen ein Uhr verlassen haben. Das war ungefähr die Zeit, von der Sie wussten, dass Gilbert Langlois im Wald sein würde.«

Pierre sah Madame Pannetier fest an. Gleich würde er erfahren, ob er wirklich richtiglag mit seiner Hypothese. Noch hielt sie seinem Blick stand. Doch ihre Lippen begannen fast unmerklich zu beben.

»Ihre Tochter war verzweifelt«, sagte er. »Sie wollten ihr helfen. So wie es alle liebenden Mütter tun. Sie dachten, Ihr Mann würde das schon irgendwie regeln. Aber Sie haben nicht damit gerechnet, dass er zum Mörder wird, nicht wahr?« Pierre verschränkte die Arme vor der Brust und ließ die Worte wirken, bevor er fortfuhr. »Ein Zeuge hat eine ältere Person durch den Wald rennen sehen, in strömendem Regen. Ohne Jacke, nur in Pullover. Und ich bin mir sicher, eine Gegenüberstellung würde ergeben, dass es Ihr Mann war.«

Madame Pannetier schluchzte auf. Sie nahm ihre Brille ab, zog ein Taschentuch aus der Schublade der Konsole und tupfte sich über Augen und Nase.

»Ich bitte Sie, Madame«, sagte Pierre, seine Stimme war jetzt ganz sanft, »erzählen Sie mir die Wahrheit. Für Elodie. Ihre Tochter wollte mir alles anvertrauen. Die Entschlossenheit, ihr Gewissen zu erleichtern und für Gerechtigkeit zu sorgen, hat sie in Lebensgefahr gebracht. Lassen Sie nicht zu, dass Elodies Mut umsonst war.«

Madame Pannetier schloss die Augen und schien mit sich zu ringen. Dann nickte sie und schlug die Lider wieder auf. »Sie haben recht, es ist genug geschehen. Das Leid muss endlich ein Ende haben.«

Pierre lächelte ihr ermutigend zu.

»Dieser Gilbert Langlois …«, begann sie stockend. »Er hätte alles zerstört. Nicht nur das Ansehen unseres Schwiegersohnes. Auch das von Elodie, ihr ganzes Leben.«

Pierre nickte. So war es gewesen. »Als Ihre Tochter am besagten Mittwoch hilfesuchend zu Ihnen kam, haben Sie Ihrem Mann erzählt, wo er Langlois finden und ihn zur Rede stellten konnte. Haben Sie das im Beisein Ihrer Tochter getan?«

Sie nickte. »Mein Mann hat Elodie versprochen, sich um die Angelegenheit zu kümmern, aber er wusste nicht, wie er vorgehen sollte. Da habe ich ihm erzählt, wer sich hinter dem anonymen Erpresser verbarg. Thierry ist zu seinem Auto gerannt, kaum dass unsere Tochter fort war. Er hatte nicht einmal eine Jacke dabei.«

Pierre nickte. »Er hatte wohl Sorge, zu spät zu kommen. Daher ist er vom Parkplatz bis zum Ort der Geldübergabe gelaufen. Als Einheimischer kannte er sich im Wald aus. Weder der Matsch noch der heftige Regen konnte ihn aufhalten. Er war zu allem entschlossen.«

Sie zitterte und schlang die Arme um ihren Körper. »Ich kann Ihnen gar nicht sagen, wie sehr mich das alles belastet. Hätte ich Thierry lieber nicht davon erzählen sollen? Aber ich konnte doch nicht wissen, dass er so weit geht …« Nun rollten ihr wieder Tränen über die Wangen, und diesmal ließ sie sie laufen. »Thierry ist ein guter Mensch. Ich hätte nie geglaubt, dass er jemals einem anderen etwas zu Leide tun könnte. Das passt überhaupt nicht zu ihm. Und dass er Elodie dann auch noch …« Sie atmete stotternd ein, und es schien ihr unmöglich weiterzusprechen.

»In unserer Wache arbeitet eine sehr kluge junge Dame, die von Beginn an der Meinung war, dass der Mord an Gilbert Langlois aus einem Affekt heraus geschehen sei«, versuchte Pierre eine Erklärung. »Ich habe einige Zeit gebraucht, um zu begreifen, wie recht sie damit hatte. Es war wohl eine Art Übertragung. Ein aufgebrochenes Kriegstrauma, das ein inneres Feuer neu entzündete und aus Ihrem Mann, dem entschiedenen Beschützer seiner Tochter, einen Rächer machte.« Pierre hielt einen Moment inne. »Hat er je über seine Zeit in Algerien gesprochen?«

Madame Pannetier schüttelte den Kopf. »Nein, nie. Er wollte mich nicht damit belasten.«

»Es muss eine dramatische Erfahrung gewesen sein. Und ich kann mir vorstellen, dass Ihr Mann mit den Messerstichen nicht nur das Problem Ihrer Tochter lösen, sondern auch seine alten Dämonen besiegen wollte. Nur hat er nicht damit gerechnet, dass Elodie ihm die Tat am Ende nicht dankte, sondern sogar vorwarf.«

Pierre sah Madame Pannetier voll Mitgefühl an. Ein fester Ausdruck trat nun in ihren Blick, der trotz der Tränen etwas Entschlossenes hatte.

»Ja«, sagte sie endlich, »unsere Tochter war hier bei uns, nach ihrem Besuch im *Super U* von Coustellet. Elodie hat gesagt, dass sie nicht länger so tun könne, als wäre nichts geschehen. Sie hat Thierry mit ihrem Verdacht konfrontiert. Er konnte nicht anders, als es zuzugeben. Daraufhin hat sie ihm natürlich heftige Vorwürfe gemacht. Ihm geraten, zur Polizei zu gehen und sich zu stellen. Sie meinte, sie könne es vielleicht ertragen, einen Hochstapler als Mann zu haben. Aber einen Mörder als

Vater, das verkrafte sie nicht. Da empfinde sie eine Mitschuld, die sie schlaflos mache.«

»Wie hat Ihr Mann darauf reagiert?«

»Er war total aufgewühlt, schließlich hatte er es doch nur für sie getan! Aber sie blieb stur. Sie meinte, wenn er es nicht tue, dann würde sie Ihnen alles erzählen. Damit ist sie fort. Thierry war vollkommen verzweifelt. Er ist ihr nachgefahren, wollte sie davon abbringen. Nie im Leben wollte er seiner geliebten Tochter absichtlich etwas antun. Sie ist doch sein Ein und Alles. Er ist ein gebrochener Mann, verstehen Sie?« Sie sah Pierre an, weinend, ihr ganzer Körper bebte. »Es war ein Unfall. Mein Mann hat das nicht gewollt!«

Unbeholfen legte Pierre seine Hand auf ihre Schulter und strich ihr über den Arm.

Madame Pannetier tat ihm leid. Er hätte ihr gerne gesagt, dass alles gut werde, aber er wusste, dass es nicht an dem war. Nichts war gut, überhaupt nichts, und es machte ihn wütend. Dass Maurice Marechals Reputation zerstört war, das hatte der Bürgermeister sich selbst zuzuschreiben. Aber es hatte auch seine Frau und deren Familie getroffen. Selbst im Tod hatte Gilbert Langlois sein Ziel erreicht.

»*Mémé?*« Rose schob sich in den Flur, und ihre kleinen Finger umschlossen die Hand der Großmutter. »Geht es dir nicht gut?«

Marlène Pannetier tupfte sich mit dem Taschentuch die Tränen ab und lächelte. »Doch, mein Kleines. Lauf schon mal in dein Zimmer. Ich komme gleich.«

Das Mädchen verschwand wieder.

Die Türglocke läutete, Madame Pannetier ging zum Eingang und aktivierte den Bildschirm der Videoüberwachung. Draußen stand Luc. Das Haar verstrubbelt, das Gesicht unrasiert. Unter dem offenen Motorradblouson blitzte – Pierre stieß erleichtert die Luft aus – der Stoff eines Pullovers hervor. Er hatte seinen Assistenten auch schon mal im Schlafanzug auf die Straße gehen sehen.

Madame Pannetier sah Pierre fragend an.

»Das ist mein Kollege, *Brigadier* Chevallier«, sagte er lächelnd. »Er wird Ihre Aussage jetzt zu Protokoll nehmen.« Pierre nickte ihr aufmunternd zu und trat ins Freie. Begrüßte Luc und brachte ihn auf den neuesten Stand. »Du bleibst bei ihr und lässt sie nicht eine Sekunde aus den Augen«, sagte er und musste dann grinsen. »Hast du einen Kamm dabei?«

Stirnrunzelnd beugte sich Luc vor den Seitenspiegel seines Motorrades. Er spuckte in die Hände und strich mit auseinandergefächerten Fingern über das kurze Haar. »Besser so?«

Pierre verdrehte nur die Augen.

Dann ließ er ihn mit Madame Pannetier alleine.

35

Wäre es ein Mistral gewesen, dann hätte es jetzt noch immer gestürmt. Dieser Wind dagegen, bemerkte Pierre, als er die Landstraße in Richtung Avignon entlangraste, war weniger kalt. Und auch, wenn er noch immer durch Zweige und Gras blies, so hatte er doch merklich an Kraft verloren. Ganz im Gegensatz zu ihm selbst, der das Gefühl hatte, einen ganzen Sturm im Herzen zu tragen.

Pierre fuhr gerade unter der Brücke hindurch, die über die *Autoroute de Soleil* hinwegführte, als ein Anruf einging. Er nahm ihn an.

Im Hintergrund war das Getöse einer Kapelle zu hören.

»Wir stehen im *Jardin de Doms*, direkt am *Monument aux Morts*«, verkündete Lechat. »Thierry Pannetier ist nicht bei der Zeremonie. Sie beginnt in dieser Minute. Wir haben die Kollegen aus Avignon informiert und ihn zur Fahndung ausgeschrieben.«

»Verdammt.« Pierre setzte den Blinker und fuhr rechts ran. »Was ist mit der Klinik, in der Elodie Marechal liegt?«

»Ich habe den Sicherheitsbeamten bereits instruiert, ein besonders wachsames Auge auf die Patientin zu werfen. Ist jemand bei Madame Pannetier?«

»Ja«, antwortete Pierre. »*Brigadier* Chevallier ist vor Ort.«

»Gut.« Lechat wirkte erleichtert. »Ich schicke einen weiteren Beamten hin, falls Pannetier nach Hause kommen sollte. Wir bleiben hier, bis die Veranstaltung zu Ende ist.«

»Alles klar.« Pierre dachte kurz nach. »Was für einen Wagen fährt Pannetier?«

»Einen weißen Lexus UX.«

Sie verabredeten, sich kurzzuschließen, sobald es Neuigkeiten gab, dann beendeten sie das Gespräch. Sofort rief Pierre Luc an. Er war gleich in der Leitung.

»Ja, Chef?«

»Wie geht es Madame Pannetier?«

Sein Assistent seufzte. »Die sitzt im Wohnzimmer und starrt aus dem Fenster. Wie lange soll ich sie denn noch im Auge behalten? Ich glaube, sie will lieber alleine sein. Und ich muss dringend auf Toilette.«

»Du bleibst auf deinem Posten«, befahl Pierre. »Der *Commissaire* hat einen Kollegen gebeten, dich zu unterstützen, er trifft sicher bald ein.« Er atmete tief durch. »Thierry Pannetier ist verschwunden. Vielleicht kannst du aus seiner Frau herausbekommen, wo er hingefahren sein könnte.«

»Jawohl, ich gebe mein Bestes.« Luc klang zu allem entschlossen.

Pierre legte auf und trommelte mit den Fingern auf das Lenkrad.

Was hatte Thierry Pannetier davon abgehalten, zur Gedenkfeier zu fahren? Hatte er geahnt, dass er überführt worden war? Woher nur? Er hatte ja selbst erst seit Kurzem Gewissheit. Außerdem war kaum vorstellbar, dass ein derart geradliniger und verwurzelter Mann wie Pannetier sich für eine Flucht entschied. Wo sollte er denn auch hin?

Ein Gedanke durchfuhr ihn. Pannetier hatte sich offenbar kurzfristig entschieden, seine Pläne zu ändern. Und er ahnte auch, warum. Wenn er recht hatte mit seiner Ahnung, dann wusste er genau, wo er nach dem Mann suchen musste.

Wieder war Pierre über die Straßen gerast, den kurvigen Weg den Berg hinauf, an silbrigen Olivenbäumen, Steineichen und Kalksteinflächen vorbei, auf denen robuste Kräuter und Sträucher wuchsen.

Jetzt war Sainte-Valérie zu sehen. Das mittelalterliche Dorf, dessen Stadtmauer sich eng an den Felsen schmiegte, hatte von hier betrachtet etwas Erhabenes. Pierre erkannte die Turmspitze der *Église Saint-Michel*, die die rostbraunen Dächer der Häuser überragte. Vorne die Aussichtsplattform der *Rue du Pontis*, über deren Brüstung sich gerade eine Gruppe Touristen beugte, um die vor ihnen liegende Landschaft zu betrachten.

Pierre lenkte den Renault an der Straße vorbei, die durch das alte Stadttor führte, und umrundete das Dorf. Fuhr in einem großen Bogen bis zu der Auffahrt in Richtung der nördlichen Stadtmauer.

Tatsächlich! Auf dem Kiesstreifen seitlich des Weges stand der weiße Lexus UX. Es sprach für Pannetier, dass er nach dem Unfall seiner Tochter nicht zur Tagesordnung übergegangen war. Pierre fiel nur ein Grund ein, warum er hergekommen war: Reue.

Pierre brachte seinen Wagen hinter dem Lexus zum Stehen und stieg aus. An der Stelle, wo Elodie Marechal aufgeschlagen war, hatte man den Boden frisch aufgeschüttet. Durch die dunkle Erde blitzten die hellen Blüten der Buschwindröschen.

Er blickte die steile Felswand hinauf zur Plattform und tastete nach dem Holster, in dem die halb automatische Glock 17 steckte. Rasch schrieb er *Commissaire* Lechat eine Nachricht und bat um sofortige Verstärkung. Dann machte er sich an den Aufstieg.

Thierry Pannetier saß auf der Bank. Den Rücken angelehnt, die Augen geschlossen. Die Hände gefaltet, genau so, wie es seine Tochter getan hatte, als Pierre sie hier gestern Vormittag traf. Seine Jacke bauschte sich im Wind.

Pierre setzte sich stumm neben ihn.

»Monsieur Durand?«, sagte Pannetier leise, ohne die Augen zu öffnen.

»Ja. Ich bin hier, um Sie festzunehmen. Die Kollegen der *police nationale* treffen jeden Augenblick ein.«

»Ich habe geahnt, dass Sie kommen würden.«

»Woher?«

»Nennen Sie es Intuition.«

Er öffnete die Augen. Sie waren stumpf. Als wäre das Feuer in ihnen erloschen. »Wie haben Sie es herausgefunden?«

»Das ist eine lange Geschichte«, antwortete Pierre. »Sie wussten, dass Ihre Tochter sich mir anvertrauen wollte, nicht wahr?«

Pannetier nickte. »Elodie ist viel zu gut für diese Welt. Genauso wie Marlène. Die beiden glauben, man könne das Böse aussperren, wenn man sich nur den Hindernissen des Lebens stellt und Gutes tut, um etwaige Dämonen zu besänftigen. Doch die Welt schert sich nicht darum. Sie ist grausam, selbst zu guten Menschen. Und trotzdem halten die beiden an ihren ehernen Werten fest. Ist das nicht unfassbar naiv?« Er lachte auf. »Elodie war der Meinung, ich sollte für meine Tat ins Gefängnis gehen.«

»Wollten Sie Ihre Tochter deshalb in den Tod stürzen?«

»Ich wollte sie nicht verletzen!«, stieß Pannetier aus. Dann atmete er tief durch und sah in Richtung der Mauer, über die seine Tochter am Tag zuvor gestürzt war. »Ich habe nur versucht, es ihr auszureden.« Aus seiner Stimme klang ein tiefer Schmerz. »Dabei bin ich wohl etwas zu energisch geworden. Ich habe sogar die Hand gegen Elodie erhoben, das gebe ich zu. Ich habe gehofft, sie mit väterlicher Strenge zur Raison zu bringen. Dabei hat sie einen Schritt nach hinten gemacht und ist ins Straucheln gekommen. Ich habe noch nach ihrer Hand gegriffen, aber es … Es war zu spät.«

Pierre nickte. »Warum sind Sie nicht bei ihr geblieben und haben den Rettungsdienst gerufen?«

»Ich habe eine Stimme gehört, Schritte. Da bin ich in Panik geraten. Als ich meine Tochter dort unten liegen sah, dachte ich, sie wäre tot.«

Sein Atem ging schwer. Das Gesicht war grau vor Gram. Pierre dachte, dass Elodies Tod die schlimmste Strafe für sein Tun wäre. Und er hoffte, dass Pannetier unrecht hatte mit seinem Glauben an die Grausamkeit der Welt. Und dass das Schicksal mit Elodie Marechal ein Einsehen hatte.

Jetzt sah Pannetier ihn wieder an. »Um Gilbert Langlois ist es nicht schade. Er ist genauso skrupellos wie sein Vater. Ein Menschenleben ist ihm nichts wert.«

Pierre hielt dem Blick stand. Das war keine reine Feststellung gewesen. In Thierry Pannetiers Satz schwang auch die Bitte um Verständnis mit. Ein solcher Moment kam äußerst selten bei Verhören vor, aber wenn, dann war es oft wie ein Dammbruch. Eine herausquellende Flut, verursacht durch das schlechte Gewissen, das nach Entlastung schrie. Nach einem Menschen, der zuhörte und am Ende vielleicht sagte, dass alles nicht so schlimm oder zumindest nachvollziehbar wäre. Ganz so leicht konnte er es Pannetier nicht machen. Obwohl er die Gründe sehr wohl verstand.

»Guillaume Langlois war Ihr Befehlshaber, damals in Algier«, sagte er.

Pannetier nickte, und er wirkte nicht erstaunt, dass Pierre darüber Bescheid wusste. »Er hat mich gezwungen, Dinge zu tun, die Ihnen nicht einmal im Traum einfallen würden. Bestialische Dinge. Ich habe Männer kopfüber von der Decke hän-

gen sehen und nackte Frauen, an deren Brüsten die Fallschirmjäger ihre glühenden Zigaretten ausdrückten. Menschen, die
ihre Gräber selbst ausheben mussten, bevor man sie abschlach-
tete. Ich habe in den Schlund der Hölle geblickt.« Sein Atem
ging jetzt noch schwerer. »Es gab Kameraden, die haben das
nicht mehr ausgehalten. Manche haben sich selbst ins Bein
geschossen, damit sie zurück nach Hause konnten. Wer blieb,
hat die Bilder nie wieder aus dem Kopf bekommen. Etliche
haben sich später in Frankreich das Leben genommen, weil sie
die Schuld nicht mehr aushielten. Die Verachtung, die ihnen
im eigenen Land von den Friedensbeseelten entgegenschlug.«

»Und Sie?«

»Ich habe versucht, es zu verdrängen. Als mir jemand aus
dem Verband erzählte, dass Guillaume Langlois verstor-
ben sei, dachte ich, es wäre endlich überwunden. Ich konnte
irgendwann sogar wieder durchschlafen, ohne schweißgebadet
aus Albträumen zu erwachen. Ohne das ständige Bild dieses
Monsters vor Augen.«

Pierre nickte. »Es hat gewiss viel Kraft gekostet, das alles zu
verdrängen«, sagte er leise. »Sie haben sich wieder dem Leben
zugewandt, Ihrer Familie. Sie waren stolz auf Ihre Tochter und
ihren Mann, einen stattlichen jungen Kerl, der es bis zum Bürgermeister brachte. Auf die zwei Enkelkinder. Und nun kam
der Sohn dieses Monsters und drohte, das Leben Ihrer einzigen Tochter zu zerstören. Es machte Sie nicht nur wütend,
sondern rasend. Irgendetwas in Ihnen ist ausgetickt. All die
Not, die Scham, die Wut spülten wieder an die Oberfläche.«

Thierry Pannetier verzog den Mund. »Als meine Frau mir
sagte, wer hinter der Zusendung des Enthüllungsschreibens
und diesen Dokumenten steckte, ist alles aus mir herausgebrochen. Jedes Detail hatte ich plötzlich wieder vor Augen,
die Schmerzschreie, den Geruch nach verbrannter Haut.«

Er lehnte sich zurück und fixierte einen Punkt in der Ferne. »Selbst auf dem Weg zum Wald wusste ich nicht, wie ich reagieren würde, wenn ich Langlois gegenüberstehe. Aber als ich aus dem Wagen stieg und fast wie in Trance nach dem Jagdmesser griff, das immer im Kofferraum liegt, war jeglicher Zweifel verschwunden. Ich habe nicht einen Moment gezögert, es zu tun. An jenem Mittwoch habe ich in Guillaumes Augen geblickt. Es war, als wäre ich wieder in Algier. Ich habe es für die vielen Menschen gemacht, die gefoltert wurden, und für all die Kameraden, die daran zugrunde gegangen sind. Jedes Opfer ein Stich.«

»Da haben Sie mit seinem Sohn Gilbert aber den Falschen getroffen«, sagte Pierre energisch. »Abgesehen davon ist es nicht die Aufgabe von Betroffenen, über Menschen zu richten, sondern die der Justiz. Sie sehen ja, wohin es führt.«

Pannetier lachte bitter und sah Pierre wieder an. »Gratuliere, *Monsieur le policier*. Sie haben hervorragende Arbeit geleistet, das muss ich zugeben. Mein Schwiegersohn hatte unrecht, als er Sie loswerden wollte. Sie sind doch ein sehr guter Polizist. Aber noch mal«, wiederholte er seine Frage, »wie sind Sie auf mich gekommen?«

Pierre lächelte matt. »Es hat alles mit Gilbert Langlois' Mobiltelefon angefangen, das Sie auf dem Rückweg zum Parkplatz verloren haben. Ein Waldarbeiter hat es gefunden.«

»Ein dummer Fehler, ja. Es muss mir aus der Tasche gerutscht sein, ich habe es erst bemerkt, nachdem ich die Bilder aus Langlois' Wohnung geholt hatte. Ich bin noch einmal in den Wald gefahren und habe den Weg abgesucht, aber es war ein Ding der Unmöglichkeit. Ich hatte ja keine Ahnung, wo ich das Telefon verloren hatte, und der Regen war immens stark, also brach ich die Suche ab. Ich bin danach noch zweimal hingefahren, aber ich hatte kein Glück.«

»Ihr Schwiegersohn Maurice ...«

»Er hat nichts von alldem gewusst. Elodie wollte ihn unbedingt heraushalten. Sie hat die Hoffnung gehegt, die Sache auch ohne ihn lösen zu können, damit ihre Ehe unbelastet blieb. Sie liebt ihren Maurice sehr, wissen Sie? Ich habe es stets respektiert. Meine Tochter, ihr Mann, die Enkelkinder ... Die vier und Marlène, sie waren alles, was ich hatte. Für sie wäre ich durchs Feuer gegangen.«

Sie schwiegen. Sahen beide in Richtung des Plateaus de Vaucluse. Am Horizont erhob sich der Mont Ventoux wie ein regungsloser Hüne mit seiner schneeweißen Mütze.

»Was«, fragte Pierre in die Stille, »haben Sie eigentlich gedacht, als Sie all die Fotos von mir an der Pinnwand entdeckt haben?«

»Dass Sie ein ausgemachter Trottel sind.« Pannetier lachte leise. »Ich war der Ansicht, dass mir so ein sichtlich überforderter, verloren aussehender Mann nie auf die Spur kommen würde.«

Pierre schmunzelte. »Tja«, sagte er, »so kann man sich irren.« Er sah dem blauen Leuchten entgegen, das sich nun einen Weg die Auffahrt hinauf bahnte.

Ein Telefon klingelte, es war das von Thierry Pannetier. Nach einem Blick auf das Display nahm er den Anruf mit spürbarer Anspannung entgegen.

»Ja? Wirklich? Wie geht es ihr?« Ein langes Seufzen. »Das ist gut. Sagen Sie ihr, dass wir ...« Er warf Pierre einen Blick zu. »Dass ihre Mutter gleich vorbeikommt.«

Pannetier legte auf. Seine Augen leuchteten. Pierre bemerkte, dass Tränen darin schimmerten.

»Ist alles in Ordnung?«

»Das war der Arzt. Elodie ist aufgewacht. Ihre Werte sind stabil, man hat sie aus dem künstlichen Koma geholt. Sie bleibt noch unter Beobachtung, und es wird eine Weile dauern, bis sie entlassen werden kann. Aber der Arzt meinte, sie trägt wohl keinerlei Schäden davon.«

»Das freut mich«, sagte Pierre und er meinte es ehrlich.

Ein Türenschlagen war zu hören, dann eilige Schritte.

Thierry Pannetier erhob sich und sah Pierre auffordernd an. »Wollen wir?«

Pierre nickte und stand auf. »*Alors, on y va.*«

Epilog

»Sollten wir nicht längst im *Chez Albert* sein?«, fragte Charlotte und sah verwundert die alte Burg hinauf, deren steinerne Fassade von Bodenstrahlern erleuchtet war. Vor der hellen Silhouette des Mondes flatterte die Fahne mit dem Wappen von Sainte-Valérie.

Pierre nickte. »Wir haben noch etwas Zeit.«

Er hatte einen Tisch reserviert, um sich mit Charlotte auszusprechen. Obwohl ihm erst gar nicht danach zumute war. Es war ein aufreibender Fall gewesen, der Pierre an seine Grenzen gebracht hatte. Auch emotional. Luc und Penelope war es ähnlich ergangen. Nur *Commissaire* Lechat zeigte ungetrübte Freude über den erfolgreichen Abschluss des Falls.

Nach Thierry Pannetiers Verhaftung hatten sie noch eine Weile in der Wache zusammengesessen, bevor sie sich verabschiedeten und ein jeder seines Weges ging. Pierre war nach Hause gefahren und hatte eine Weile gebraucht, um wieder in den sonntäglichen Alltag zurückzukehren. Charlotte hatte er nur kurz von den Ereignissen erzählt und sich erschöpft aufs Sofa gelegt. Aber dann war ihm eine unverhoffte Idee gekommen. Und alle Energie war schlagartig zurückgekehrt.

Nun sah sie ihn an, verwundert. »Und was wollen wir hier?«

Pierre zeigte hinauf zum Turm. »Weißt du noch, wie wir uns dort oben zwischen den Zinnen zum ersten Mal geküsst haben?«

»Wie könnte ich das vergessen?«, sagte Charlotte, und ihre Augen leuchteten. »Es war ein wunderschöner Abend. Und sehr aufregend.« Sie lachte. »Damals war die Burg noch eine halbe Ruine. Wir mussten achtgeben, dass wir nicht in die Lücken zwischen den Stufen traten.«

»Ich würde zu gerne wissen, was sich dort oben alles verändert hat.« Pierre nahm sie an die Hand und öffnete die hohe Tür, zog sie mit sich hinein. In der Eingangshalle des Burgmuseums schien gedimmtes Licht.

»Das können wir doch nicht so einfach machen«, flüsterte Charlotte. »Das Museum hat längst geschlossen.«

»Dann hätten sie die Tür verriegelt. Nun komm schon.«

Sie stiegen die Stufen hinauf, die ebenso ausgetreten waren wie damals, nur klafften seit der Sanierung keine Lücken mehr im Gemäuer, alles war sauber verputzt. In den Stein eingelassene Strahler geleiteten sie in den ersten Stock.

Pierre sah sich um. Das letzte Mal war er bei den Feierlichkeiten zur Sommersonnenwende hier gewesen, den *Feux de la Saint-Jean*. Damals war der große Saal mit Fahnen geschmückt. Den rot-gelb gestreiften der urtümlichen Provence im Wechsel mit denen Okzitaniens, dem gelben Tolosanerkreuz auf rotem Grund. Und über dem reich verzierten Kamin, der fast die gesamte Breite des Raumes einnahm, war ein historischer Teppich mit dem Dorfwappen angebracht gewesen.

Ohne all das, stellte Pierre mit Blick in den ungeschmückten Saal fest, hatte der Raum eine unaufdringliche Eleganz. Helle Steinwände, flächenweise verputzt, eine hohe Decke mit dunklen Balken. An einer Wand hingen großformatige Bilder mit texturierten Farbtupfern, die eine bunte Leichtigkeit verströmten.

»Es ist wunderschön geworden« wisperte Charlotte und machte einen neugierigen Schritt in den Saal. Sah sich um wie ein kleines Mädchen, das Angst hatte, bei etwas Verbotenem erwischt zu werden.

»Komm«, drängte Pierre, »lass uns ganz nach oben gehen. Ich will dir etwas zeigen.«

Sie stiegen die Stufen weiter hinauf. Nur noch eine letzte Tür, dann traten sie ins Freie. Das Mondlicht beschien die Aussichtsplattform des Turmes, als zaubere es ihnen einen silbrig glänzenden Teppich.

»Hier war ich seit unserem Ausflug von damals nie wieder«, sagte Charlotte, jetzt deutlich lauter, und lief zu den mannshohen Zinnen. »Hier war es!«, rief sie aus. »Unser erster Kuss.«

Pierre stellte sich zu ihr, und sie blickten durch die Auslässe hindurch auf das von Straßenlaternen erleuchtete Dorf, an der Kirchturmspitze von Saint-Michel vorbei und über die Stadtmauer hinunter zum Tal, das dunkel zu Füßen des Luberon-Gebirges lag.

»Ist das nicht magisch?«, fragte Pierre, dann zog er Charlotte an sich und gab ihr einen langen Kuss.

»Wegen unserer Diskussion neulich«, wisperte sie, als sie sich voneinander lösten. »Es ist nicht so, dass ich dich nicht heiraten möchte. Ich habe nur Sorge, dass ich aus lauter Rücksichtnahme immer leiser werde. Und dass ich meine Wünsche und Träume deinem Wohlbefinden unterordne.«

»Das sollst du nicht, Charlotte«, sagte Pierre. »Ich habe inzwischen eingesehen, dass es in einer guten Beziehung nicht wichtig ist, wer beruflich wie viel verdient, sondern, dass man glücklich ist in dem, was man tut. Und dass Wertschätzung und Erfolg nicht alleine am Einkommen zu messen sind. Sondern an dem Gefühl der Zufriedenheit.« Er sah sie ernst an. »Was ich damit sagen will: Ich respektiere deinen Wunsch nach einer Feier, die dem Anlass entspricht. Daher möchte ich dir ... wenn du mich denn immer noch heiraten willst ...

einen Kompromiss vorschlagen, mit dem wir hoffentlich beide glücklich sind.« Jetzt lachte er. »Und ehrlich gesagt frage ich mich, warum zum Kuckuck wir nicht schon viel früher darauf gekommen sind.«

Pierre räusperte sich sehr laut, und im nächsten Moment schwang die Tür zur Turmplattform auf, heller Lichtschein fiel über den silbrig glänzenden Stein.

»Bin ich zu früh?«, fragte eine muntere Stimme.

»Nein, Madame Levy, kommen Sie nur.«

Die Museumsdirektorin und – seit dem heutigen Tag – stellvertretende Bürgermeisterin von Sainte-Valérie betrat die Plattform, in der Hand eine Flasche Crémant und zwei Gläser. Sie trug ein aprikosenfarbenes, mit weißen Ornamenten bedrucktes Kleid mit einem Glockenrock und hatte ihr Haar zu einem lockeren Dutt hochgesteckt. Ihre Augen funkelten.

»Wie Sie sehen, wäre dies ein wundervoller Ort für den Sektempfang«, plapperte sie munter drauflos. »Hier können Sie den Sonnenuntergang bei herrlichem Rundumblick über das ganze Dorf genießen. Selbstverständlich wird der Bereich geschmückt und bleibt nicht so fürchterlich nackt. Also stellen Sie es sich bitte mit üppig bepflanzten Kübeln vor, mit Lavendelbüschen und Rosen. Mit hohen Windlichtern und dekorierten Stehtischen.« Madame Levy füllte den Crémant in die Gläser, reichte eines Charlotte und das andere Pierre. »Dieser Schaumwein wurde extra für das Museum abgefüllt, das ist unser neuester Marketing-Coup. Auf Wunsch servieren wir selbstverständlich auch Champagner. Und für die musikalische Untermalung stehen wir in engem Kontakt mit diversen Künstlern, von einer ganz wunderbaren Chansonnière über eine Jazzband bis hin zu einem DJ, der ganz nach Ihrem Geschmack auflegt.«

Pierre sah Charlotte an. »Die Burg ist gut isoliert. Wir dürften hier so lange feiern, wie wir wollen.«

Charlotte lächelte, und es war ihr anzumerken, wie sehr sie diese Möglichkeit begeisterte. »Und das Essen?«

»Das servieren wir im Kaminsaal«, antwortete Madame Levy. »Neben der ausgewiesenen Tanzfläche passen bis zu zwölf Tische à acht bis zehn Personen hinein.« Sie reichte Charlotte einen Prospekt mit einer Preisliste. »Für unsere Veranstaltungen kooperieren wir mit einem Restaurant, das flexibel nach den Wünschen unserer Kunden kocht und serviert.«

Charlotte warf einen kurzen Blick auf das Angebot. »Würden Sie uns bitte einen Moment alleine lassen?«

»Aber selbstverständlich. Ich warte im Kaminsaal.«

Madame Levy zwinkerte und beeilte sich, die Turmplattform wieder zu verlassen.

»Es ist wundervoll«, entfuhr es Charlotte. »Und es kostet so viel weniger als die *Domaine des Grès*.«

»Heißt das, wir heiraten doch?«

»Natürlich.« Sie gab Pierre einen Kuss. »Ich kann dir gar nicht sagen, wie erleichtert ich bin.« Plötzlich hielt sie inne. »Und die finanzielle Seite …«

»Wir teilen uns die Kosten.« Pierre grinste. »Und ich verspreche dir, dass wir unsere Flitterwochen nicht auf einem Campingplatz verbringen.«

Feierlich hob er das Glas, und sie stießen an, tranken einen Schluck von dem feinperligen Crémant, der sehr besonders, fast fruchtig schmeckte.

»Diese Lösung«, sagte Charlotte, »gefällt sicher auch Carbonne.«

»Apropos.« Pierre ließ das Glas sinken. »Es gibt da noch etwas, das ich mit dir besprechen will.«

Am Dienstag nahm Pierre sich den Vormittag frei. Als er den ehemaligen Uhrmacher ganz in der Früh abgeholt hatte, war es noch sehr frisch und über dem Hof lag ein feiner Dunst. Doch als sie Cosima anleinten und zum Eichenwäldchen gingen, das sich an der Bergseite hinter dem Haus erhob, da hatte die Sonne bereits die Wipfel erreicht und sandte ihre wärmenden Strahlen.

»Ich habe mit der Tierärztin gesprochen«, erklärte Pierre, als Carbonne auf der Fahrt zum Hof nach dem Grund für den frühmorgendlichen Ausflug fragte. »Sie sagt, dass die Milchmenge im Winter immer etwas sinkt, das sei ganz normal. Und dass es sich eigentlich wieder einpendelt, solange man mit dem Melken fortfährt.«

Carbonne schnalzte mit der Zunge. »Aber ich habe doch alles versucht«, empörte er sich.

»Ich weiß.« Pierre grinste. »Miss Williams meinte auch, sie könne sich bei Cosima gut vorstellen, dass sie einfach keine Lust mehr hatte, gemolken zu werden.«

»Ach. Und was machen wir jetzt?«

»Wir gehen auf Trüffelsuche. Mit Cosima.«

Carbonne hatte ihn angesehen, als wäre Pierre ein Fall für den Psychiater. Dazu gesagt hatte er nichts.

Inzwischen hatten sie das Eichenwäldchen erreicht, und Pierre drückte Carbonne eine kleine Pflanzschaufel in die Hand. Dann hielt er Cosima das Tuch hin, in das er für die Rückfahrt von Mazan den Trüffel gewickelt hatte, und löste die Leine.

Die Ziege schüttelte sich und gähnte herzhaft, als wäre ihr die ganze Aktion viel zu früh. Dann trippelte sie unter Carbonnes wachsamem Blick ein paar Schritte hin und her und stürzte sich schließlich auf ein paar Keimlinge, die ihre Köpfchen vorsichtig aus dem Boden geschoben hatten.

»Vielleicht war das in Mazan ja nur ein Zufall«, sagte Carbonne und kratzte sich mit der Handschaufel den struppigen Bart. »Bestimmt gibt es hier gar keine Trüffel.«

Pierre schob mit dem Fuß altes Herbstlaub beiseite. »Vielleicht ja doch.«

Er zeigte auf eine kahle Stelle am Boden, die sich ringförmig um einen Stamm zog. Dann nahm er ein Getreidepellet aus der Hosentasche und hielt es Cosima lockend hin.

Die Ziege hob das Köpfchen und kam mit kurzen Beinen angelaufen, um sich das Leckerli abzuholen. Dann sah sie sich – plötzlich ganz aufgeregt – um und senkte die Nase, schob sie über den Boden, bis sie schließlich stehen blieb und begann, die Erde mit den Hufen beiseitezuschieben.

Sofort war der alte Uhrmacher bei ihr. Er lockte die Ziege unter Zuhilfenahme eines Karottenstückes beiseite und hielt nach einigem Graben eine schwarze Knolle in die Höhe – unverkennbar ein Trüffel! Ein sehr kleiner zwar, aber immerhin.

»*Incroyable*«, rief Carbonne aus und hielt den Trüffel unter die Nase. Sog mit geschlossenen Augen tief den Duft ein, dass es nur so zischte. »Ein echter Trüffel, eine *rabasse*«, flüsterte er glücklich. »Deine Ziege ist in der Tat ein Wunderwesen. Und was machen wir jetzt damit?«

»Den kannst du behalten«, sagte Pierre. »Charlotte und ich, wir hätten da einen Vorschlag für dich. Wie wäre es, wenn du mit Beginn der nächsten Saison auf Trüffelsuche gehst? Für jede Knolle, die du findest, bekommst du eine Prämie, deren Höhe sich nach der Sorte richtet.«

Pierre nannte ihm eine Summe, bei der die Augen des Alten zu leuchten begannen. Cosimas einzigartiges Talent würde dem Uhrmacher eine kleine Rente sichern, so viel war klar.

»Daraus lässt sich ja ein richtiges Geschäft machen«, rief

Carbonne und ließ den Trüffel sofort in der Hosentasche verschwinden. Hastig, als befürchte er, ihn doch noch abgeben zu müssen.

»Zusätzlich«, fuhr Pierre fort, »kannst du dir jeden Mittag in der *L'Épicerie Provençale* ein Gericht von der Karte aussuchen.«

Carbonne rieb sich freudig die Hände, dann stutzte er. »Das Ganze hat doch bestimmt einen Haken, nicht wahr?«

»Allerdings. Voraussetzung ist, dass dein zerbeulter Kastenwagen endlich instandgesetzt wird und eine echte Plakette erhält.«

»Na, wenn es weiter nichts ist …« Der Alte grinste breit. »Ich habe schon mit Stephane gesprochen. Er macht ihn mir fertig. Kostenlos.«

Dass der Mechaniker das nicht aus Nächstenliebe tat, sondern weil er in dem Fall der gefälschten Papiere knietief drinsteckte, erwähnte er lieber nicht. Aber das musste er gar nicht, Pierre ahnte es auch so.

Als Pierre Carbonne wenig später wieder im Dorf abgesetzt hatte und vor der Wache stand, um seinen Dienst anzutreten, dachte er noch einmal an den Fall zurück, der trotz allem ein gutes Ende gefunden hatte.

Mit Gilbert Langlois und Maurice Marechal waren die beiden Personen aus seinem Leben verschwunden, die ihm in der Vergangenheit am meisten zugesetzt hatten. Und mit der fröhlichen Madame Levy würde er bis zur nächsten Wahl eine Vorgesetzte haben, mit der das Arbeiten zum Vergnügen wurde.

Er war sehr froh gewesen, als die Museumsdirektorin am Montag von ihrem Besuch bei Elodie Marechal im Krankenhaus berichtet hatte. Ihr Zustand verbessere sich zunehmend. Sie sei sehr tapfer, hatte Madame Levy erzählt, und fest entschlossen, auf ihren Mann zu warten und dann mit ihm noch einmal von vorne zu beginnen. Ohne Lügen und ohne Täuschungen. Selbst die Verhaftung ihres Vaters, der noch am Sonntag ein vollumfängliches Geständnis abgelegt hatte, trug sie, Madame Levy zufolge, mit Fassung.

Pierre legte eine Hand auf die Türklinke zur Wache und sah noch einmal auf die von der Morgensonne beschienenen Dächer von Sainte-Valérie, als eine junge hübsche Frau um die Ecke bog, das lockige Haar offen, in der Hand eine floral bedruckte Tüte der *L'Épicerie Provençale.*

»Charlotte, das ist ja eine Überraschung«, rief er aus. »Ich dachte, du hast viel zu tun?«

»Habe ich auch. Aber ich wollte unbedingt wissen, wie dein Ausflug mit Carbonne war. Ist die Überraschung gelungen?«

»Und wie! Er hat sich gefreut wie ein kleines Kind.«

»Das ist schön.« Lachend hielt Charlotte Pierre die Tüte hin. »Ich habe dir und deinem Team bei der Gelegenheit ein paar *craquelins* mit Nougatcremefüllung mitgebracht. Für das zweite Frühstück.«

»Eine hervorragende Idee.« Pierre nahm die Tüte entgegen und gab ihr einen Kuss. Dann betrachtete er ihr offenes Gesicht mit den feinen Lachfältchen, die zarten Sommersprossen auf Nase und Wangen, die sich im Laufe des Sommers wieder verstärken würden. Die grünen, intensiven Augen. »Ich kann dir gar nicht sagen, wie sehr ich mich auf unsere gemeinsame Zukunft freue«, flüsterte er. »Auf jeden einzelnen Tag.«

So war es. Eines hatte er in den vergangenen Tagen gelernt: Welche Aufregungen auch immer auf sie warten mochten – gemeinsam würden sie jede Krise meistern, egal, wie heikel das Thema auch war.

Das Leben, das vor ihnen lag, war wundervoll.

Anmerkungen der Autorin

Das charmante Dörfchen Sainte-Valérie liegt irgendwo zwischen Weinbergen und Olivenhainen in der Nähe von Gordes. Wer es auf der Landkarte sucht, wird feststellen, dass es den Ort in der Realität gar nicht gibt. Ebenso wenig den Berg, auf dem es liegt, und somit auch die Straße, die hinunter ins Luberontal führt.

Nicht nur Sainte-Valérie ist meiner Fantasie entsprungen, sondern auch dessen Bewohner sowie alle Personen und deren Handlungen in diesem Buch. Ähnlichkeiten mit toten oder lebenden Personen oder realen Ereignissen sind nicht beabsichtigt und wären rein zufällig.

Real sind hingegen die im Roman geschilderten Ereignisse rund um den Algerienkrieg, der von 1954 bis 1962 dauerte. Der sechzigste Jahrestag des Waffenstillstandes hat erneut Wunden aufgerissen, noch immer wird um die Bedeutung dieses Gedenktages gestritten. Doch das Thema gewinnt in der französischen Öffentlichkeit immer mehr an Bedeutung. Das Bedürfnis nach Verarbeitung und Versöhnung wächst.

Viel zu lange hat die Politik die sogenannten Ereignisse (*les évènements*) totgeschwiegen. 1999 wurde die sogenannte »Operation zur Aufrechterhaltung der Ordnung« erstmalig offiziell als Krieg bezeichnet. Doch erst unter Emmanuel Macron wird das Thema aktiv angegangen. Der Präsident beauftragte den Zeithistoriker Benjamin Stora mit der Ausarbeitung von Vorschlägen zur Aussöhnung mit Algerien und spricht die Verbrechen der Kolonialzeit deutlich an. Die Wahrheit über diese komplexen Geschehnisse soll offengelegt und aufgearbeitet werden. Ziel ist die Annäherung und Aussöhnung der beiden Länder. Der Präsident als Brückenbauer. Das kommt nicht bei allen gut an.

Für die Linke ist die Aufarbeitung der Rolle Frankreichs nicht umfassend genug. Die extremen Rechten hingegen werfen Macron vor, die positiven Seiten der Kolonialisierung auszublenden und Frankreich ins falsche Licht zu rücken. Man dürfe sich nicht vor der algerischen Regierung zum moralischen Schuldner machen.

Auch die innerfranzösische Aussöhnung ist Teil des erklärten Ziels. Damit rückt erstmals auch die Gruppe der *Pieds Noirs* in den Fokus. Macron geht einen großen Schritt auf die Rückkehrer zu und erkennt als erster Präsident ihre Leiden an – was der *Rassemblement National* (früher *Front National*) als scheinheilig abtut.

Über Jahre nährte sich die rechtspopulistische Partei von den Stimmen der aus Algerien geflohenen *Pieds Noirs* und *Harkis*. Es ist eine beachtliche Wählergemeinde, die rund sechs Millionen Menschen umfasst.

Als 2014 Marine Le Pen einen offenen Brief an ihre »Freunde, die *Harkis* und *Pieds Noirs*« schrieb, gehörte sie zu den wenigen Politikern, die offen Verständnis für deren Schmerz bekundeten und ihnen ihre Solidarität versicherten. Sie war darüber hinaus die einzige Präsidentschaftskandidatin, die den Einladungen zu den Gedenkfeiern der Rückkehrer folgte und ihnen einen finanziellen Ausgleich für die durch den Massenexodus entstandenen Verluste versprach.

Die Mehrheitsfähigkeit von Le Pens Bekundungen lässt sich anzweifeln. Als ihr Parteikollege Florian Philippot nach einem

Restaurantbesuch ein Foto von seinem Couscous-Gericht postete, echauffierten sich Mitglieder der damaligen *Front National* über die vermeintliche Reklame für arabische Kost. Sein Argument, dass dieses Gericht fester Bestandteil der Küche der *Pieds Noirs* und von ihnen nach Frankreich importiert worden sei, erkannten sie nicht an.

Der Vorfall, der als Couscous-Gate in die Geschichte der rechtspopulistischen Partei einging, endete mit dem Sieg des identitären Flügels und einem Austritt Philippots. Für die Algerienfranzosen war es ein weiterer Schlag ins Gesicht.

Präsident Macrons aktuelle Neuausrichtung wird von vielen *Pieds Noirs* begrüßt. Denn die gewaltsame Vertreibung von rund einer Million Algerienfranzosen nach der Ausrufung der Unabhängigkeit Algeriens hat tiefe Wunden hinterlassen. Die *Pieds Noirs* sind noch immer traumatisiert von der Brutalität der algerischen Befreiungsfront, deren zahlreiche terroristischen Attentate viele Opfer hinterlassen hatten. Die Repatriierten, wie man die aus Algerien aufs französische Festland Zurückgekehrten nannte, betrachteten sich nicht als Heimkehrer, sondern als Expatriierte, also aus dem Heimatland Vertriebene. Verraten vom damaligen Präsidenten Charles de Gaulle, der ihnen falsche Hoffnungen auf einen Verbleib in Algerien gemacht hatte.

Das Gefühl herausgerissen zu sein, ging einher mit der Scham über den unfreundlichen, oft sogar offen feindseligen Empfang der Festlandfranzosen. Die Algerienfranzosen wurden verachtet, viele von ihnen mochten später daher nicht zugeben, ein *Pied Noir* zu sein. Ein Trauma, das sich auf die nachfolgende Generation übertragen hat.

Auch heute noch, mehr als sechzig Jahre nach dem Massenexodus, sehnen sich viele *Pieds Noirs* nach dem Land ihrer Geburt. Nach dem alten Algerien, *L'Algérie française,* dem »verlorenen Paradies«, wie sie es nennen.

In Interviews zeichnen Zeitzeugen das Bild eines harmonischen Zusammenlebens zwischen Europäern und Arabern. Sie verspüren eine große Nähe zur algerischen Kultur, kochen nach Rezepten aus der alten Heimat und erzählen sich Geschichten aus glücklichen Zeiten. Dabei blenden sie die Diskriminierung und Bevormundung der einheimischen arabischen Bevölkerung, den herrschenden Alltagsrassismus und den moralischen Konflikt kolonialistischer Strukturen oft aus.

Sie fühlen sich ebenso als Opfer der Politik wie die ehemaligen algerischen Hilfssoldaten, die *Harkis,* die vor den Massakern seitens der algerischen Befreiungsfront flohen und vom französischen Staat in ferne Lager abgeschoben wurden. Noch heute werden deren Kinder und Enkelkinder von algerischen Landsleuten als Nachfahren der Kollaborateure bespuckt. Auch sie wählen häufig den *Rassemblement National.* Aus Wut über die fehlende Unterstützung der Regierung. Über die anhaltende Ausgrenzung.

Dass Präsident Macron sich öffentlich bei ihnen entschuldigt hat und ein Gesetz zur Entschädigung verabschieden will, stimmt sie vorsichtig optimistisch. Er setzt sich auch in Algerien dafür ein, dass die *Harkis* und ihre Nachfahren nicht länger als Verräter gebrandmarkt werden.

Zu den Opfern des Krieges gehörten auch die Wehrpflichtigen, die völlig unvorbereitet nach Algerien geschickt wurden und traumatisiert zurückkamen. Einer von ihnen ist Henri Pouillot, der auf seinem Blog unter anderem die Geschichte des Folterzentrums in Algier, der Villa Susini, erzählt.

Algerien selbst hat lange am Mythos des gemeinschaftlichen Widerstands gegen die Kolonialmacht festgehalten und die Herausgabe von Akten verweigert, in denen auch die brutale Verfolgung der *Harkis* thematisiert wird, außerdem der Terror gegen die *Pieds Noirs.* Inzwischen hat eine französische

Historikerkommission die Erlaubnis erhalten, Archiveinsicht zu nehmen. Die Aufarbeitung hat begonnen.

Dazu gehört nicht zuletzt der Blick auf diejenigen algerischen Einwanderer, die selbst in den Nachfolgegenerationen noch immer nicht in der französischen Gesellschaft angekommen sind. Eine ebenso komplexe Aufgabe und enorme Herausforderung.

Bis zur Überwindung von Frankreichs Algerien-Trauma ist es noch ein weiter Weg. Aber die ersten Schritte sind getan.

Glossar

à jour	wörtlich: auf den Tag; ins Deutsche übernommene Redewendung: auf den neuesten Stand bringen
alors, on y va	also, gehen wir hin
artichauts marinés	marinierte Artischocken
Autoroute du soleil	Autobahn der Sonne; Bezeichnung für die A 7 zwischen Lyon und Marseille
beurs	Ausdruck für Einwandererkinder maghrebinischer Herkunft
billet	Ticket, Strafzettel
bisou	Küsschen
bon	gut
bonne chance	viel Erfolg
bonne soirée	schönen Abend noch
bon après-midi	einen schönen Nachmittag noch; auch: bonne après-midi (im Gegensatz zum Abend ist beim schönen Nachmittag sowohl eine männliche als auch eine weibliche Form möglich)
bonsoir	guten Abend
brulées	wörtlich: verbrannt; kahle ring-

	förmige Bereiche, in denen die fadenförmigen Zellen des Mycels andere Pflanzen verdrängt haben
Carnoussien	Bezeichnung der Einwohner von Carnoux-en-Provence
casserole	Topf mit einem Stil
cavage	Trüffelsuche
charcuterie	hier: Zusammenstellung verschiedener Wurstwaren
chausson aux pommes	Apfeltasche
CNFPT	Abkürzung für: Centre National de la Fonction Publique Territoriale; Zentrum zur Aus- und Fortbildung von Beamten des öffentlichen Dienstes
conscrits	Wehrpflichtige
contrôle technique	entspricht dem deutschen TÜV
craquelin	knuspriger Keks, Kräcker; hier: Brioche mit knuspriger Hülle
désolé(e)	tut mir leid
école maternelle	französische Vorschule für Kinder von drei bis sechs Jahren
épicerie	hier: Delikatessengeschäft (épicerie fine)
et voilà	das wär's
FLN	*Front de Libération Nationale,* Nationale Befreiungsfront Algeriens
FNACA	*Fédération Nationale des Anciens Combattants en Algérie, Maroc et Tunesie;* Veteranenverband

fougasse du chasseur	*fougasse* nach Art des Jägers
Harraga	aus dem Arabischen; Bezeichnung für nordafrikanische Migranten, die ihre Papiere verbrennen und damit symbolisch auch ihr altes Leben
incroyable	unglaublich
ma douce	Kosename: meine Sanfte, meine Süße
Maghreb	Bezeichnung für nordafrikanische Staaten, insbesondere Algerien, Marokko und Tunesien
mairie	Bürgermeisteramt, entspricht dem Rathaus in Orten mit Stadtrecht
maman	Mutter
mémé	Oma
mon ami	mein Freund
Monsieur le maire	Bürgermeister
motard	motorisierter Polizist
OAS	*Organisation de l'armée secrète*; französische Terrororganisation in der Endphase des Algerienkrieges
outre-mer	in Übersee; Bezeichnung für französische Staatsgebiete außerhalb Europas
pâtisserie	Konditorei
petit pain	wörtlich: kleines Brot; Brötchen
Pieds Noirs	wörtlich: Schwarzfüße; Bezeichnung für Algerienfranzosen

piment d'espelette	Chilisorte aus der baskischen Stadt Espelette
Putain!	Verdammt!/Scheiße! (wörtl.: Hure, Schlampe)
rabasse	Bezeichnung der Einheimischen für den schwarzen Trüffel
Rassemblement National	früher: *Front National; rechts-populistische* Partei mit teils rechtsextremen Ansichten, bis 2022 unter der Parteivorsitzen-den Marine Le Pen
rillettes	klassischer Brotaufstrich aus gekochtem und fein zerkleiner-tem Fleisch
sacristains	gedrehte Blätterteigstangen mit Puder- oder Hagelzucker und Mandeln
saucisse osbane	Würstchen mit Innereien nach orientalischem Rezept
soupe au pistou	Gemüsesuppe mit Basilikum
Touché!	Treffer!
tricolore	französische Flagge (wörtl.: dreifarbig)
truffe noir	schwarzer Trüffel
truffière	Trüffelplantage
viennoiseries gourmandes	süße Gebäckstücke für Fein-schmecker
zatar	arabisch za'tar: wilder Thymian; Gewürzmischung aus der nord-afrikanischen Küche
Zut (alors)!	Verdammt!/So ein Mist!

Rezepte zu
»Provenzalische Täuschung«

Liebe Leserinnen und Leser,

der neunte Fall von Pierre Durand schlägt einen Bogen von der Trüffelregion am Fuße des Mont Ventoux bis nach Carnoux-en-Provence, eine Stadt an der südfranzösischen Küste, in der heimatlos gewordene Algerienfranzosen Zuflucht fanden.

Diese Orte finden sich auch in den Rezepten wieder, daher gibt es dieses Mal gleich zwei Hauptgerichte.

Es beginnt mit einem Essen aus der klassischen Küche der *pieds noirs,* die maghrebinische, sephardisch-jüdische und französische Einflüsse mischt. Die Gerichte sind sehr aromatisch. Gewürze wie Kreuzkümmel, Kurkuma, Koriander, Paprika, Anis und Knoblauch finden häufig Verwendung. Beliebter Aperitif ist der Picon, ein Bittergetränk aus getrockneten Orangen, das ein Franzose 1837 während seines Armeedienstes in Algerien erfunden hat und das noch heute hergestellt wird.

Das zweite Gericht ist der getrüffelte Kartoffel-Sellerie-Stampf, den Charlotte aus der mitgebrachten *rabasse* zaubert. Dazu gibt es eine Seezunge mit frischen Kräutern. Und schließlich verrate ich Ihnen noch das Rezept der Süßspeise aus Charlottes *Épicerie,* die Pierre eingangs für das Team der Wache besorgen soll: eine knusprig umhüllte Brioche mit einer Nougatcremefüllung aus dem *Comtat Venaissin.*

Wer jetzt Lust bekommen hat, sich einmal quer durch die Küche Südfrankreichs zu kochen, dem empfehle ich mein Kochbuch *Provenzalischer Genuss.* Oder Sie werfen einen Blick auf meine Homepage www.sophie-bonnet.de, auf der Sie neben Informationen rund um die Provence und Einblicken in den Autorinnenalltag auch das Rezept für den gerösteten Spargel mit pochiertem Ei und knusprigen Schinken-Chips in Parmesanschaum finden. Ein Gericht, das ich in der Nähe von Bonnieux wiederentdeckt habe und das Charlotte in diesem Buch für das Hochzeitsmenü ausprobiert. Auch das Rezept für das im Roman erwähnte *couscous barbouche* wird dort zu finden sein.

Ich wünsche Ihnen wie immer viel Vergnügen beim Zubereiten und *bon appétit.*

Ihre
Sophie Bonnet

Loubia à l'agneau

Loubia ist arabisch und heißt übersetzt Bohne. Dieser Eintopf aus weißen Bohnen, Tomatensauce und Lammschulter ist ein Klassiker der algerischen Küche und fester Bestandteil der Rezeptsammlung vieler *pieds noirs*. Ohne Fleisch zubereitet ist er eine beliebte Beilage.

Für 4 Personen

Zubereitungszeit: 20 Minuten + 60 Minuten Garzeit

2 Zwiebeln

3 Knoblauchzehen

1 Karotte

1 Stange Staudensellerie

600 g Lammschulter ohne
Knochen

Salz

schwarzer Pfeffer aus der
Mühle

3 EL Olivenöl

2 EL Tomatenmark

1 EL Paprikapulver

½ TL Kreuzkümmel

½ TL Kurkuma

400 g stückige Tomaten aus
der Dose

2 Dosen weiße Bohnen
(Abtropfgewicht 250 g)

5 Stängel Koriander

1. Zwiebeln und Knoblauch abziehen und würfeln. Sellerie und Karotte putzen und schälen. Das Gemüse klein schneiden.

2. Die Lammschulter putzen, Fettschichten und Sehnen entfernen. Das Fleisch mit Salz und Pfeffer einreiben.

3. Öl in einem Schmortopf erhitzen. Das Fleisch darin bei starker Hitze rundum anbraten. Die Temperatur reduzieren. Zwiebel, Knoblauch, Sellerie und Karotte dazugeben und bei mittlerer Hitze kurz anbraten. Das Tomatenmark und die Gewürze einrühren und mit 250 ml Wasser ablöschen. 5 Minuten ziehen lassen.

4. Die Bohnen abtropfen lassen. Zusammen mit den Tomatenstücken in den Topf geben.

5. So viel Wasser hinzugeben, dass alle Zutaten gerade so bedeckt sind. Den Deckel auflegen und das Ganze bei schwacher Hitze etwa eine Stunde schmoren lassen.

6. Den Koriander waschen und trocken schütteln. Die Blätter abzupfen und fein hacken.

7. Den Bohneneintopf in vorgewärmte Teller geben und mit dem Koriander bestreut servieren.

Tipp: Probieren Sie auch mal die Variante mit der Merguez. Die aus dem maghrebinischen Raum stammende Bratwurst wurde in den Sechzigerjahren von *pieds noirs* nach Frankreich gebracht. Für das Rezept die Wurst nach dem Anbraten beiseitestellen und kurz vor Ende der Garzeit zum Eintopf hinzufügen.

Purée de pommes de terre et céleri aux truffes noires avec sole

Diesen getrüffelten Kartoffel-Sellerie-Stampf mit Seezunge serviert Charlotte während Pierres Ermittlungen. Bei diesem Rezept steht und fällt alles mit einem guten Trüffel. Weder die im Supermarkt erhältlichen Trüffelmühlen noch der relativ neutrale Sommertrüffel kann das Geschmackserlebnis eines mit dem echten Périgordtrüffel zubereiteten Gerichts auffangen.

Außerhalb der Wintertrüffelzeit erhält man diesen in sehr guter Qualität per Online-Versand aus dem saisonal versetzt erntenden Australien. Alternativ und CO_2-schonender empfiehlt sich (entgegen des Rats von Trüffelbauer Frédéric Marechal) die Aromatisierung mit einem hochwertigen Trüffelöl.

Seezungenfilets können stark in der Größe variieren. Passen Sie das Rezept einfach Ihrem Appetit an.

Für 4 Personen

Zubereitungszeit:
40 Minuten + 20 Minuten Garzeit + 8 Minuten Bratzeit

1 Bund Frühlingszwiebeln	2 Zweige Thymian
4 Stängel Kerbel	4 Seezungenfilets à 200 g
4 Stängel Petersilie	(bzw. 8 à 100 g)
4 Stängel Dill	Salz
1 Bio-Zitrone	schwarzer Pfeffer aus der
100 g Butter	Mühle
1 Périgordtrüffel (ca. 30 g)	8 EL Weizenmehl
700 g mehligkochende	4 EL Olivenöl zum Braten
Kartoffeln	2 EL Butter für den Fisch
300 g Sellerieknolle	50 ml Milch

1. Die Frühlingszwiebeln putzen, waschen und in Röllchen schneiden. Kerbel, Petersilie und Dill waschen und trocken schütteln. Blätter und Kraut von den Stängeln zupfen und grob hacken. Die Bio-Zitrone heiß abwaschen und vierteln. Beiseitestellen.

2. Für die Nussbutter das Butterstück in einen Topf geben und bei mittlerer Hitze unter Rühren schmelzen lassen, bis sich die Molke trennt und auf den Boden sinkt. Die gebräunte flüssige Butter durch ein mit Küchenpapier ausgelegtes Sieb gießen. In die ausgewischte Pfanne geben. Den Trüffel hobeln. Die Hälfte grob zerkleinert zur Nussbutter geben und bei niedriger Temperatur 5 Minuten ziehen lassen (es darf nicht köcheln).

3. Kartoffeln und Sellerie schälen, waschen, in grobe Stücke schneiden und mit den Thymianzweigen in Salzwasser etwa 20 Minuten weich garen.

4. Währenddessen den Backofen bei 60 °C Ober-/Unterhitze vorheizen. Die Fischfilets mit Salz und Pfeffer würzen und im Mehl wenden. Überschüssiges Mehl abklopfen. Das Öl in einer Pfanne (bei 8 Filets zwei Pfannen) erhitzen und den Fisch von jeder Seite bei mittlerer Hitze je nach Größe 4 bis 5 Minuten braten. Nach der Hälfte der Bratzeit die Butter und die Zitronenviertel mit der Schnittseite zum Pfannenboden hineingeben. Die Seezunge regelmäßig mit abgeschöpfter Butter begießen. Am Ende die Zitrone auspressen (Vorsicht: heiß!). Die Frühlingszwiebeln hineingeben und ziehen lassen.

5. Den Fisch auf eine Servierplatte legen und im Ofen warmhalten.

6. Das weiche Kartoffel-Sellerie-Gemüse abgießen. Milch und getrüffelte Nussbutter hinzugeben und das Ganze mit einem Kartoffelstampfer zerdrücken. Bei Bedarf etwas mehr Milch angießen. Mit Salz abschmecken.

7. Die Seezungenfilets auf vorgewärmten Tellern anrichten. Mit der Zitronen-Butter-Sauce aus der Pfanne begießen. Den Fisch mit Frühlingszwiebeln und Kräutern bedecken. Kartoffel-Sellerie-Stampf dazugeben, mit den restlichen Trüffelscheiben dekorieren und sofort servieren.

Tipp: Wer gerne Gemüse mag, bedeckt den Fisch zusätzlich mit blanchierten Erbsen oder in Streifen geschnittenen Zuckerschoten und in der heißen Pfanne geschwenkten halbierten Kirschtomaten.

Craquelin mit Nougatfüllung

Mit *craquelin* sind normalerweise knusprige Kekse oder Kräcker gemeint. In Vence entdeckte ich im Schaufenster einer *pâtisserie* noch eine andere Version: einen mit Mandelcreme gefüllten Briocheteig mit karamellisiertem Boden und knuspriger Hülle. Natürlich musste ich diese Spezialität probieren und wusste sofort, dass ich diese Köstlichkeit in Pierres aktuellen Fall einarbeiten wollte. Nun gibt es diese *craquelins* in Charlottes *Épicerie*. Der Region rund um den Mont Ventoux zu Ehren füllt sie ihn jedoch mit Nougatcreme. Et voilà – hier ist das Rezept.

6 Stück

Zubereitungszeit:
45 Minuten + 20 Minuten Backzeit + insgesamt 2 Stunden und
30 Minuten Ruhezeit

Briocheteig

30 g frische Hefe	120 ml zimmerwarme Milch
50 g Zucker	180 g weiche Butter
500 g Mehl	3 Eier
1 Prise Salz	

Füllung

150 g weißer Nougat (in gut sortierten Supermärkten)	40 ml Milch
	50 g weiche Butter

Kruste

100 g Zucker	50 g Puderzucker
50 ml Wasser	50 g Mandelblättchen
1 Ei	

Extra: Burgerbrötchenform aus Stahlblech

1. Für den Briocheteig die Hefe in einer Schüssel zerbröseln. Mit dem Zucker, dem Mehl und dem Salz vermengen. Nun Milch, Butter und Eier einrühren und alles mit dem Knethaken des Handrührgerätes etwa zehn Minuten lang zu einem glatten Teig verarbeiten.

2. Den Teig abgedeckt bei Raumtemperatur etwa 2 Stunden ruhen lassen.

3. In der Zwischenzeit die Füllung zubereiten. Dazu Nougatstücke grob hacken. Einen Topf zu einem Drittel mit Wasser füllen und erhitzen. Das Nougat mit der Milch in eine hitzebeständige Schüssel geben. In das Wasserbad stellen und unter Rühren schmelzen lassen. Butter hinzugeben und die Masse mit den Quirlen des Handrührgerätes glattrühren.

4. Den Teig auf einer bemehlten Arbeitsfläche mit den Händen erneut durchkneten. In sechs gleich große Stücke teilen und mit den Händen zu Kugeln formen. Weitere 30 Minuten zugedeckt ruhen lassen.

5. Den Zucker für die untere Kruste im Wasser aufkochen, dabei beständig rühren. Den Sirup in der Backform verteilen. Die freien Stellen einfetten und die Teigstücke in die Backform geben.

6. Den Backofen bei 200 °C Ober-/Unterhitze (180 °C Umluft, Gas Stufe 4 bis 5) vorheizen. Das Ei verquirlen, die Briochekugeln bestreichen und mit den Mandelblättchen verzieren. Auf der mittleren Schiene 20 Minuten backen. Die Brioche aus der Form nehmen und mittels eines Spritzbeutels mit der Nougatcreme füllen. Mit Puderzucker bestreuen und noch warm genießen.

DIE LIEBLINGSREZEPTE
DES ERMITTLERS PIERRE DURAND